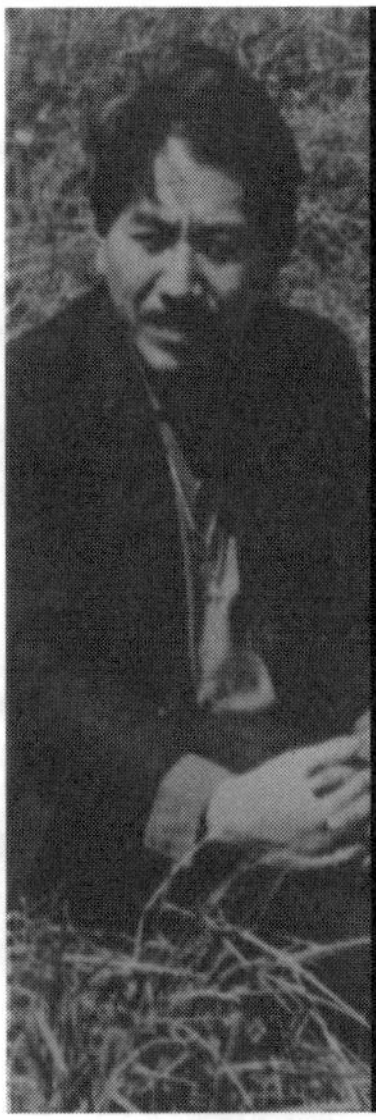

流謫と「北方」

鷲巣繁男の世界の成立と現在

渡邊一

Watanabe Hajime

ミッドナイト・プレス

目次

第3章　『メタモルフォーシス』の詩篇――鷲巣繁男の「詩法」　169

流謫と「北方」

鷲巣繁男の世界の成立と現在

序章　鷲巣繁男とその生命
――詩人の思い出に

1　出会いの前夜

鷲巣繁男さんは、はじめ埼玉県与野市（現さいたま市）の一隅に居を構えた。北方流謫から四半世紀を過ごした後の、帰京最初の地であった。氏の一連の著作のうち、『詩歌逍遥游第一　記憶の泉』以前のものには、「あとがき」「後記」の末尾に「武州与野円阿弥之里に於て　著者識す」とか「武州與野圓阿彌草居　著者識」とかある。

大宮駅の西口からバスで国道十七号線を越え、さらに大宮バイパスを越えて、まだ少し奥に行く。二十分はかかっただろう。与野市の西の外れで、今（本章初筆時の一九八二年の今）はどうか知らないが、まだ周辺には畑や水田の方が多く、氏の草居も水田と隣接していた。その草居をはじめて訪問したのは、今から六、七年前（一九七六年頃）のことで、二十五歳の頃だったが、僕はまだ学生だった。その頃、同じように学生で、僕を氏の許に案内してくれたH・K氏は、その時すでに何年生だったか知らないが、その後も何年も学生を続けていた。在学十年の記録保持者である。通常なら最長八年だが彼はそれをよしとしないで、ブルックナー交響曲を分析した黄金比から十年を編み出し、その年数に固執したのであった。鷲巣さんは、しばしばそのことを微笑ましく語られ、彼の数次にわたる、通算すると約二ヵ年にも及ぶ欧州の旅、とりわけ二百日近くを費やした小アジアはアナトリア高原への旅――彼によれば破綻調アナバシスたる「ブルックナー幻想トルコの旅」――と合わせて、つくづく感心しておられた。

話は遡るが、大学に入学したての僕に鷲巣繁男さんは未知の人だった。「鷲巣繁男」なる、名前からして風格のある、しかも一通りでない格調の高さを感じさせる詩人の存在を知ったのは、当時所属していた文芸サークルでだった。とりわけ印象的だったのはその後（正確な時期は失念）、T先輩のアパートを訪れた時である。歴程賞（一九七二）に輝いた『定本鷲巣繁男詩集』や歌集『蝦夷のわかれ』が、T先輩の部屋の書架の一隅を飾っていた。その折、鷲巣繁男への思い入れを聞かされた覚えはないが、今でもはっきりと覚えているのは、書架から取り出した『蝦夷のわかれ』を繙いている時の、何ともいえず嬉しそうにしているT先輩の横顔だった。その指先の動きが当時のままに思い起こされてくるようだ。そんな細かいことまで覚えているのは、同書の作りが凝っていたからだ。専門的にはフランス装四方帙納と呼ばれる紐綴じ函入りである。

T先輩はほかにも豪華本を多数所蔵していて、本の装丁には一方ならぬ思い入れを抱いていた。その頃刊行が始まった日夏耿之介全集（一九七三〜七八）が書架の一隅を飾っていたことも記憶に新しい。後年、自作詩集の出版の際、装丁を自ら手がけ、随分立派な本を作った。『蝦夷のわかれ』を手にしているT先輩のなかには後年の自分の姿が重ね合わさっていたに違いない。

現代詩文庫（一九七二）は早くから所持していたものの、『定本鷲巣繁男詩集』（一九七一）を購入したのは、それから程なくしてだった。ただその直接のきっかけはT先輩の部屋での一件があったにしても、より直接的にはH・S君が現代詩文庫所収の「薔薇物語」を賞揚していたからだった。彼とは同じ仏文の同窓で、一時同じサークルにも属していた。正確には彼の勧誘が僕をそのサークルに赴かせたのだった。田舎から上京したての僕に、H・S君の文学感覚は目映かった。その彼の賞揚はそれに留まらず、僕になにかを自覚せしめるに刺激的な一言だったに違いない。

ぼくが幼い肉體に刺客を飼つた頃、
開かれた碧《みどり》の海を垣根の薔薇が量つてゐるやうに、
やさしい時間がぼくを支へてゐた。

（『現代詩文庫　鷲巣繁男詩集』「薔薇物語」冒頭三行、思潮社、一九七二。
後に『記憶の書』同社、一九七五）

「薔薇物語」を収める詩集『記憶の書』（ダニール・ワシリースキーの書・第四）以降——以降というのは帰京以降のことであり、同詩集の「後記」にある如く、「本書は著者にとって第九詩集に當る」——、独自の詩境を推し進める鷲巣さんは、高見順賞（一九八二）の『行爲の歌』に至る〈ダニエルの黙示〉計三巻を完成上梓するが、「薔薇物語」を流れるこの〝青年鷲巣繁男〟に拠るとでもいう抒情と向き合う語りは、長編叙事詩の端々にも絶えず潜んでいるものである。ロシア正教の奥深い教義や西欧の重い思索世界を語り綴るカタカナの固有名詞の頻出する氏の長編詩が、硬直を常に免れていたのも、そして難解な哲学的教理の向こうに読者をして次の一行に向かわしめる期待感に常に充溢していたのも、秘密はこの鷲巣流の抒情のただ中にあったといえるが、その秘密に魅了されていくきっかけという意味を含めて、この冒頭三行をもって僕の鷲巣さんとの出会いというに吝かでない。

上京した当初は、まだ下宿というに近いような東京都内のアパートで過ごしていた。もしそのまま浦和に越して来なかったなら、鷲巣さんにお会いすることにはならなかったかもしれない。しかし東京での生活は結局一年間だけで、H・S君の誘いもあって浦和市に越し、そして浦和二年目で知る人ぞ知る豊島荘に移った（余談だが、H・S君の一族は、浦和や与野では知られた文人の一族だったそうで、彼は幼少の頃、現代詩を代表する一人のさる著名な詩人の腕に抱き抱えられたこともあったのだと、たしか言っていたように記憶しているが……）。

九月だったと思う。残暑の厳しい年だったのを今でもはっきり覚えている。下見に行った時から、豊島荘にはそんな残暑をものともしない、アントン・ブルックナーの交響曲が、たしか四番のロマンチックだったと思うが、大音響でアパート中に響き渡っていた。否、正しく表現しよう、轟き渡っていた。そのブルックナーの高遠な楽の音の裡に居座っていたのが、実はH・K氏だった。そしてほどなくして、日本最古のブルックナー協会である浦和ブルックナー協会（協会誌『原始霧』、一九七四年創刊）がこの豊島荘から興ることになる。

越して来て分かったのだが、彼だけではなかった。階下（ちょうどH・K氏の真下）のY君のステレオも負けじと頑張っていた。そのY君で思い出したが、彼のところにも『定本鷲巣繁男詩集』があった筈だ。鷲巣さんは、僕等には難解にしてかつ高邁すぎる詩的世界にもかかわらず（否それ故にというべきかもしれないが）、当時謐かなブームとしてあり、鷲巣繁男を読んでいること、語り合うことには、背伸びしていることも与って、とかく賢しらな気負いに支配されがちだったとはいえ、密かな自足感のなかで若い文学心を満たしてくれるものがあった。

そういえば、当時の仏文学生を魅了してやまないジュリアン・グラックの『シルトの岸辺』（安藤元雄訳、集英社、一九七四）にも同様の雰囲気があったといえる。なお、この難解な小説家をはじめ現代フランス文学の翻訳や評論で活躍している著名な仏文学者も浦和在住で、別のルートだったが、鷲巣さんにお会いする前だったか、その頃だったか記憶がいまひとつ定かでなくなっているが、友人の縁戚であると聞かされ、誘われるままに彼と一度ご自宅を訪問したことがある。浦和は文教都市を標榜していたが、まことそれに相違なかった。また国書刊行会が『世界幻想文学大系』を刊行しはじめたのも、たしかその頃（一九七五年）だったと記憶している。豊島荘（昭和初期築造の当時浦和で二番目に古いと言われていたアパート。棟続きの大家さんはアパートと同名の老舗の写真館）をはじめ、浦和の住人には、鷲巣さんに会う、言うならば〝出会いの前夜〟みたいな雰囲気が漂っていた。

2　智の集積

玄関を上がって左手に氏の書斎があった。四畳半の書斎は出入口を除いた三方を天井にまで届く本の山で覆い隠していた。隣室に三畳間があったが、やはり山積みの本に占拠されていた。

記憶に間違いがなければ北海道を出てくる折に大分処分したと仰っていた筈である。背表紙のタイトルは思ったとおり、まるで手の届かないものばかりだった。なかでもクラフト紙で丁寧にカバーした一群があり、墨書された達筆なそれら背表紙の書名は、どうみても日本では容易に入手できそうにないものばかりで、それを目にするだけでも氏の詩業の深淵を覗き見るような想いだった。入手するだけでも容易ではなかったに違いない。そんな話も伺った記憶があるが細かいところまで思い出せない。原始キリスト教、グノーシス派、コプト教、ギリシア・ロシア正教関係文献、そしてビザンチン学に関する各種文献等々、いずれも西欧世界の哲理の源にある形而上の精神的営為の思惟の体系にほかならなかった。

鷲巣さんの古今東西、和漢洋にわたる博覧強記ぶりはよく知られたことだ。氏の詩作や精神的通行と常時重層関係を成していた一連の散文行為、そして後年、現代における正教の教理の哲学書ともいうべき老詩徒の、畢生の大作である形而上学書（宗教評論『イコンの在る世界』）への傾注を可能なさしめた世界の叡智の集積が、前触れもなく眼前にある。この日本にあって、特別の空間（アカデミズムの研究室など）とはまるで無縁なこの与野のありふれた郊外の借家の一間の壁が、日本の誰一人として利用しそうにない、教養主義者の接近を最初から厳しく制限しているような書物によって飾られていた。実際、氏の死後、これら氏の蔵書の稀覯本を大学の研究室に寄贈すべく関係者が働きかけたにもかかわらず、「（誰も）利用できない」と終に引き受け先が現れなかったことを、うろ覚えだが、蔵書の整理の折、傍から神妙なる面持ちで伺っていたように思う。結局、身内で引き取ることになった筈である。いずれにしても、初めての訪問当時、氏の詩集などを通じてある程度覚悟していたものの、これほどだとは思わなかった。そのことを記しておきたい余り、少し立ち入ったことを口にしてしまったのだが、その後もその想いは強まる一方だった。

この書斎に鷲巣さん以外に二人の人間が座るのは、短い時間ならいざ知らず、長時間に及ぶ場合は相当な窮屈を我慢しなければならなかった。しかも鷲巣さんを訪れて短いということはまずない（ありえない）。最初の日からもうそうだった。それというのも鷲巣さんの語り口ははじめから初対面の人を前にしている感じではなかった。

絶えることのない話が次から次へと続けられる。想像していたのとは少し違っていたというのが正直なところだった。とくにあの書架の前だったことがその想いを一層強めることになる。お会いする以前に鷲巣さんについて知る手立てといえば、その詩業であり、詩論であり、評論だが、より身近には詩文庫の裏表紙に載る詩人の写真であった。我々歳若いファンに畏敬の念を覚えさせずにはおかなかった、札幌のどこか公園なのだろうか、その芝生の上に腰を下ろし、伸ばした両手を膝頭の上で組んで斜め前方を見遣る姿のあの写真である。眩い野外の光線を伏し目がちに避けて眼を細めている、この氏の写真から受ける詩人の印象は、すでにその写真のなかで十分すぎるぐらいに遠く思索の世界に想いを馳せていて、人をしてその後に付き従わせえない、寂寥感に包まれたものであった。

勿論、詩人の本質と、人を前にした時の言うなれば日常的なものとが同じでなくても構わない。今は後者としての詩人の前にいるにすぎない。詩人の本質があの写真と違う筈がない。そして詩文庫に載せるだけあって（詩人自身もその掲載を承知していたはずだけあって）写真は見事に詩人の心の裡を捉えていた。鷲巣さんに会ったことのない者は、この写真が語る詩人の本質に向き合わされて、気楽にお会いすることなどとうてい思いつかない。まして、詩人を前にしてどのような会話が可能か、考えただけで後込みするのが普通だ。それがあろうことか、我々が何者なのかなど少しも詮索される様子がなく、たいした前置きもなく語り出されるや否や、次から次へと間断なく語り継がれるなど、どう考えても意外中の意外というべきではないか。

様々な形で鷲巣さん訪問記が記されているが、鷲巣さんから発せられる言葉の絶対量の多さは、多くの人達が経験しているようだ。詩人高橋睦郎のそれは、北海道時代の鷲巣さん訪問記だが、その中にも次のように記されている。なお、高橋睦郎は、鷲巣さん帰京後結成された三人同人誌『饗宴』

（書肆林檎屋、一九七六創刊）の一人で（もう一人は多田智満子）、亡くなるまで、また亡くなった後も鷲巣さんを最も理解していた人の一人、否、ある意味で（全的にという意味で）唯一の人だったと言ってもよい人である。その高橋睦郎による「流謫の人」なる訪問記を兼ねた散文（現代詩文庫『鷲巣繁男詩集』所収）は、鷲巣さんを語ったものの中では、やはり出色のエッセイではないだろうか。

その散文によれば、高橋睦郎の鷲巣さんとの交友は、顔見知りになる以前、氏が自作の第二詩集（『薔薇の木 にせの恋人たち』現代詩工房、一九六四）を送ったことに始まるという。そして「文通による交友」が開始される。しかし続けて氏は言う。文通による交友といってもそれは、言うなれば鷲巣さんの独り舞台というに等しい内容だったと。すなわち、こう綴るくだりがある。「おそらく鷲巣さんのお手紙を貰った他の人人の多くにとってもそうであったろうように、そのつどのお手紙の中の古今東西に亘る博覧強記の開陳は最初、私を面喰わせた。まるで無学な、しかもまだ互いに相識とは言えない弱年の私に対して、この人はいったいどういうつもりで、こんなことを書いて来るのだろうといぶかったのである」と。

誤解のないようにしておかなければならない。それは、高橋睦郎だからそうなのであって（なぜなら同氏はその頃を含めてその後日本を代表する詩人の一人になるのだから）、我々に対して同じ調子で「博覧強記の開陳」に及ぶことなどなく、むしろ逆だった。鷲巣さんは無差別に己が知識教養を振りかざすお人ではまるでなかった。たしかにそうではなかったにしても（それでも横文字の蔵書を書架から取り出して見せることは毎度のことだったが）、ただ話の絶対量の多さに関してはお構いなく〝無差別〟だった。その意味合いでならば、また我々も高橋睦郎と同じ述懐を抱くに吝かでなかった。

後年、ニコライ堂で執り行われた鷲巣さんの葬儀の折（僕らは出版社の編集者たちと受付の席に就いていた）や、蔵書の整理の折などで同氏と簡単な言葉を交わす機会があったが、鷲巣さんと正反対の物静かな方で、まさに「流謫の人」の述懐者に相応しい方だった。

人間鷲巣繁男像とはまた別に、鷲巣さんの部屋（書斎）に対する予想があった。これはすでに記述した書架を飾る書物群のこととは違う。それというのも、別の詩人の部屋のことが脳裏に浮かんでいたからだった。その詩人の部屋とは、「吉田一穂の部屋」のことだった。この吉田一穂の部屋のことというのは、吉田秀和のエッセイ（同「吉田一穂のこと」、井尻正二編『詩人吉田一穂の世界』築地書館、一九七五。初出一九七〇）に登場する話で、一穂訪問記の第一印象の巻頭を飾る挿話だった。

その頃、旧制成城高等学校の生徒だった吉田秀和は、友人の今井富士雄に連れられて一穂宅（世田谷区東松原）を訪れる。通された部屋は、「まっ四角な四畳半の部屋の三方が壁であり、玄関から入る戸を除けば、あとはその入口から向って左側にガラス窓があるきりの部屋」だった。「窓のわきにいっかんばかりの机があり」、「入口から正面の壁を背」にした一穂の後ろには、「二段ほどの低い本棚があるが、そこには、本はほとんどない。私の覚えているのは、イギリスの詩人理論家のT・Eヒュームの《思弁》（Thomas Ernest Hulme《Speculations》）の金文字をうった背中の見事な本がいつもあったぐらいのもので、あとは時々入れ換わってはいたが、本棚がいっぱいになるようなことは、その後の数十年の見聞を通じて、一回か二回しかなかった。むしろ本棚には、数冊しか置いてないのが通則」だった。これだけで、後はその本棚の上の壁に「銅版画か何かが一枚」と、一穂と客との間に「空間を分割する」ように置かれている「四角四面にきった石の枠の囲炉裏」があるだけだった。ここに吉田秀和は〝美しい部屋〟を見た。氏は言う。「これは今日に至るまで、私がその中に坐った日本の部屋の中で、最も美しいものの一つだ」と。

このくだりは、妙に新鮮な印象をその頃の僕の中に残した。それは当時、豊島荘の住人だったことと無関係ではなかった。昭和の初めの築造アパートで、浦和で二番目に古いというまさしく年代物である。このおよそ〝美しい〟とは縁遠いアパートの中でこそ味わうべき言葉だった。そして、僕は、黄ばんだ自室の壁紙の一隅に、フェルメールの「窓辺で手紙を読む女」の大きな展覧会用ポスターを貼っていた。僕は静謐を求め、どこかで予め鷲巣さんと吉田一穂を勝手に重ねていたのだった。

実はそれというのも、鷲巣さんは吉田一穂のことを「一穂師」と呼んでいたからである。鷲巣さんは、『現代詩手帖』による一穂の追悼号に「黄金の詩　吉田一穂師・その詩人の栄誉に」(『現代詩手帖』第十六巻第四号、一九七三)と題した追悼を兼ねた一文を寄せた。時間的には僕の鷲巣さん訪問より前のことである。それもあって、一穂の部屋に導かれるように鷲巣さんの部屋をその延長に思い描いていたのだった。

しかし、鷲巣さんの部屋は、すでに綴ったとおり一穂の部屋とは違っていた。大宮東部の郊外のまだ武蔵野の面影を残す中丸に移られてからはなおさらそうだった。鷲巣さんの部屋はさらに堆く本に占拠されていった。

与野の円阿弥草居に対比される大宮の八幡草居には、鷲巣さん専用の二間があって、入口から入って右手の四畳半（六畳だったかもしれない）が書庫に充てられ、左手の六畳間が書斎（寝所を兼ねる）だった。移られた当座はそれでも円阿弥草居に比べれば、まだしも余裕があり、鷲巣さんを訪れるときの常連だった僕を含めた三人（ほかはH・K氏、M・M氏）が、それほど窮屈な思いをすることなく居場所を確保することができたが、それも長くはもたなかった。本の山が押し寄せてきて、終いにはそこで寝起きしていると聞かされても俄かには信じがたい有様となってしまった。

僕自身は、それほど閉所恐怖症とは思っていないが、鷲巣さんの部屋ではとても安眠などできなかっただろう。「地震が来たらどうするんですか」、天井にまで届いた本を見上げながら僕はよくお尋ねしたものだった。「いやこれだから（天井まで届いているから）大丈夫だよ」と、少しも心配する風でもなく鷲巣さんは笑っておられた。

でも今から思うと、就寝時、寝床を押さえつけるように圧しかかった暗闇の底から、両脇に聳え立つ書籍の山の見えない高さに目を遣って、次の瞬間にはその重さに押しつぶされる我が身を想像しながら、少年時、横浜で体験した関東大震災の惨状を思い浮かべていたに違いない、悪夢にうなされる氏の心中が思い遣られてならないのである。鷲巣さんの決して消えない体験に生母の死がある。鷲巣さんの母親は、当時少年だった鷲巣さんと幼弟を体ごと庇って重い柱の下で圧死されたのだった。

氏の唯一の小説集『路傍の神』（冥草舎、一九七六。［付記］死後刊行の別の一冊がある。章末著作目録参照）に収められている「天使」と題された中編で、氏は継母との心の確執を描いている。その小説集には、数葉の天使や聖母マリアほかキリスト（ハリストス）のイコンが挿入されている。小説「天使」には、幼いキリストを懐に抱く聖母マリアのイコン（聖画）が、最後の一行を閉じた次の頁を飾っている。

その余白の効果を活かした一頁の使い方は、イコン特有の聖画全体から受ける平板な平面感を引き締め、むしろここでは平板なるが故に、かえって深遠な感情を呼び起こし、そしてその描写された表情にさらなる平面感を貫くマリアやキリストの御姿がそのように無表情であればあるだけ、かえって心の痛みに還ってゆくのだった。

この小説の最後の一行を読み了った次の瞬間に待ち受けていたこの聖母マリアのイコンには、言うなれば鷲巣さんの母親（生母）への想いが語られていた。少なくともそう思って鷲巣さんの口を衝いて出る言葉の端々や散文から、生地「横浜」の名が上がる度に、鷲巣さんの心の裡に在る母親という存在の影の大きさが偲ばれるのだった。生地横浜は、鷲巣さんにとって特別な地であり、とりわけキリストを抱く聖母マリアのイコンのなかではその先に浮かぶ紛れもなき〝聖地〟だった。

3　戦争体験

この横浜から二十代の大半を費やすことになる長い兵役に就く。中国大陸でのことは、母親の死がそうであったように、そこでの体験は後の鷲巣さんの人生（北方流謫の日々）に深刻にして重大な影を落とすことになる。戦争のことになると、鷲巣さんの口調は強まり一段と声高になった。氏の口を衝いて発せられる言葉の端々には、鷲巣さんにとって戦争がまだ現実のものとして氏とともに生きているのが感じられた。

金鵄勲章を二束三文で売り払い、屋台の酒代に換えてしまった逸話は有名だが、それだけに勘違いしないようにしなければならない。酒代という最も卑俗な代物に還元してしまう行為に、戦争への痛烈な皮肉を読み取るのは自由だが、酒代に換えたことと鷲巣さんとの間には何の意味もない。だからそれは戦争への嘲笑を籠めたものでもなんでもない。現実的な行為に意味は見出せなかったのだ。およそ戦争否定を表明するような思想信条の発話で事済む問題ではなかった。たとえば忘れられないという言い方では安易すぎる。まさに今を戦争の裡に生きていると言うべきだった。

鷲巣さんには、片身離さず傍らに留め置く一つの鞄があり、中には風呂敷包みがあった。いつだったか一度だけ鞄を開けてその風呂敷包みを取り出したことがあった。戦争の話をされていた折のことであり、話の流れで取り出すことになったのだった。

それは当時の軍隊手帳だった。手帳の一頁一頁は、いかにも長い年月を経てきた感じで、黄ばんだ色合いがその時間のたしかな経過を物語っていた。ただ鷲巣さんはどこか目当ての頁を探そうとしていたのではなく、話題の必要上その手帳をパラパラと捲るだけだった。だから何が書き付けられていたのかは知らない。型どおりのことしか記されていなかったのかもしれない。それとも備忘録欄（そんな頁があるのかも知らないが）に何かメモめいたものがあったのかもしれないし、あるいは雑員として日本軍のもとに長く留め置かれていた、帰国後も氏の脳裏を離れなかった中国人との交流の中で交わされた漢詩を認めた余白であったのかもしれない。生々しい戦争記録（戦歴）だったことも考えられる。いずれにしても何も知らない者の勝手な想像である。

そんなことははじめてだった。鞄の存在を告げられたのがそもそもその時が最初だった。鷲巣さんは、通信兵だった。斥候の任にも就かされた。金鵄勲章はその時の武勲によるものだった。雑誌『すばる』（一九七九年二月号）に掲載された「流光」と題された小説を読めば、鷲巣さんが何を体験され、何を見てこられたかが分かる。凡庸な言い方しかできないが、戦争の悲惨な光景や、知らず知らずのうちに陥ってしまう異常な心理状態や、さらに生死の境を絶えず潜り抜けなければならない斥候兵という最も危険な任務を背負わされた戦争の日々が語られている。

鷲巣さんにとって心残りだったことのなかでも、最も大きな一つは小説だった。氏は戦争を題材にした創作を構想していたのではないかと思われるのである。「いくつかを除けば、日本には本物の戦争文学が欠けている」と語る鷲巣さんには言いたいことがいくらでもある感じだった。いくら言っても言い足りない、そんな感じだった。それは裏返して言えば、言い尽くせぬものに自ら苛立ちを覚えていたことでもある。

戦後生まれの若い我々を前にして戦争の話題に触れる鷲巣さんは何を思っておられたのだろうか。自分の中にある苛立ちが、それを伝えきれない我々を前にすることによってさらに膨らんでしまったのだろうか。そうだったかもしれない。結局、体験したものでなければ分かり合えない。しかし鷲巣さんはそんなことは言わなかったし、そんなつもりでもなかったろう。鷲巣さんはあくまでも自分に苛立っていたのだ。より正確に言えば（言いえているとすれば）、自分の中にある苛立ちに苛立っていたのだ。

鷲巣さんの話は、確かに実際に過酷な戦争を掻い潜ってきた者の体験談だった。それだけに具体的な話も多かった。しかしそれは、理解を求める類のものでもなければ、教訓めいた類のことなどではなおさらなかった。本質的にそれは鷲巣さん個人に還されるものだった。したがって、伺っていても自分に向かって語られている感じのするものだった。断るまでもないが、戦争の話を大上段に構えて聞かせたがる、そうすることで体験と繋がっていられる心情派とは厳然と区別される必要がある。

だからそれはある意味では体験談とは異質だった。戦争体験は、それが強烈なだけに語る人を自然とある高みに立たせてしまう。話それ自体も体験者に占有されてしまいがちである。むしろ共有を拒んでさえいる。戦後生まれの世代が軽々に言うべきことではないが、しかし多くの場合、占有されやすいのは、実はそれが本人から遠ざかってゆくことの裏返しになっていることでもある。そういう意味では、鷲巣さんの体験談はまさに体験談ではなかった。鷲巣さんの裡にある〝戦争〟は、〝ポエーシスへの途〟と本質的に同じだった。したがってその意味において鷲巣さんの心は、戦争を生き続けているのだった。

百戦金城上　悲風萬里秋
幽魂呼雨哭　野日入河流
我尚遠征苦　君今落魄憂
京華歓楽夢　詞客莫久留

（「征衣」第二連、『江南車塵集』〈一九三七〜三九〉）

そしてさらに歴程賞に輝く『定本鷲巣繁男詩集』（国文社、一九七一）の巻末を飾る「後序　狂気と竪琴・我が招魂」には副題して「──中国の詩友陳亦欽に──」とし、雑員として一年有余、征旅に従わされた陳亦欽《チンイキン》との心の日々、詩作と客地（中国）文藝への讃辞を交わした日々を、中国数千年の詩賦への詠嘆と郷愁のなかに語り、その末尾に哀哭して、昔日の陳亦欽に遥かに呼びかける。

さもあれ、かの博雅の詩人、虜囚の陳亦欽よ、親しかりし友よ、今茲に余が二十余年の詩文を供へ、茫々たる時空の彼方、君の魂を招く。君、生あらば余が傍に髣髴と来り、昔日のごとく囁きたまへ。

昭和庚戌四十五年十月　於札幌草居
五十五迂叟　不羣騒人識

4 挿み込まれた「日課表」

……それにしても鷲巣さんは何を考えておられたのだろうか。これは漠然とした想いであると同時に、氏にお会いする回数を重ねれば重ねるほど、結局のところここに行き着くことになる。それが分からないために時には空しい想いにさえ僕（ら）を閉じ込める。

鷲巣さんはいつも我々三人を歓迎して下さった。なぜだろう。こんな問い方は失礼だろうか。いつもといっても年に何回かの話だから歓迎してもらったとしてもなんの不思議もないといえばそうなのだが、それでも六、七年は必ずしも短いとは言えない。これは我々にしても同じだ。なぜ鷲巣さんを訪ねるのだろう。もう高踏趣味の域は疾うに卒業していた。何を求めていたのだろうか。求めるというようなものではなかった気がする。鷲巣さんの人生も詩作も散文行為もそれをものしたご自身を前にすればするほど、ますます遠退く想いに駆られていたからだ。

我々を歓迎し、きっと我々が退室した後、疲労困憊していたのではないかと危ぶまれるほど、何時間（午後一番に伺って、たいてい小母さんが仕事から帰宅した後さらに数時間を過ごしたから、だから半日）も我々との歓談を喜んで下さる。でもそこに居られるのは、鷲巣さんご自身であっても、ポエーシスの世界を生き続ける詩徒鷲巣さんでも終戦直後から二十数年にわたる北方流謫を経た正教徒（ダニール・シメオノヴィッチ・ワシリースキー）鷲巣さんでもなかった。当のご本人自体が、そもそも現身の自身からもっとも遠い処にいたに違いなく、ご自身がそうであれば、我々には鷲巣さんはさらに遠いことになる……。凡そはこういうことだったが、そんなことは分かっていたことで、だから鷲巣さんを前にし、とくに帰宅した後の自室で自分に立ち向かった時、さらなる大きな空洞に追い落とされたのである。この空洞がもしかしたら唯一、永遠の詩徒にして流謫人鷲巣繁男との接点だったかもしれないことに気付いていたにしても、である。

鷲巣さんは、一九一五年、横浜市の野毛不動尊の下で生まれ、少年時代から中国大陸での兵役に就くまでを横浜で過ごす（ただし関東大震災後、一時神戸市の伯父宅に家族ともども寄寓）。鷲巣さんは自分の子供時代や少年時代のことを折に触れて散文に綴る。生母・継母への想いや、厳格な正教徒であった祖父、誠実だった父親への想いが、強く心に残っていたからだと思われる。同時に土地としての横浜が、生命的な記憶を留める、否、深く埋める場（トポス）だったからでもあったに違いない。現実的には娘の家庭を寄辺として近傍に越して来たとはいえ、望むなら横浜を選ぶことも可能だったわけだから、あえて戻らなかったことがそのことの一端を物語っている。

野毛坂の上の藤棚町やその少し先の日ノ出町に縁戚をもつ僕には、別の意味で横浜とくに野毛坂辺りには特別な思い入れがあるが、鷲巣さんの通われた野毛坂の市立図書館の蔵書は、すでに十代にして和漢洋の文献に耽溺していた少年鷲巣繁男を文学への起立に強く誘うに十分な量と質を揃えていた。そして市立横浜商業学校時代、文芸サークルに所属して雑誌を発刊していた少年鷲巣繁男は、原書を入手してはボードレールの『悪の華』の翻訳に挑んだりする。その頃のことを鷲巣さんは語る。「小学生の時より日本の古典を漁り、中学に入るや、四書五経や史記の類を耽読し、楚辞や杜詩に親しんだ私は、十二、三歳より漢詩を作り、新しい芸術として復活させようとの時代離れした野望を持ち、その志向と実践は従軍中まで続いた」。その一方で「マルキシズムの書を懐にし刑事に尾行される奇妙な中学生でもあった。しかも十五歳、私はボードレイルを知り」、云々と綴ってみせる（『夜の果への旅』「覚書」）。

僕は野毛坂の中腹にひっそりと佇む市立図書館を想い起こす。少年の身にして中国古典を白文で諳んじられ、平仄を心得、韻を踏んで漢詩を制作していた早熟の鷲巣少年の姿をその窓越しに探す。はじめ日本や中国の古典を耽読していた鷲巣少年にとってボードレールとの邂逅がどのような機縁で果たされたものであったかは詳しくは承知していないが、ボードレールは当時の鷲巣さんにとって特別な存在であったようだ。小説家を志しながらも、長期兵役によりその途を絶たれるが、行李の底にこの原書の『悪の華』を鷲巣さんは隠し込むように潜ませて、遠征に赴くのであった。

少年時代に身につけた漢詩文の素養は、大陸での兵役中、上掲「虜囚の陳亦欽」との詩文競作による心の交流を生み、『江南車塵集』（一九三七〜三九）が編まれるにいたる。その「征衣」の冒頭に「干戈何日定／身命自無期／醪酒遣愁速／家書乾涙遅／危臺羣鳥暮／絶塞笛聲時／萬里蕭蕭老／征衣到處之」と詠ずる兵卒鷲巣繁男氏は、無線通信兵として最前線に常に身を晒し、死線を掻い潜ってきたが、その戦火の下での生への執着は、我が身を庇って亡くなった生母や大震災の混乱の中で失われた幼弟への強い想いの裏返しであったという。

生きては滅多に貰えぬという金鵄勲章を授けられた氏は、二度目の出征中に脚気に襲われ入退院を繰り返した後、除隊となって本土の陸軍病院で療養生活を過ごすが、我々が「鷲巣小母さん」と呼んでいた鷲巣夫人と、同陸軍病院で知り合う。夫人は看護婦だった。その鷲巣夫人は、北海道の山林での開拓時代を経て、札幌での苦難の日々を長年過ごした後の与野・大宮時代を通じ、看護婦として終生、夫鷲巣繁男の詩作活動を陰で支えていくのであった。でもおよそ内助の功など片鱗も見せない人格は、時に夫との間で交わされる弁証法的な「二項対立」に芯の強さを覗かせ、この夫人あっての詩人との想いを強くするのに機会を選ばせなかった。

戦後、大手出版社（旺文社）に職（和英辞典編纂）を得た鷲巣さんはそこを潔いまでに短期間の内に辞して、開拓者として北海道の山林に入植する。その生活はまさに原始の民が原始林に居を構えるに近いものだったようで、戦傷による宿痾を数多く背負った鷲巣さんの体力を消耗させ、終に氏の体調を損なわせるにいたる。入植二年でその極限の生活は破綻し、荒廃した心身を引きずって札幌に流寓、赤貧のなかで様々な職業に就いた後、印刷会社での職（校正係）を得てようやく生活が安定する。以後、帰京するまでの二十年余、印刷所に勤めながら、精神の亡命先ともいうべき北方流謫の地で、宿痾との闘いのなかで果敢に推し進められる詩作の日々と、そのための詩の実在を求める飽くなき言葉（ロゴス）への流浪の日々が重ねられていく。

鷲巣さんの語学力には誰もが驚かされる。鷲巣さんを札幌に訪ねた高橋睦郎も綴る。「宿痾の数にも増して驚嘆すべきは、鷲巣さんの語学の博さだった。英仏独露伊西葡は言うに及ばず、羅甸、希臘、希伯来に通じ、教会スラブ語、パルティア語にも造詣深かった」（同前）と。

それはまた単に語学力だけでなく各言語を介した知識の深さにおいても尋常ではなかった。稀代の仏文学者にして評論家の澁澤龍彦も言う、「札幌在住の鷲巣繁男氏から時々いただくお手紙は、漢詩の挿入された墨痕鮮やかな巻紙のお手紙であったり、あるいはギリシア語、ラテン語などの散りばめられた、ヨーロッパの新刊書に関する問合わせのお手紙であったりして、その教養や読書範囲の広さに、浅学のこちらが面食らってしまうような種類のものである。大学教授の肩書はなくても、世の中には、自由な読書を楽しむ真の教養人というものが存在しているのだな、とつくづく感じさせられる」と（「形而上学のカテドラルのために……」『定本鷲巣繁男詩集』「附録」国文社、一九七一）。

それは鷲巣繁男追悼号（『饗宴』第十号・最終号、書肆林檎屋、一九八三）に寄せられた各分野の学者・文学者の讃辞がなによりもその正統性がただならぬものだったことを教えている。なお澁澤龍彦も単なるペダンチストを指して「教養人」と語ったわけではない。それは詩人渋沢孝輔がいう「由緒正しいロゴス」を語る人、「純粋の自我」を語るに古今東西の智を求め続けなければならない人を指してのことであった（「由緒正しいロゴス」現代詩文庫『鷲巣繁男詩集』巻末作品論、一九七二）。

僕は、没後、蔵書整理のお手伝いをしている最中、ある本のなかに札幌時代の語学学習の日課表を見出した。長い間、忘れ去られたようにそのままに挟み込まれていた、その黄ばんだ一枚の就寝までの日課表と、氏の詩文に頻出するカタカナの固有名詞や修辞、典礼文が重なり、昼の印刷所での仕事に疲れた身体を立て直して、夜な夜な薄明かりの下で辞書を貪る鷲巣さんの姿がいやが上にも浮かびあがり、なんともいえず心が揺すぶられ、そして哀しく、さらに心痛んだ。それは、その並大抵でない語学力や、生活が立ち行かぬような曲折を伴わずに得られたとは思われない学識的な深さをもってしても、その精神の流浪が安息する暇を終に与えられなかったからである。

でもこれでは余りに卑俗すぎる。そうではない、それだけではなかった。鷲巣さん自身が嘆息するかのように語る、その血の滲む想いで積み上げられた叡智を傾けたその先に、「ここまでしるしながら、私はなほ言いしれぬ空しさの中にゐる」と識す、そのことである。そうだった、我々は終に救われない生命の彷徨の下に生かされていることを、鷲巣さんの生のなかに見届けねばならないからだった。だから、その詩に触れて以来、詩人の魂の奥底から囁かれ、やがて声高になるその生への思い入れを受け容れ、癒されぬ生の歩みとその語りの持続に、我と我の今を同時に組み込みたかったのだ。

わたしの眠りに海は遠く、夜はすべての襞を浸す。
年老いた石たちの記憶、神の亀裂。
人間の燥宴を象りつつ、やがて永遠の沈黙の中で、
それらは沙漠へ流れ去るであらう――
果しない苦悩を、純粋の神をも、運び去るであらう。
夢みてはならぬ脳髄よ、一切を。
危ふい映像のそそのかしを拒み、凡ゆる変相の中で唯一のロゴスを愛せよ。

（『夜の果への旅』「ネストリウスの夜」冒頭）

帰京後の鶯巣さんは、亡くなるまでの凡そ十年の決して長いとは言えない歳月のなかで、普通なら人の一生を費やしても達成しきれない詩作や詩論・評論を驚異的な勢いで世に問い続けていく。ダニール・ワシリースキー猊下こと鶯巣繁男の刊行著書の歩みは本章巻末のとおりだが、一瞥して明らかなとおり、その筆の勢いは、まさに激情に駆られたとも言うべき劇烈なもので、それによって病の身がさらに蝕まれていっただろうことは想像に難くない。果たして人は、これほどまでにロゴスに向かい合わねばならないのだろうか。あるいは語り尽くさねばならないのだろうか。僕にはかえって痛々しくさえ思われた。しかしそれとともに人の生命の天上的耀きの偉大さを目の当りにした想いに心（魂）が衝き動かされることも確かだった。

こんなありきたりの言い方が相応しいのか分からないし、恐らく「なにをか言わんや！」と氏から強張られてしまうかもしれないが、鶯巣さんは、やはりこの世に特別な人として生まれてきたお方だったとしか思えない。亡くなられた病院で、静かにベッドに横たわる鶯巣さんの、永遠の眠りに就いたお顔を拝したとき、傍らに控えていた鶯巣小母さんの憔悴が、あの刻苦の開拓時代の回想へと小母さんを向かわせていたようにも思われた。「静かにお休み下さい」そう僕は死の床の鶯巣さんに語りかけた。でもそれは、同時に夫の我儘を終生無言のなかで抱えこんで夫や家族を支えてきたに違いない、そして今その夫の亡骸を傍らにしながらもかつてそうしてきたであろうように、気丈に悲しみを堪える鶯巣小母さんへの囁きでもあった。

鷲巣小母さんは、鷲巣さんが亡くなられてから暫くして、再び北海道に戻られた。「これまで繁男の書いたものはあまり読まなかったので、これからは時間もあるし、ゆっくり読んでみたいと思います」。旅立ちの言葉だった。

5　詩人論への階梯

鷲巣さんは僕（ら）にとっていかなる存在だったのだろうか。苦しくも問わねばならない。鷲巣さんは北の詩人（北に在る詩人）だったのだろうか。そうだったかもしれないが、氏にとってその前提となるのは、やはり流謫の人であること（あり続けること）が詩徒たる身に宿命的に優先していなければならないことだった。そして氏にとって流謫とは、直接的には大震災で喪われた生母と幼弟の二つの生命、その一つは犠牲と引き換えにされた生母の命であり、一つは自らの不注意で失うに至った、それがために贖罪の念に氏の心を衝き上げずにはおかない、喪われた幼弟の命との直面であったが、この我が身の周辺で生起した二つの生命の断絶とその永遠の記憶に立ち会う裡に引き受ける想いは、しかしそれ自体は言うなれば個人的な範囲であったが、その後の中国大陸で喪われた人民の命と、間接的ながらも斥候兵としてその客地の命の断絶に深く関わってしまったことから衝き返される、この人間生命の前で闘わせる重苦しい哲理への想いがもう一つの流謫の深淵を形作っていた。

しかしながら、これから語らねばならないのは、この二つの出来事は流謫人の今に生きる記憶であったとしても、その心象を構成するのは過去の日記の域を出ないことである。負の捉え方をすれば、私小説の感慨にとどまるとも言える。その心の昂ぶりは確かに自らに誠実であり、人を祈りにも導くが、むしろそれ故にというべきか、それは〈我〉をも包み込む人間生命の深淵に人を導く営為とは心の体系の異なるものである。

事実、鷲巣さんは十代後半で小説家を志し、さる小説家の門下に連なるも、家庭の事情、時代の宿命もあり、小説家となることはなかった。だから帰京後編まれた小説集『路傍の神』は、詩徒による生命の深淵に臨む詠歌とは異なるものと僕は捉えるのである。日本には真の戦争文学がない（たりえていない）と語る鷲巣さんの嘆きの先に、散文行為への志とその果たしえぬ想いが繰り返し氏を襲っていたことや、それが現実の流謫への引き金になっていたことを理解したとしても、僕の中にある鷲巣繁男への遥かな想いとそれとは異なるもの、必ずしも重ならないもの、容れられないものだった。

僕は鷲巣さんが「一穂師」（鷲巣繁男「黄金の詩　吉田一穂師・その詩人の榮譽に」『詩の榮譽』思潮社、一九七四。初出一九七三）と呼ぶ吉田一穂と鷲巣さんを較べ、自分のなかの鷲巣繁男を問い質さねばならない。この二人の北に在る詩人の在り方が、僕自身のそれをも問い直さずにはおかないからだ。

その時、鷲巣さんは、同論中で予め自らの詩の世界と比べるかのように「坐れる人」一穂が連ねる言葉――「不立文字の無位の相として、混沌に脊骨をまっすぐたてることは、一つの天體たることである。人は社會的に憑れかかって、歴史的必然に流されてゆく。生とは強引にふりむいた「時」の意識である」（吉田一穂「あらの、ゆめ」『古代緑地』木曜書房、一九五八）を引き、その上でその諦観的言辞そのものである、まさに絶対的存在体たる一穂の詩的発語系を評し、「一穂師は己れの志向を最も本質的なものにのみ集中し、営々として厳密な表現に尽くしたので、詩作品も詩論も一見結論的な様相を示し、そこでは付随的・説明的な要素をつとめて避け、或いは激しく拒否してゐる」（同書、以下同じ）と観ずる。

　しかしこれは、かく語る鷲巣さん自身のその詩的営為の対極に置かれるべき表現世界である。だからその極相の示現である一穂の「白鳥」については、その「白鳥」十五章の最終章たる「地に、砂鉄あり、不断の泉湧く。／また白鳥は発つ！／雲は騰り、塩こゞり成る、さわけ山河《やまかわ》。」を引きながらも、「わたくしは、語法の極の顕現たる『白鳥』について多くを語らないであらう」と、その一切の説明的・演繹的言辞を弄さない、まさに結論と一体的な一穂の「白鳥」の詩法の前でただ沈黙するのである。これは「白鳥」に対してだけではない。一穂のその源にある「我とは否定に於て自明の意識現在である」（吉田一穂「ゼノン」）と「坐して」語る一穂の〈自我〉に対してでもある。

　これは、吉田一穂への否定ではない。憧れである。そのことによって鷲巣さんは黙するのである。僕にはそう思われるのだった。一穂への追悼の一文としても格別な、その厳格な分析で綴られた吉田一穂論たる「黄金の詩」を読み進めるうちに、僕は、鷲巣さんの一穂に対するこの憧れが何に基づくものであるかを知り、さらに確信した。それは、京《みやこ》の縁辺のさらにその一隅に新たな流寓の想いを託しながら、その地から遥かなる北海道へ向けた思念の茫漠たる寂寥感に浮かび上がる、鷲巣さんの昔日の流謫を再確認させるものであり、流謫の詩徒たるべく生き続ける鷲巣さんをして、一穂の「麗しいデカダンス」が、自らの心のなかにあっても同様に「悲しみの彼方」なのかを、自省を傾けて量らしめるものであった。

一穂にあって鷲巣さんにないもの（享けられぬもの）、それは「祝福」だった。生地を謳い上げることのできる「祝福」であった。これを一穂は心〈自我〉に具えていた。時には一体と化すほどであった。「白鳥」の原風景である「白鳥古丹《カムイコタン》」に生を享けた一穂は、その「ノートルダム・ド・ファール」（「燈台の聖母堂」）の異名をもつ当別岬を「麗しいデスタンス」の彼方に見晴かし、かのヴァレリイの故郷に対してかくも言い切ることができる。「ふるさとに関するかぎり、私もまた断じて彼にその誇りを譲るものではない」と。

この「誇り」から鷲巣さんは退去せずにはいられない。鷲巣さんが帰京後においても日常的に対面し続ける北海道は、自らの開拓的入植が刻苦を極めたためだけでなく、内国植民地的な国策によって、その始まりにおいてすでに無辜なる民の思いから隔たっていた。悲憤をもって向かい合わざるをえない鷲巣さんは、それだけではなく、一穂の生地に続けてもう一つの北海道の姿を確認する。それは一穂が思わず口にしてしまう「無何有郷」たる「生の根源の地」とは異なる、「或ひは茫茫たる平原であり、湿原であり、斧鉞を容れぬ原始の森であり、加ふるに凜烈の寒気、霏霏たる風雪の地である」とともに「アイヌを侵略する地、他方植民地的収奪の地であり、苦役と流亡の涯なる域であつた」とあえて断り、旭川より北見へ抜ける要路の建設に酷使され、疲労と疾病とに斃れた、多くの囚人の犠牲に触れるのである。

鷲巣さんはその惨状に激してこう綴る。曰く、「仮借ない鞭は彼等に霰の如く降り、颪の如く鳴った。その病疾に斃るるも敢へて屍を収めず、白骨累累として林間を鏤め燐火を催し、鬼哭啾啾として鳥獣すらも近づき難い有様であつた」と。埋葬もされずに路辺に擲げ棄てられた囚徒（多くの政治犯を含む）に北海道の負の歴史を覗き見たのである。そして、「かかる兇徒の身上に一掬の涙を濺」ぐ『網走分監沿革史』を繙き、次のくだりに目をとめる。「独リ未ノ正カランコトヲ欲スルモ豈得べケンヤ」にである。思い昂じたまま、さらに続いて流謫の相貌をもって北辺に現れた詩人逸見猶吉の蝦夷に旅して生み出された「ウルトラマリン」（一九二九年、猶吉二十二歳。後に『定本逸見猶吉』思潮社、一九六六）の詩篇（「颪ニハ沿海州ノ錆ビ蝕サル気配ガツヨク浸ミコンデ　野ツ原ノ涯ハ監獄ダ」）に言及し、一穂の北海道と対比するに及んで僕は、鷲巣さんがすでに自己の流謫地を前に一穂の生地北海道と自問気味に向かい合っていることをはっきりと確認した。

これはすべて〈自我〉の問題である。鷲巣さんは一穂のその自我（詩的自我）に対面するのである。一穂のそれはすでに「坐れる」一穂に明らかなように絶対的自我に脊骨をまっすぐに立てる揺るぎないもので、そのポエーシスは結晶化のなかで表現停止の極みにまで到達し、言辞を排した詩の行間がつくる空白に口を開く深淵は、「意識」（イデア）をその発祥の地表たる元始の耀かしい「古代緑地」に放ち、再び一穂を「自明の意識現在」に連れ戻す。鷲巣さんは、時代（昭和初期）を超越した一穂のこうした詩的思考が、すなわち明治期の新体詩以来の近代詩の超克であることはすでに周知のこととし、然るべく受け止めてもいたと思われるが、おそらく自身もそうであっただろうように、北辺の地たる北海道が個人に形成する意識と発意の在り方にあらためて立ち返らねばならなかった。ここにおいて再び一方では「祝福」された土地でありながらも、我においては流謫の地であった二面に再会し、一穂の「意識」に憧れながらも、異なる「他者」のそれであることの覚醒に至るのであった。

然あれど、なにゆえに「憧れ」るのか。実は評中にそれらしい言葉は見受けられない。実は僕がそう読み取ったにすぎないのである。でもこの憧れは、ただ一穂に対するに留まらず、一穂が、その「影」ゆえに自らに「光」を感受した、「影」たる逸見猶吉にも向けられていることを知って確実と思われたからである。しかも当時、その『ウルトラマリン詩篇』をナンセンス詩に分類する評家（最左翼の評家）が肩で風切る時代にあって逸見猶吉の〈最初の発見者〉が、猶吉において決して「祝福」されるべき土地でないその北辺の大地を耀かしい詩的実在に昂める吉田一穂その人だったからである。

その猶吉賞揚の一穂の言葉を鷲巣さんは引く。「……その最も新らしい尖鋭的な表現、強靱な意志の新らしい戦慄美、彼は青天に歯を剝く雪原の狼であり、石と鉄の機構に擲弾して嘲う肉体であり、ウルトラマリンの虚無の眼と否定の舌、氷の歯をもつたテロリストである。……」（『詩と詩論』第七号、一九三〇）。これは光が影によって一段と輝きを増す類の、あるいは「負」をもって「正」を二倍にも讃える賞揚である。なぜなら一穂は、一方で生地北海道にはそれを切り拓いた祖父たちに対してこうも賞揚するからである。「祖父たちは封建制からの自由の民として、碌なコンパス一つ無く、吹雪と怒濤の中に北方の魚場を拓いていつたパイオニア」（随想「海の思想」）であると。ないしは「封建制度の悪弊の稀薄な土地」（随想「積丹半島」）と。しかしその一穂によってしか当時（一九三〇）逸見猶吉を正しく評しえなかったのは、「影」において自らに「光」を感じる営為が、「精神の源泉の地」で「他者」（和人）ながらも「全き者」たるをなんら拒む必要に迫られなかったからであるが、しかし鷲巣さんはここで思うのである。思ったのではないかと感じるのである。「わたくしははたしてこの地において「全き者」だったのか」と。

なぜなら、鷲巣さんが「光と影を為してゐる」とする両詩人の一方はその土地──「美しき故郷」かつ「父祖の営為の誇りに包まれたもの」としての土地──に生を享けた者として、一方はあくまでも旅人として多くは感慨の内に経巡る身として在るのであり、流謫者として在るわたくしは「他者」たるを免れぬからである。

然あれど、再び鷲巣さんは北海道に包み込まれる自己を識り、その深さの程を痛切に自覚するのである。そして吉田一穂師の「黄金の詩」が、「全き者」による生地への絶対的自信に発するもう一つの「記憶の書」たるを「他者」（流謫者）たる裡において識るのである。そして逸見猶吉の〈発見者〉をはじめとして、「白鳥」に至るその詩業が戦前の暗澹たる時代の最中で為されたものであることに、鷲巣さんは一穂を再び遥かに想い、こう語るのである。「それにしても、この『故園の書』（散文詩集、一九三〇、引用者註）から「白鳥」（第五詩集『未来者』所載、一九四八、同）に至る純粋な結晶化の作業が、日本の最も痛苦の時代、そして同時に一般的には詩精神の解体風化の季節に為されたことは意義深いことである。一穂の抵抗精神はそれが世俗の対処に止まらず、本質に於てゆるぎないことを示し得たのであつた」と。しかし、その精神の高さを認めれば認めるだけ、「他者」（和人）たる者の「記憶の書」が氏の生を再び否定に駆り立てるのである。かくして帰京後の鷲巣さんの前に新たな「他者」との邂逅の日々が待ち構え、流謫の人に立ち還る終生を再生させることになるのであった。北辺の地、北の大地、極寒の地にして日本列島の歴史において未明なる地、初めから「他者」たる地（ただし古代以降）、すでに日本古代において蝦夷《エミシ》の地として本土に相対化されない地、その地は、生地から外された者に対しても、なかでも内地からの流謫者に対してはその歴史において恒に開かれた地であった。

日本の近代化の発祥地である横浜に生を享けながらも、異なる近代化（正教）の家で幼少期を過ごし、すでに十歳そこそこで和漢の古典に遊び興じ、さらに十五歳を少し超えたところでボードレールに耽溺し、そして「征旅」に赴く十代後半の青年鷲巣繁男の流謫への階梯。その青年にとって少年期において文藝への心を育ませるにおいて余りある古典を蔵する、そのために畏敬すべき地であっても侵攻すべき地であるはずもなかった客地（中国大陸）での戦役と、皮肉そのものともいうべき（間接的）武勇において授けられた金鵄勲章。そして戦病と療養、敗戦。昭和二十一年、時代との決別を籠めたあらゆる否定の上に決意し敢行された、北海道の荒涼とした山林への入植と開拓、その先に待ち構えていた破綻と札幌への流浪。そして市内の印刷所に職を得ながら、戦傷による数多くの宿痾に苦しみつつも、止むことなく費やされた札幌での精神的営為の日々とその二十年余の歩み。

こう記すとそこに何か文学的感動が潜んでいるかのような誘いに囚われかねない。しかしこれは人として在るためには、相当の個人差はあれやむをえざる来歴の綴りで、たとい鷲巣さんに個別に所有されるものであっても、またそれに他人の感慨が幾許か重なり合うものであっても、人として生活を送るうえに来歴を刻むことは致し方ないことである。鷲巣さん自身においても自らの来歴はそれを自ら決意した経緯もあり、それ自体は表面的には流謫の様相を呈していたにしても、あくまでも肉体の来歴に留まる。しかし、いつしか鷲巣さんのやむことのない精神的営為は、自らの肉体をも内面化するに至り、その内面化において生涯流謫者たる自己の定められていたような宿命の扉に次第に引き寄せられていくのであった。

それは、当初詩人を目指していたわけではなかった鷲巣さんが、札幌時代に句作から詩に転じ、いつしか気がつくと、詩人と呼ばれるようになっていった表現上の選択的来歴と不可分の関係にあった。その転換への事情を詳しくは承知していないが（第2章で後述）、僕には、その詩作転換への途上に鷲巣さんが、自らを発見者として流謫人たる自己に再会した瞬間を見出したように思われるのだった。この過程を探ることは、すでに詩人鷲巣繁男論への第一歩を踏み出しているも同じである。

しかしながら本格的な詩人論は、いまは困難である。それは文脈上からも困難であるが、それとともに鷲巣繁男論を試みる人にとって鷲巣さんの詩がそれを容易に許さないのを知らねばならないからである。多くの人がそうであるように、いやそれ以上に自らの浅学を前にその詩篇や詩法の数々が高く立ち塞がっているのである。

しかしその詩的世界に魅了された人々は、これからも鷲巣さんを語ろうとするだろう。そして語れないことに苛立つだろう。これも詩人論の本質とすでに無関係ではない。たとえば抒情詩と叙事詩のその「変容的詩篇」の高まりがある。それ一つをとってもかつて日本の近現代詩が容易に手を染めようとしなかったことが了解され、その詩論上の位置づけや評価にさえ端から戸惑ってしまう。これは鷲巣さん自身にしてすでにそうだったはずだ。たとえば一穂に話を戻せば、鷲巣さんが一穂を「このたぐひ稀な先達を東洋風な存在の讃者」と讃えるとき、自らを和漢洋のいずれに位置づけるべきかに鷲巣さんは彷徨い、繰り返される自己否定の内省がその彷徨をさらに闇深くしているからである。

　鷲巣さんは自らの変容《メタモルフォーシス》の闇の根源に辿り着く途を急ぎ駆け巡るかのように、誰もがその該博な知識に驚かされる膨大な詩論・評論を矢継ぎ早に発表され、ついには記念碑的な散文思索の極みともいうべき大作の宗教評論『イコンの在る世界』（二千七百枚）を世に問うことになる。この書を含むこれまでの厖大な語り、それが詩語の形を採ったとき、なによりも自らに開いた闇の深さに向かう声として、闇の再生を撥ね除ける術を世界の賢者に訪ね歩く呼びかけの声として、昏く杳い途に杖突く流謫の語り部として、その生涯を費やすのであった。その詩篇にそれを探り辿ろうとするとき、それが形作る変容的詩篇の枠組みの傍らにその入口を探すとき、はじめて鷲巣繁男論はその語り出しの門に僕らをして佇むことを許すだろう。そしてその門からはるけき前方に亡くなられてなおその杖に病身を寄り添わせる老詩徒の永遠の姿を眼に浮かべることになるだろう。

6　形見分け

蔵書の整理のお手伝いをしている時、「形見分けにもらってください」と、鷲巣小母さんは僕らに鷲巣さんの蔵書やLPレコードの一部を勧めた。

僕は、鷲巣さんがマーラーを揃えているのがいつも気がかりだった（第4章で後述）。訪ねるたび、その書斎に鳴り響くマーラーの交響曲をどのように理解すればよいのかにも迷った。すでに記したようにその頃もさらにその後も僕（ら）はブルックナーを数多く聴いていたからだ。鷲巣さんの詩の世界に親しむにつれ、鷲巣さんの詩は、かりにこの二人の作曲家に喩えるなら、マーラーだったかもしれないと思うようになった。なぜならマーラーは、西洋音楽における緩徐楽章の意味を一新したと思われるし、その対位法はまさに「変容的楽音」ともいうべき重層にして断絶、世界に轟き渡る強音にして絶え入るような弱音、そしてそれらの凝縮のなかで結びつく智と生の「復活」に人間を導く交響曲作曲家だったからだ。これはたしかに鷲巣さんが聴くべき楽の音だった。

だからマーラーを戴くべきだったのかもしれない。しかし僕はヘンデルのオラトリオの幾組かを戴くことにした。同じように気がかりだったからだ。声楽曲というとき、僕にはバッハの『マタイ受難曲』がこの世に生み出された奇蹟の一曲としていつも心の中に響き渡っていた。鷲巣さんの詩のなかにも数々の受難の詩篇が、冒頭や詩行に挿みこまれている。しかしそれとは必ずしも重ならないヘンデルの楽曲の調べとその彩り、その楽音を鷲巣さんがどのように聴いていたのか知りたい、そう僕は思ったのだ。そしてそれは、あの御茶ノ水のニコライ堂で執り行われた鷲巣さんの葬儀の場での、聖堂を満たした香のなかで司祭の誦える正教典礼の式文の声、そして式文と呼応したイコノスタシスを背にして歌われる詠隊による聖歌の音とも、おそらく異なるように思われたのだった。アーミン。

【鷲巣繁男著作目録】（『饗宴』第十号・鷲巣繁男追悼、鷲巣薫・高橋睦郎編「年譜」による）

〈詩〉
第一詩集『悪胤』北方詩話会、一九五〇年（昭和二十五）、三十五歳
第二詩集『末裔の旗』さろるん書房、一九五一年（昭和二十六）、三十六歳
第三詩集『蠻族の眼の下』さろるん書房、一九五四年（昭和二十九）、三十九歳
第四詩集『メタモルフォーシス』日本未来派、一九五七年（昭和三十二）、四十二歳
第五詩集『神人序説』湾の会、一九六一年（昭和三十六）、四十六歳
第六詩集ダニール・ワシリースキーの書・第壱『夜の果への旅』詩苑社、一九六六年（昭和四十一）、

五十一歳
『定本鷲巣繁男詩集』国文社、一九七一年（昭和四十六）、五十六歳、第十回歴程賞（以上の六詩集に、未刊のダニール・ワシリースキーの書・第弍『マルキオン――靈智的頌歌の試み――』（一九六八年（昭和四十三）～六九年（昭和四十四））、同ダニール・ワシリースキーの書・第参『わが心の中のカテドラル』（一九六七年（昭和四十二）～七〇年（昭和四十五））ほか句抄、漢詩等を加えて編んだもの）
現代詩文庫51『鷲巣繁男詩集』思潮社、一九七二年（昭和四十七）、五十七歳
第九詩集ダニール・ワシリースキーの書・第四『記憶の書』思潮社、一九七五年（昭和五十）、六十歳
第一〇詩集ダニエルの黙示第一『嘆きの歌』書肆林檎屋、一九七六年（昭和五十一）、六十一歳
第一一詩集ダニエルの黙示第二『靈智の歌』思潮社、一九七八年（昭和五十三）、六十三歳
第一二詩集ダニエルの黙示第三『行爲の歌』小澤書店、一九八一年（昭和五十六）、六十六歳、第十二回高見順賞

〈歌・句〉
歌集『蝦夷のわかれ』書肆林檎屋、一九七四年（昭和四十九）、五十九歳
句集『石胎　鷲巣繁男舊句帖』国文社、一九八一年（昭和五十六）、六十六歳

〈小説〉

小説集『路傍の神』冥草舍、一九七六年（昭和五十一）、六十一歳

小説集『石斧』響文社、一九九七年（平成九）、没後十五年

〈詩論・評論〉

試論集『呪法と變容』竹内書店、一九七二年（昭和四十七）、五十七歳

長篇評論『戲論』薔薇十字社、一九七三年（昭和四十八）、五十八歳

評論集『詩の榮譽』思潮社、一九七四年（昭和四十九）、五十九歳

試論集『呪法と變容（増補改訂版）』牧神社、一九七六年（昭和五十一）、六十一歳

評論集『狂氣と竪琴』小澤書店、一九七六年（昭和五十一）、六十一歳

詩歌逍遥游第一『記憶の泉』牧神社、一九七七年（昭和五十二）、六十二歳

詩歌逍遥游第二『聖なるものとその變容』牧神社、一九七七年（昭和五十二）、六十二歳

詩歌逍遥游第三『ポエーシスの途』牧神社、一九七七年（昭和五十二）、六十二歳

評論集『クロノスの深み』小澤書店、一九七八年（昭和五十三）、六十三歳

評論集『牧神の周邊』牧神社、一九七九年（昭和五十四）、六十四歳

宗教評論『イコンの在る世界』国文社、一九七九年（昭和五十四）、六十四歳

評論集『黄金の書』国文社、一九八二年（昭和五十七）、没年
遺稿集『神聖空間』春秋社、一九八三年（昭和五十八）、没後一年

〈翻訳〉
アレクサンドル・ブローク詩劇『薔薇と十字架』（小平武と共訳）書肆林檎屋、一九七九年（昭和五十四）、六十四歳（後に平凡社ライブラリー、一九九五年）

〈コラム1〉 手放さなかった軍隊手帳

鷲巣繁男（一九一五―八二）の詩を前にする者は、詩とは何か、詩作とは何かと、あからさまに問うには気が引けることを、それでも端から問うことになる。端からとは、「外形的」にということであるが、「見た眼で」と言い換えたほうがよいかもしれない。見るからに敬遠したくなってしまうからである。恐ろしく長く、かつ難しく作られているのである。読むために必要な知識といったら、西洋の古典やキリスト教一般とりわけ正教の内奥に及び、原始キリスト教や異端の教義世界に広がる。古代オリエントにも潜入する。原語も引く。でも普通の人は、筆者も含めてそんな本格的な「智」には通じていない。詩人にも分かっている。自分が何を作っているのかを、難解で理解されないかもしれないことを、衒学的だと謗られかねないことをも。

しかし、これも事前に「レクチャー」さえあれば、永遠に敬遠されかねない事態も一変するはずである。頭から敬遠されることはなくなる。読まれるべき対象に繰り入れられるかもしれない。時にはアンチテーゼを突きつけられた思いで自己相対的に読まれるかもしれない。とはいえ今度は、散文的な事前説明を必要とする詩が、果たして詩と言えるのかと疑われてしまう。詩として自立していないことを暗に自己表明しているようなものだと解られてしまう。それでは「レクチャー」もなにもあったものではない。実は、鷲巣繁男の詩の長さや難解さとは、その点でもアンチテーゼ的なのである。

なぜなら、普通、詩に事前解説が不要なのは、突き詰めると、実は不要なのではなく、暗黙の了解事項が介在していて、暗黙の了解事項として事前説明されていたにすぎなかったからである。例示すれば、誰もが詩を書けても誰もが詩人になれるわけではない、その原理的構造でもある。暗黙の了解事項が、誰にでも詩を書かせ、同じ了解事項によって今度は詩人にさせないのである。

鷲巣繁男は、この「暗黙の了解事項」を容れようとしなかったのである。資質的に超えられないことを知っていたからかもしれないが、それ以上に、超えることに意味を見出せなかったからである。だからとはいえ、既存の詩作品を否定していたわけではない。学ぶべきは学んでいた。言及もした。ただ自身としては、「既存」には拠れなかったのである。時代的体験故である。詩人を「既存」の外に追い遣る内圧であった。

しかし、それが戦争体験だと告げられた時、どのように受け止められるのであろうか。足を掬われた思いになるかもしれない。いかに悲惨な体験であっても、個人体験であるよりは、集団的体験であるからである。一度や二度ならともかく毎度となると詩的契機として軽く見られてしまう。実はその点こそ問題だった。決定的な岐路でもあった。対極に立つのは文学（小説）だった。戦後の戦争文学だった。書かれることが内済だったからである。散文のもつ意味的完結性は、戦争体験をも例外視しない。文学的体験に読み換えてしまうのであった。終に体験以上の実績（文学的実績）となる。

その一方で、終に戦争体験が永遠になった体験者がいた。テーマを超えたテーマだった。「永遠になった」の度合いである。それが言葉を受けつけなかった。言葉があることは、かえって空しさを深めた。今なら、他者でしかないにしても、空虚感に思いを致すことができる。3・11の後、人々は言葉を喪ったからである。喪失を分かち合ったのである。言葉が回復されるには、言葉を超えたもので癒えるのを待つしかなかった。しかも治癒自体を贖罪感としていた。

戦争体験は、さらに治癒を直接的な罪とした。詩人により性急に選択された渡道（戦後直後に敢行された原始林への開拓入植）により、戦争体験は、内的体験に純化され血肉化していった。最終的には宗教（正教）と重層化した。結果として戦争文学とは違う語法へと詩人を駆り立てていった。過去形も完了形も内側に知らない言葉――言葉を超えた言葉との対峙だった。行き着いたところは、古代の時空間だった。さらなる叙事詩への潜行だった。時制に超然たることは、贖罪感の裏返しでもあった。五十代を迎えた詩人による、より自覚的に見出された詩の意味づけだった。名づけて「ダニール・ワシリースキーの書・第壱」とした『夜の果への旅』（一九六六）の詩的空間だった。

それ以前、三十四歳時の詩作開始から辿れば、叙事詩の生成過程を詩論的に再考することもできる。逆に最終詩集（一九八二）まで一望すれば、日本近代詩に奇観の詩書の高架――「近代以降の日本の詩の世界で、全く独自に屹立する高い塔のごときもの」（大岡信弔辞）――を見ることができる。しかし、奇観とするのも「外形」でしかない。詩人は、終生、傍らから軍隊手帳を手放さなかったからである。「私は何者でもなかつた。私は死者によつて生きてゐた」（『夜の果への旅』「覚書」）という詩人の、死者たちとの交感手帳であった。詩集は、したがって、「死」を今に生き直す戦後の『軍隊手帳』だった。それが鷲巣繁男の詩だった。

死者たちは　わたしの鞄の中で
永遠に來ぬ未來を愉しんでゐるのかもしれない
やがて成就される終末の日に神と虚無との双生児が合一する時を怖れつつも
その奇蹟の希みの故に
わたしの鞄は時に重いのだらう
しかしその鞄をわたしが手離せぬ故に
今日といふ世界は
わたしを中心に優しく保たれてゐるのだらう
アーミン

（「優しい死者たち」Ⅱ・二連後半九行、ダニール・ワシリースキーの書・第四
『記憶の書』、一九七五年、［註記］「鞄の中」に入っているのは件の「軍隊手帳」）

第一部　鷲巣繁男の世界の成立

第1章　「ネストリウスの夜」小論

――ダニール・ワシリースキーの書・第壱『夜の果への旅』へ向けての視座

はじめに

最初に、章題とした詩の一部を掲げることから始める。この詩は、鷲巣繁男が聖名ダニールにワシリースキーを繋げたダニール・ワシリースキーの名前を使って「書・第壱」の詩集とした『夜の果への旅』（詩苑社、一九六六）のなかの一作品である。時に詩人、在札幌の身で齢五十一を数える壮年後期であった。

わたしの眠りに海は遠く、夜はすべての襞を浸す。

年老いた石たちの記憶、神の亀裂。
人間の燥宴を象りつつ、やがて永遠の沈黙の中で、
それらは沙漠へ流れ去るであらう――
果しない苦悩を、純粋の神をも、運び去るであらう。
夢みてはならぬ脳髄よ、一切を。
危ふい映像のそそのかしを拒み、凡ゆる変相の中で唯一のロゴスを愛せよ。
だが、この闇を通して聞える戯れ女の嗄れた恋の唄は、頑なわたしの肉をさいなむ。

（「ネストリウスの夜」第一連）

掲出箇所は、筆者の回想記ともいうべき序章とほぼ同じである。同章では「ロゴス」の飽くなき探求の様を回想するためであった。いかにも詩人の詩的営為をその在り方において語るに相応しい詠いぶりだった。その余勢を駆って一文のための弾みとしたかったのである。ここでは違う。別の思惑によって再掲している。詩論のためである。それも副題とした「ダニール・ワシリースキーの書・第壱」（以下、「書・第壱」）の意味を、名づけられ方の経緯を含めて詩論的範疇として語りたいためである。とりわけ拘るのは、「書・第壱」と題している点である。「第壱」としながらも、実ははじめての詩集ではなかった。すでに五冊の詩集を上梓しているのである。通算では第六詩集となるはずだった。それをあえて「書・第壱」とする。なぜか。しかもそれまで使わなかった正教上の聖名（ダニール）

をもじった「ダニール・ワシリースキー」をもってしてである。その経緯を明らかにすることは、単に事実関係の究明に終わらず、詩論の核に繋がる入口となる。まさに副題に詩論的視座を掲げる所以である。

しかし、まずは来歴を知ることから始めねばならない。序章と重なる部分があるが、あらためて詩人の詩的遍歴に触れておきたい。なお本書の執筆に当っては、次の文献から多くの知見を得ている。事実記載においてとくに断わらない場合でも同書に拠っていることを申し添えておきたい。神谷光信『評伝　鷲巣繁男』小沢書店、一九九八（以下『評伝』）。

一　詩人の誕生

1　俳人から詩人へ

鷲巣繁男は、詩人としては遅咲きのスタートであった。詩作に手を染めたのは、自身による来歴記載によれば三十四歳の折である。それ以前は俳句制作者であり、さらに遡れば、新たな漢詩世界の創造を高く志した、篤き漢詩制作者であった。十代前半の少年に抱かれた、原点ともいうべき文学的野望であった。すでに早くから博覧強記の片鱗を覗かせていたのである。最初から尋常な才能ではなかったというべきか。また十代後半では小説家志望でもあった。作家小島政二郎（一八九四－一九九四）の門を叩いていたのである。しかし、父の急逝を受けて一家の経済的支柱とならなければならなかった家の事情と出征という時代状況とが重なって、虚しく青年の夢は奪われる。目覚ましい筆力や晩年に至って刊行した、青年時の夢の再現であったかのような小説集（『路傍の神』）の水準から見ても、本格的な小説家として活躍する道も切り拓かれていたかもしれない。ただし遺されたものを見る限りその世界は詩とは別である。

旧句集の「あとがき」（『石胎』一九八二）で、「もともといはゆる詩人になることなど夢にも考へたことはなかつたのに、偶然のことでいつしか他人に「詩人」と言はれるやうになつたのもまこと不思議な思ひである。しかし俳句制作者になつたのも全くの偶然であつた」として、以下の綴りで俳句制作までの遍歴を回顧している。厭わずに「あとがき」を辿ってみたい。

まず少年の頃は、「ささやかな漢詩作家」であり、同時に学問の道に進む腹積もりであったが、小説家を夢見るようになって（十六歳）、十七歳時には作家小島政二郎に師事。しかし父の急死を受けて一家の経済的支柱とならねばならぬことから文学の道を断念。以後青春（の後半生）は兵役に就き、中国大陸にて長い軍隊生活を送る。俳句との出会いは傷病兵として帰還した療養先（市川市国府台陸軍病院）での俳人との出会いによるもの（一九三九年）。一九四二年十一月には再召集。再び中国大陸での従軍生活。敗戦後の一九四六年、国府台陸軍病院で療養生活を続ける中で句友となった者たち（自身の家族を含めて三家族）と北海道へ開拓民として入植。開拓の傍ら句作を続け、一冊の句集を上梓する予定にまで進んでいたところで、その計画は詩集（第一詩集）の刊行へと鞍替え。同時に句作から詩作へ転換。

ここに至って詩人鷲巣繁男の誕生となる。句作者・漢詩制作者からの新たなスタートであったが、具体的な詩作開始は、俳句の際がそうであったように一人の詩人との出会いを機縁としていた。「歴程」同人の長光太である。時に三十四歳。詩を始めるには決して若いとは言えない年齢であった。句集と入れ替わった第一詩集『悪胤』（北方詩話会、一九五〇）以降、五冊を経て「書・第壱」となった『夜の果への旅』（一九六六）の刊行となる（五十一歳）。なぜ、「書・第壱」であるか、同詩集の「覚書」にはその謂れが記されている。「私は幼児洗礼を受けた。それは私の知らぬところであるが、その故によつて私はダニールとなり、ダニールの名は永遠のものであると信じる。この書はその意味での私の第一詩集である」と。

2　詩的営為と自己命題

しかし、以上に辿った来歴は、あくまでも「戸籍的」な謂れを言っているにすぎないのであって、これだけではあえて「書・第壱」としなければならなかった詩歴上の理由、言い換えれば内的な謂れ（内的動機）は見えてこない。なぜなら「戸籍的」な理由であれば、第一詩集『悪胤』当時も当然に

「ダニール」の許にあったからで、したがって当該「書・第壱」は数えてみて「書・第六」となる、と記されることになる。

同じ「覚書」には、俳句から詩へ転換しなければならなかった内的な動機が記されている。今、この内的動機を「書・第壱」となる必然として読み換える時、やはり来歴としては五冊を経る必要があったこと、五冊分の詩的探求は、「書・第壱」の誕生のために欠くことのできない過程であったことが理解される。まさしく鷲巣繁男の詩想と詩論の根幹部分に触れる試行（詩的試行）であった。「覚書」はこう独白する。

二度の出征の後、敗戦は私の青春と武勲を抹殺し、最も笑ふべく憐れむべきものとした。私は妻子と共に流浪し、悪と生の争奪の東京を逃れて北海道の山に入つて荒々しい開拓に従事した。闇米を買ふ才覚も勇気もない私にとつて精神の亡命であり流刑であつた。やがて共同事業の友人との破綻――病気――私は荒廃の心身を札幌で過ごした。気がつけば三十四歳であつた。私は何者でもなかつた。(a)私は死者によつて生きてゐた。ソポクレースはアンチゴネーをして妹イスメーネーに向ひ言はしめる。「シツカリオシ、オ前ハ生キテヰルンダヨ。シカシ私ノ魂ハズツト前カラ死ンデヰテ、アノ死ンダ人ニ仕ヘテヰタンダヨ」と。然り、私には死者のみが親しかつた。いや曾て「母が私であつた」やうに(b)私は「死者そのもの」であつた。その時、十年続けてゐた俳句を止め、始めて詩を書いた。私の中に在る死者の憎悪と哀訴をいかにして愛に転じ得るか――それのみがのぞ

みであり執念であつた。（『夜の果への旅』「覚書」、傍線引用者）

それでもそうは簡単にいかなかった。「死者によつて生きてゐた」（a）とか「「死者そのもの」であった」（b）とか、いかにも詩的営為に相応しい気の利いた文句ながらも、しかし杳として内奥に詩人を導こうとしない。反対に突き離してしまう。傍線（a）は、それだけだと単なる古典の引用にすぎず、精々気の利いたペダンチックな詩的引用の余技に留まる。場合によっては虚言とも解られかねない。それが、言葉が「ロゴス」と化した時、詩的宇宙に演じられる詩人の劇（悲劇）となり、その時、詩人は自己命題を生きることになる。言い換えれば五冊とはロゴス化のための過程にほかならなかった。

では「ロゴス」とはなにか。それには、実作を繙くに限る。たとえば「ネストリウスの夜」のように詩題中に同じ「夜」を組み入れた作品を引いてみよう。一目瞭然である。「書・第壱」を遡ること約十五年前の初期詩篇中の作品である。

夜の歌

——枝にぶらさがつてゐる腸がうたつた——

酎飲尽歓楽先故些

魂兮帰来反故居些
〈楚辞・招魂〉

重い甘酸つぱい夜がわたしに近づく。
残された地平の光の中で犇いてゐる修羅よ！
一瞬を奪ひあひ、一点の塵のやうな存在をうばひあひ、うめき叫んでゐる生命《いのち》よ。
わたしは自由だ、そして深い　つきせぬ孤独だ。
わたしにのこされた僅かな時間の中で　わたしはうたふ。
断絶の彼方の記憶を、悦楽を、憎悪を。
それらはもうわたしにはいりようがないゆゑに、
わたしはすべてをゆるし、ゆるやかにうたふことができるだらうか――。

ひとは昨日に眼を蔽ふ。
歴史に、深い罪劫に。
墓標は知慧だ。
忘却のための　人間のせいいつぱいの知慧なのだ。
わたしの下にころがつてゐる虚しい片腕、むき出しの眼、男根、射抜かれた鼻梁、まだ泡立つてゐる血だまりよ。
君等の存在は許されない。君等の存在は憎まれる。
君等は墓標にとぢこめられる。――なごやかな光の下の治癒へのいそぎに。

（第三、四連省略）

本当に無力だつたきみらの形、
かたちのおもひよ。
曙は幾千の鵲をとばすだらう。
わたしを喰ひ尽すため、きみらの骨をも砕くため。
せめてのぼれわたしのうた、きみらのおもひ。
治癒のいそぎの傷口へ　苦いゆるしを封ずるため、
深い苦悩をひそかに注ぐため――。

殊更に並べ立ててその出来映えを見比べる必要もない。まさに定本詩集で「初期詩篇」として一括掲載（再編）されているとおりである。しかし、それだけに歴然としている、同じ一語一語でも、詩語としての重みとなると、深刻な訴え方に対して、その分空回りになってしまっていることが。言葉を拾えてもそれに見合う言い回しを得るまでには至っていないからである。

順に拾いあげてみよう。「夜」「修羅」「存在」「生命」「孤独」「悦楽」「憎悪」「罪劫」「墓標」「知慧」「傷口」「苦悩」――これらの言葉とエピグラフの〈楚辞・招魂〉とは、「初期詩篇」以降の緊張関係を知っているからかもしれないが、互いの内側の声の閾で重なり合わない。とってつけたような飾りもの、喩えが適当ではないかもしれないが、文明開化時代の和服に山高帽子のようにそれだけが浮き上がってしまっている。

副題めいた「枝にぶらさがつてゐる腸がうたつた」も凄惨な戦場の叙景化としてはいかにも技巧(シュールな技法)が勝ち過ぎている。逆効果である。恐らく詩人としても試作の域に留まる水準であるのは承知していた。あるいは技巧のための技巧にしかなっていないことも。それは「副題」だけではなく、「それらはもうわたしにはいりようがないゆゑに、／わたしはすべてをゆるし、ゆるやかにうたふことができるだらうか――。」「かたちのおもひよ。」「せめてのぼれわたしのうた、きみらのおもひ。」のようなひらがなで作る各詩行にしてもである。

それでもあえて「副題」も「ひらがな行」も、そして「エピグラフ」も必要であった。すべては重い一語一語を得るためである。戦場の「死者」たちに繋がるためだった。その連繋への強い思いが、試作品を「作品」として提示することを詩人に許していたのである。先行していたのは、作品以上に死者との邂逅(連繋)だった。

3　死者との連繋

もう一例に当たってみたい。引くのは、自己命題である「死」を詩題中に入れこんだ作品である。

死の舟

この雪もよひの天から　瑞々しい乳房が垂れ
ひとは一つの恋慕にめくるめき　酒をのむ
すべてはかへりがたい時間のために賭けてしまつたのか
そしてなほ　賭け尽すものが残つてゐる予感のゆゑに
生きねばならぬのか

死の舟を飾り装ひ　纜を断たう――
幻影に憑かれし者やがてよみがへると
ことごとく記憶の鳥を森に還さう
もの皆は己れしづかな座にしづもり

狩人は今運ばれてゆく

乾からびた血痕にあらゆる記憶は封じられ
泯びの〈時〉が泡立つとき
傷口より忘却はたちのぼる
あの恋慕　あの生殖
形はなほもゆめみつつ彷徨ふのか

死の前に面を蔽ふともよ
ああ　死さへもきみが飾りであるならば
なげきのゆゑに生きるがよい

（「悪胤」所収「沈む汚辱」のうちの一篇）

一見して明らかなように、「夜の歌」よりは自己命題を詩行化するにおいてより強い言語的切迫感を覚える。効果を上げているのは、二項の対峙である。今と過去とである。両者は時制の対立を超えて過去＝死者のなかで繋がっている。逆に今のなかでも繋がっている。否、繋がろうとしている。それがこの詩である。しかし、繋がりきれない。それもこの詩から受ける実感である。より正確に言うなら部分部分では繋がっている。その部分性が作品としての提示を許し、また保証もしている。

では、なぜ繋がれないのか。偏に「今」を構築しきれないためである。「瑞々しい乳房」を掲げ「恋慕にめくるめき　酒をのむ」と「今」のなかに在る欺瞞性を「過去」に向かって論う。「過去」との繋がりを取り結ぶために必要な、言ってみれば告解室での告白でもある。そして、「今」を生きている意味合いを、「予感」すなわちこうして生きていることにも意味あると囁きかけてくるその予感のなかに問い返していく。いずれもジレンマである。「今」が「今」でしかないからである。

第一連最終行の「生きねばならぬのか」という一つの概嘆。それは、「過去」との向かい合いのなかで引き出されたものである。しかし、第一連がつくる詩的文脈上に載る「過去」は、抒情と交感して時間の平面上を水平方向に漂ってしまう。故に「飾り装ひ」に浮かぶ「死の舟」も「纜を断たう」と自らに呼びかけたとしても、必ずしも「過去」の水面に向かって滑り出していかない。

初期詩篇のなかで行われた詩的試行は、あるいは俳句がつくる「今」を詩の「今」として再自覚するための「過去」への向き直りであったが、具体的な方法論（詩法）を知らないなかでの「過去」は、詩的営為の位相では単なる「今」を飾り装う「今」の一部以上には再編されない。言い換えれば詩的契機を胚胎しない「今」にとどまる。しかし、「覚書」を命題化するためには、「今」が「過去」の一部であるような、あるいは「過去」が「今」でもあるような双方向的かつ往還的な詩的構造体の創出になっていなければならない。

見出された方法論が「ソポクレース」（傍線）以下である。「古典」の内在化であった。着想でもあった。おそらくは啓示が降された思いだったに違いない。問題は、詩情の相対化が果たされるか否かにあった。事は重大かつ本質的である。詩情（短絡的には「抒情」）から距離を置くことは、詩の本質論に抵触する難題だった。「死の舟」の上で言うなら、第二連に背く行為でもある。同連は詩情として完結的である。詩情を自らに容れない態度とは、言い換えれば「完成作品」を容れられないことである。それは詩に転化したことに対する自己否定をも意味する。「書・第壱」の誕生というより、難解と遠ざけられる詩人の世評のためにも、明かされなければならない「難解」以前の「詩論」的格闘である。

二　「初期詩篇」の世界

1　詩情の克服

詩への転喚を強く促したのは、俳句にない言語的誘引である。誘引の先に待ち受けているのは詩情だった。詩情に満ち溢れたことばや言葉遣いが「初期詩篇」を飾る。言葉は詩篇を構成する喜びに溢れている。いくつか掲げてみよう。

樹液よ昇れ　果もなく　梢はふくれ、
彩なすは不安と治癒の予感のふるへ。
兜虫、堅き小さき眼のうらぶれ吹かれ、
朝はなほ、狂へる天使壁に倚り、
凶器の祝祭《まつり》ひしめきて街にあり。

（「沈む汚辱」冒頭詩）

土地の書

蒙昧の煙霧の底の
虚無を拒否する葦の水滴
その日　はじめて鶴はわたつた

遠く火をめぐり悴む獣たち
乳房に下る緑の闇
葡萄の酒は熟す　神々のかどで

おびただしい石斧、石鏃を擲ち去つた先祖《みおや》の流浪
虹を支へる〈土地〉の老いたる幻影
森では今日しづかに木が縊れる
（「土地の書」所収「暦日」のうちの一詩篇、詩章と同題）

比較的引用しやすい短い作品を選んだとはいえ偏った選択ではない。いずれにしてもわずか二篇とはいえ、これらの詩篇に明らかなように、詩人にとって言葉は新しい詩情（抒情）そのものであった。俳句だけではなく、それ以前に遡る漢詩から見ても真新しい響きだった。心ときめくような響きだったはずである。新しい詩情を手にするためにも詩人という立場を維持しなければならなかった。この間の経緯はそれ以上詳らかにしえない。言葉（詩情）が先にあるのか、容れ物（形式としての詩）が先にあるのか、同じことの表裏を問うているだけかもしれないが、いずれにしても詩人という存在形態を介して成立する、しかも一方を欠いては成り立たない詩的営為が抱える固有の両義性である。

しかし詩人は、最初の二年で「詩情」に自己を見出すことができないことに自覚的になる。上掲「死の舟」に戻れば、第二連の詩情から離れる方向に見出されたのが最終連であった。「死の前に面を蔽ふともよ／ああ　死さへもきみが飾りであるならば／なげきのゆゑに生きるがよい」。抒情を「存在」に傾けた三行である。「死」は、詩情的響きを伴った独白を超えて他者として近づき、それが言葉の上に「自己」として実現されている。

2　詩と思惟的主体

しかし、実現度はいまだ部分に留まる。加えて「詩情」のほかにも克服すべき大きな課題が残されていた。それが「自己」である。「今」／「過去」で言えば、「自己」が「過去」より「今」を主張してしまうからである。あるいは、「今」に再編された「過去」を創ってしまう思惟的主体でしかない。この「自己」との対峙の在り方――詩情といかに関わるかを含め初期詩篇段階の大きな課題だった。私小説的な「自己」とまでは言わないにしてもカテゴリーとしては同じ範疇である。

拡大的に見れば、今現在に続く、自己を詩としていかに確立するかの近代文学的な試練である。当然ながら初期詩篇中の詩人もその洗礼を等しく受けることになる。ただし、漢詩によって従軍に身を挺し、俳句によって開拓に身を投じたとも言える経緯を振り返れば、普通の詩への参入者とは趣を異にする。平たく言えば、〝真っ新〟ではない。それでも身＝自己の置き所は杳として知れない。かえって足を取られるか深みにはまってしまう。詩のなかに「自己」をいかに試すべきか、次の作品は、先の見通しが利かないなかでその課題に果敢に挑む。なにか得られたのか。

禿鷹

死の際に　おれは萎びた乳房を拒むであらうか　母よ
おれはおまへの涙を　眼脂を
獣のやうなすすりなきをあざけるであらうか
おれは　死の際にわが童女の捧げる花束を拒むであらうか
おまへの未知の恐怖へのあとずさりと追従の悲しみをあざわらふであらうか
おれの枕辺で　万巻の書を焚くがよい
死後にもなほ日輪がめぐることを信ぜねばならぬ末季の魂のために

おれの視界に薄明は迫り　ただいちめんの葦のひろがり
そよぎ　をののき
おれはその広茫と蒙昧から　ただ一本の思惟をさがしあぐんだ
いま　おれを支へる無為の折葦の　ただ一点の青空——確証よ
烈しい禿鷹をそこより下し　おれの肝脾を啄ましめよ
かすかに乳をかもす萎びた天の乳房を　しばし思慕ゆゑ　翼はめぐりためらふとも

（「悪胤」より）

言うまでもなくこの詩のなかでの思惟的主体は、「おれ」ないし助詞「は」によって強調される「おれは」である。「おれは」に対して「おまへ」もあるが、「おまへ」も単なる客体ではなく主体の裏返しであって、一つの自己の表裏でしかない。この構図に発する言葉の質は、「おれ」や「おまへ」を「一本の思惟」として束ねるためにも強張ったものとなる。冒頭から四度にわたって「あらうか」と繰り返される、反語的な言葉の投げつけ。こうした荒々しさを支えるのは、偏に「おれ」に対する信念であるが、自らの生みの親ともいうべき「万巻の書」に向かっては、前々からの結論の如くに「焚くがよい」と言い放って迷わずにいる始末である。いずれも「おれ」を超えたものを恃んでいるからである。「末季の魂」である。

しかし一度、「おれ」の内奥（「末季の魂」）を明かした後では、すでに「おれ」に対する単性の声音だけでは詩篇を編むことができなくなる。作品として成立させるためには、一度「おれ」を包む強勢を離れ、「末季の魂」に沿った文脈で語る必要がある。それが第二連である。「おまえ」と同化した「おれ」は、すでに「おれ」だけとなって「葦のひろがり」の前に佇み、「一本の思惟」の先に天地二極を大きく吸い込んで、垂下する禿鷹に体を開き、穢れた肉体の聖化のためであるかのようにして、その啄みに肉体を曝け出す。「おれ」の曝け出しでもある。「おれ」に対する批判的態度を「啄ましめよ」に託したのである。しかしながら発語は途絶える。自己批判は、「翼はめぐりためらふとも」と余韻のなかに立ち消える。

したがって「おれ」は、「私は死者によつて生きてゐた」や「私は「死者そのもの」であつた」という自己命題を引き受けることができない。余韻が呼び戻すのは、はじめに立ち戻ってしまうような、再びの強勢を生き直す「おれ」でしかないからである。しかし、強勢のもとでは、「死者」は「過去」の衣を再び纏って同じ褥に横たわろうとしない。「おれは」に発する思惟にしろ、あるいは前掲の「詩情」に語りかけるような内なる声にしろ、「過去」を「今」に現在化して「死者」を生き直すことはできない。呼びかけて終わるだけである。呼びかけは、詩の力でもあり特権でもある。しかし、そのまま限界として彼(「詩人」)に立ち塞がるのも、これまた詩の力(魔力)であり特権(制約)である。まさにこの場合がそうであった。

3　「わたし」への転喚(予察)

詩作に転じた鷲巣繁男が、自らの聖名を組み入れた「書・第壱」とする詩集に至るまでには、転換時点から十七年の歳月を要する。第三詩集『蠻族の眼の下』(一九五四)は、「おれは」に立ち戻り、「おれは」が放つ強勢ぶりを詩語の核とした詩集である。強靭な思惟の主体のもとでは「祈り」の影は伸びない。後に聖名を冠したダニール・ワシリースキーが新たな詩人名になり替わるには、「祈り」を詩想とし詩語とするのは必須の条件だった。しかし「おれは」(第三詩集では「オレハ」)がつくる「嘆き」は、必ずしも「祈り」の精神に基づくものではない。むしろ精神性としては「祈り」を押し退ける方向に立ち上がってしまっている。

今はまだ「オレハ」の詩を詳述する段階ではないが、「オレハ」の裏返しでもある「嘆き」は、後に「祈り」に向かう過程を明らかにするためにも、いずれ詩作品に深く立ち入った分析を必要とする(第2章)。かくいまだ鷲巣論としては「祈り」の手前にとどまるにしても、大きく転じる契機となったに違いない、思惟主体を「わたし」にとった次の詩を掲げ、あらためて初期詩篇における「おれは」の詩論的段階を再確認して、今は冒頭の「ネストリウスの夜」の詩的世界の前に静かに佇んでみたい。掲出するのは第四詩集『メタモルフォーシス』(一九五七)の巻頭詩(序詩を除く)である。

白鳥

故其地に御陵を作りて鎮り坐さしめき。……然れども亦其地より更に天翔りて飛び行ましぬ。
〈古事記〉

はりつめられたわたしの形象よ、
わたしを促す　限られたわたしの輪郭よ、
わたしの羽搏きはわたしを生み、
わたしに触れる物皆の　顫へるあはひ。

おお　この間《あはひ》！　そこからは果しない無。次々にわたしがみたしてゆく無よ。
わたしから生まれゆく無よ。
そして　わたしの重さ。
死よ！　と呼びかけてわたしは顔あからめる。
愛といふまぼろしが一つの歌となつて　わたしを縛る。
化《な》つた！　はづかしさ、うしろめたさ、心弱さ。

虚空《あをぞら》の寂しさ。わたしは耳を澄ます。ふたしかな一つの叫びに。
いつの日わたしは深淵から昇つてきたのかと。
わたしと叫びを隔てるのは輝く日輪であるのかと。
いつの日かわたしが又その叫びに還つていかうといふのに。

わたしは〈物〉であるのか。
無へと憑かれた〈物〉の　その狂ほしさが荒々しく血を流すのか。
それとも　ひとよ、御身らを支へてゐる秩序が、
星々のやうに　このわたしをも支へてゐるといふのか。

触れれば匂ふ〈物〉の安らかさに　わたしよひたれといふのか
さうだ。女よ、裳裾の端の月の障りがわたしをおどろかす。
あらがひ難い一つの運行がわたしをみじめにうちのめした。
だが　わたしは安らぎを知らず、
わたしの意志は焔と闘ひ、嵐の中でたかぶつてゐた。
わだつみの果に遠く去つた女！
記憶よ　わたしの中に累積する御身等の無が、
それらが歌つた　ただ愛といふ一つの歌が、
わたしの頰に　ひとすぢの涙をながした。

いきのをの流せし血は　ああ　なべてかの日の熱となるかに。
くるしみは限りもしらず。
なほこのわたしの重さ。わたしの翼に
触れる無よ　限りを知らぬ。
追ひすがる者よ、
まろびおらぶひとのひとみよ、

消え失せぬわたしののぞみも、限りを知らぬ。
いつの日かわたしを見たといふ語りつぎは……
わたしのまぼろしを負ひ天翔るわたしの形は……

三 「ネストリウスの夜」の再読

1 再読の前提

とりわけ「書・第壱」以降の鷲巣繁男の読詩に立ち塞がるのは、世界の古典的叡知を異なる文脈に単発的に組みこんで再整序してしまっていることである。時にそれがペダンチックな響きを奏でることから賢しらさが疎まれかねないことになるが、あえて自ら引き入れたような衒気さも、しかし上記したような経緯（古典による自己命題化）の先にあるとすれば、少なくとも単なる博覧強記の開陳の類とは、はじめから一線を画するものであることの予想は容易につくはずである。

いずれにしても、その古典的意味を知ると知らないとでは、読詩上の味わい方――なお「再読」と呼ぶのは序章を承けているため――が違ってくるだけではなく、深まり方も大きく違ってくるのはたしかである。たとえば、上掲「覚書」の「ソポクレース」が好い例である。古代ギリシア悲劇の詩人と知るだけでは足りない。傍線した部分とそれ以下の科白、「ソポクレースはアンチゴネーをして妹イスメーネーに向かひ言はしめる。「シツカリオシ、オ前ハ生キテヰルンダヨ。シカシ私ノ魂ハズツト前カラ死ンデヰテ、アノ死ンダ人ニ仕ヘテヰタンダヨ」」の部分。一級の悲劇作品であることを知る必要がある。さらに悲劇が単なる作り話で終わるものではないこと、たとえ架空であっても（当時もそう分かっていてなお感動を齎していたのだが）、深い哲学的リアリズムに満ち溢れた、人間を問う一級の文学（詩的創作）であったことを知る必要がある。その時、姉アンチゴネーが妹に向かい語り聞かす、「私ノ魂ハズツト前カラ死ンデヰテ、アノ死ンダ人ニ仕ヘテヰタンダヨ」が、二千五百年前という「過去」を超え、超えた分普遍の重みとなって、「死」や「死者」として「今」に甦ることになるのである。

「ネストリウスの夜」も同様である。したがって、カタカナの固有名詞を理解しておくことは、再読の前提であり条件でもある。適宜、注釈を加えておきたい。これが不要な註記であるかを含め、詩の読み方にかんする疑義、同時にそうした註記から逃れられない詩そのものに対する疑問が生じかねないが、全体にわたって前提的知識をもう一つの詩作行為に蘇らせている詩篇がなくはない。* 鷲巣繁男詩の場合は読み手側の自分で行うしかない。人によっては要らぬ註記であるにしても。

＊入沢康夫『わが出雲・わが鎮魂』（思潮社、一九六八）における「自註」という詩化。

2 「先行註記」

詩題の「ネストリウスの夜」の「ネストリウス」は、異端とされた古代キリスト教の一教派（ネストリウス派）の始祖。彼（三八一？–四五一）はコンスタンティヌポリスの総主教。四三一年のエフェソス公会議（通算第三回目の公会議。「全地公会」〈正教会〉ともいう。エフェソスは現トルコ）においてその教義は異端の扱いを受ける。キリストの「位格（ヒュポスタシス）」を巡る対立である。それ以前の公会議（第一回は三二五年のニカイア公会議、第二回は三八一年の第一コンスタンティヌポリス公会議）では、神と子は「同一実体（ホモウーシオス）」であり（第一回）、さらに「聖霊」を付加して「父・子・聖霊の三位は絶対的な統一体（ウーシア）」（後掲①）とされたが（第二回）、その後（五世紀）、キリストの神性と人性との結合性の問題が議論されるところとなり、キリストの人性と一体化した神性を強調する単性論に対して、神性と人性を別のものとする立場に立ってキリストの人性を強調したのがネストリウス派の考えであった。同公会議では、単性論者による神性と人性の結合が確定するところとなり、ネストリウスは排斥（追放）されるに至る。

詩（「ネストリウスの夜」）の前景後景をなし、やがて極点化される「マリア」の取り扱いも同時に確定することになる。ネストリウスではマリアを人性の裡に見て、「神の母」と見なさずに「キリストの母」とするが（後掲②）、その教義を異端として退けることによってマリアは真に「神の母」（正教会で言う「生神女（セオトコス／テオトコス）」）と定められることになる。以上は、①オリヴィエ・クレマン『東方正教会』（白水社文庫クセジュ、一九七七）、②高橋保行『ギリシャ正教』（講談社学術文庫、一九八〇）による。

異端として排斥されたネストリウスの一派は、その後、ササン朝の庇護のもとメソポタミアの地にて、「アッシリア東方教会」に繋がる布教を広範に展開し、四九八年にはセレウキア・クテシポン（現イラク）に総主教座が設けられることになる。異端として排斥されたネストリウス自身は、上エジプトに追われた後、追放された同地（イビス）にて客死（以上は主に『キリスト教大事典』教文館、一九八五、および『岩波 キリスト教辞典』、二〇〇二）。

以下は、事典風に略記（ただし記述範囲は詩篇解釈用に特化）。「イシタル」＝メソポタミア神話中の性愛の女神。『ギルガメシュ叙事詩』（古代メソポタミアの叙事詩）では、ギルガメシュから求愛を撥ね除けられたことに激しく怒り嫉妬心に滾る姿として描かれる。「イシス」＝エジプト神話の生と死を司る女神。弟セトに殺害され、ばらばらになってしまったオシリス（夫）の遺体を繋ぎ合せ復活させたことで有名。処女の身のままホルスを身籠ったことからマリアの原型とも。「ラザロ」＝イエスによって死後四日目に墓より呼び起こされた人物（「ヨハネによる福音書」十一・一―四十四）。ラザロはヘブル語名エレアザル（「神は助けられた」）のギリシア語音訳（『聖書事典』日本基督教団出版局、一九六一）。「ステルラ・マリス」＝聖母マリアを讃える聖歌中の呼び名（「海の星」）。なお、エピグラフの

Hermannus Contractus は十一世紀のドイツの作曲家ヘルマヌス・コントラクトゥス（一〇一三―一〇五四）によるもの（『音楽大事典』第五巻、平凡社、一九八三）。

3　「ネストリウスの夜」の再読

以上をもとに詩全体を掲げる。

ネストリウスの夜

Ave praeclara Maris Stella……
〈Hermannus Contractus〉

わたしの眠りに海は遠く、夜はすべての襞を浸す。
年老いた石たちの記憶、神の亀裂。
人間の燥宴を象りつつ、やがて永遠の沈黙の中で、
それらは沙漠へ流れ去るであらう――

果しない苦悩を、純粋の神をも、運び去るであらう。

夢みてはならぬ脳髄よ、一切を。

危ふい映像のそそのかしを拒み、凡ゆる変相の中で唯一のロゴスを愛せよ。

だが、この闇を通して聞える戯れ女の嗄れた恋の唄は、頑なわたしの肉をさいなむ。

怖るべきエロース。夜のイシタル。夜のイシス。
御身は、かうべをめぐらして微笑する。
佇立する古木のやうなわたしの告発は、ついに自らをあざわらふ。
泡立つ群衆は、永劫への回帰の中で、マリアよ御身を崇めつぐであらう。
恋の唄を受納し、幻影を定着するもの、寸断された肉を復元する悲しみの統率者、
忌はしい変形と、吸収と、流転の中の大なる不動の母よ。

ラザロ、ラザロ、おまへはもう蘇らぬであらう。主は心重く立去り給うた。

主よ。関はりなき御身の名は、常に空しい栄光でスフィンクスの上にメッキされるのだ。

――荒涼たる人間の砂漠の傍に。

それとも、わたしの流謫こそ、この恩寵なき砂々にふさはしいのか。

しはがれた恋の唄が、無縁の弾劾者にまつはり止まぬとき、

万物をさかりゆく頑な心は、孤独なわたしの神とともに眠るしかないのであらうか。

おお、硬直する観念。
張りつめられたわたしの星座は、広大な宇宙の中で雄々しく緊張に堪へながら、
なほ、失墜するサタンの予感にふるへてゐる……
主よ、最も御身を愛するると信じるわたしを、そのとき救ひたまふであらうか。

汚辱の夜。わたしの微かなまどろみをゆすつてゐるイロニイ!
わたしの眠りに海は遠く、
そこで船人たちはすこやかに歌ふ。
美しきマドンナ!　ステルラ・マリスを。

以下のように読み取ることが、果たして詩語・詩行に籠められた詩想を詩人の側に立って反映させているか、誤読を冒しているのではないかと危ぶまれるが、予め得た古典的知識で読み進めると、第一連からは、異端として排斥されて、上エジプトに追われたネストリウスの哀しい夜の声が聞こえてくるのである。「わたしの眠りに海は遠く」とは、ボスポラス海峡によって繋がれるマルマラ海・黒海への思い（郷愁）であろうか。砂漠の夜の深い闇。古代文明の栄に繋がる「石たちの記憶」、その

なかの神。すでに深い亀裂のなか。往時の都人の「燥宴」をも呑みこんで沙漠に埋もれるに任せている。解かれたのである、かく人々は。今はその唯中に佇むわたし。「果ない苦悩」もわたしを占めていた「純粋の神」も、この広漠とした沙漠の夜に運び去られようとしている。そして、わたしただ一人のために求めるべきもの、すなわち「唯一のロゴス」に囚われねばならないとする声が体内を占める。その一方では「頑なわたしの肉」に向かう、もう一つの沙漠の夜の「戯れ女の嗄れた恋の唄」が、闇の彼方から伝わってくるのである。

まさにエロス。沙漠の中の「怖るべきエロース」。そのエロスを一身に纏う遠く離れたメソポタミアの地のイシタルの誘惑。激しい愛欲。自分を避けた者に対する、狂うがごとき激した嫉妬。彼女のなかの男への憎悪。この上エジプトの砂漠にあって、愛で生を復活に導くイシス。同じエロスを対極に創る二人の女神。彼女らの「微笑」。そのなかでわたしはなにを告発すべきというのか。「微笑」は己への「あざわらい」に姿を変えるのである。それ故にわたしは、「微笑」を超えて「あざわらい」を包みこむものに面を上げようとする。その時、わたしも群衆のようにして、「永劫への回帰の中で、マリアよ御身を崇めつぐであらう」に違いない。イシタルやイシスを内に容れても、人性にして「エロース」を超えた存在である「大なる不動の母」マリアよ、御身の愛を求めて。

かくて「マリア」に昇華する絶対的にして永遠なる愛のもとで、わたしは「主」の救いからさえ浮ついた思いでいささか自尊気味に反り返りながら立ちあがって、甦らぬ「ラザロ」をも生きようとする。そうしたわたしの態度（驕り）に心を傷めて、「主は心重く立去り給うた」のであった。それもこの「荒涼たる人間の沙漠」にあればこその浮薄な心の為せる業なれば、傲慢にもわたしは軽々しく口に上せてしまうのであった。「主よ。関はりなき御身の名は、常に空しい栄光でスフィンクスの上にメッキされるのだ。」と。しかしその不遜な言葉は、そのまま自分に送り返される。「わたしの流謫」としてである。なんとも沙漠の夜の闇に相応しい姿であることか、この「流謫」なる我が身。頑な心を今の寄る辺として、たとえ追われたといえ、「わたしの神」とともにあれば、訪れる安らぎの睡り。深い横たわり——。

結局、わたしは甘える。故に「失墜するサタンの予感にふるへて」も、なお神に容れられているとして、その救いに心を寄せている。これこそ「イロニー!」——眠れる「まどろみ」を包む、まさしく「汚辱の夜」に突きつけるべき言葉。そして、この叫びの先にさらに遠い海を想う。海上に浮かぶ船とその甲板上の「船人たち」の高らかな歌声に内なる耳を傾ける。その歌。「美しきマドンナ!」(「キリストの母」)マリヤ(「ステルラ・マリス」)へ向けた讃歌の響きこそわたしのさらなる安らぎ。

4　詩作の必然

しかし、このように読んでみたとしても事の本質は、読み方ではなく、読む必然性の問題に関わってくる。つまり、作品がそのように成立していること、現下に対して断絶的に立ち上がっていることに対する、詩作上の創作的な疑問としてである。キリスト教に深い関心を持つ向きならまだしも、そうでない者にとって、しかも古代キリスト教となればなおさらのこと、事前知識を得て上述のように対する態度が、読み誤っているかもしれないことを含めて、解釈が誤っているとかいないとかではなく、現実と照らし合わせて別世界のこととしか伝わってこないからである。かえって違和感を覚える向きも少なくないだろう。ならいっそ幻想的な世界として読み直したならどうかと、身構え方を変えたとしても、詩語は直截的で時に断定的である。さらに意味が勝った言葉遣いは、余韻を生まないどころか逆に言葉の繋がりの中で「詩情」を打ち消してしまう。幻想文学を好む向きにも、彼らが求めるロマンチシズムに対して総じて硬質気味なのを免れない。

詰まるところ詩作としての必然が問われかねない。普通は「必然」のなかで書かれるからである。それだけではない。詩人と現実を繋ぐ現存性を保証するのも「必然」である。存在論に照らし合せれば、現存性とは生存性の裏返しである。時に問い返しでもある。かくして「必然」は、問い返しを深めるなかにさらに自らを高める。詩に返れば、高められれば高められるだけ「必然」は詩の保証ともなる。目的にも変わる。その「必然」がないのである。詩語が重いだけに、その分、読詩を苦痛なものにさえしかねない。事実、そうなっているはずである。

しかし、「必然」が意図的に遠ざけられているとしたならどうだろう、それも遠ざけるために遠ざけているのではなく、それ自体が「必然」だとしたなら。つまり詩人の詩論になっていたのだとしたならどうだろうか。それでもこじつけにすぎないとして遠ざけられ、容れられないのだろうか。詩篇だけでなく理屈まで徒に難しくしているとして。

5　読詩の扉

結局、「説明」を離れて成立するのが詩である。通常は「必然」が「説明」の機能を果たしている（兼ねている）のである。しかし、説明との間で矛盾をつくるのも「必然」である。属性というより本質というべきか。むしろその本質から詩が求められるとさえ言える。鷲巣詩も同じである。あるいはそれが、「書・第壱」の別の姿であるかもしれない。それなら読詩態度に問題があるのだろうか。実はあるのである。詩一般としての認定性を欠きがちなこと自体を、知られていなかった言語空間として読詩上に転化していないからである。ではそうであったとしてどのように対していけばよいのか。

一時（十〜二十代）、漢詩制作に新しい表現を探ろうとした詩人である。「必然」を欠くというのならその表現態度に近いだろう。漢詩がその形式性によって最初から「必然」と一線を画しているからである。予め内済されている、そう言い換えてもよい。もしこの「内済」に詩作態度を求めてよいとしたなら、相当程度疑念が消えるはずである。読詩以前で終わっていた問い立てからも一歩先に踏み出せる。それでもどう読めばよいのかという思いは、相変わらず再生され、新たな戸惑いを生むかもしれない。しかし、前とは違う。勢い自分たちが晦いことに対する言い訳にはしない。むしろ読み方それ自体が「詩論」をなしているという、読み方を通じて詩の根源を問う勇ましい読詩者にもなれる。それに合せるようにして詩篇を見る目も変わる。より大きな体系下に置かれているのではないかと怪しむようになる。まさにそのとおりであって、実に構築的な詩的営為だったのである。個別の読詩はともかく、個別を超えた大きな詩想を予感するとき、それだけで新たな読詩の扉は開かれる。ただ詩人自らが呼びかける形では開こうとしていないだけであった。

おわりに——鷲巣繁男の「朝の歌」

本章では、「書・第壱」の全体を対象としていないし、当初の目的としても、「書・第壱」によって初期詩集に遡る必要性を課題としていたので、直接当たったのはその一部にしかすぎなかったとしても、次章への道筋をつけられた点で、すでに大方の目的は達成しているが、最後に、さらなる読詩のために、表題とした「ネストリウスの夜」が、「書・第壱」にいかなる編成上の位置を有しているのかについてだけ少し確認しておきたい（詳しくは第4章）。詩集のタイトルである『夜の果への旅』と同じ「夜」を詩題の一部としていることからも、詩集上に占める大きさは、それだけで明白ながら、それ以上の役割を担っていることが、「目次」を開くことで明らかになる。

その構成は、大きく三部構成からなっている。「夜の歌」「インテルメッツォ」「ゲッセマネ」である。「インテルメッツォ」とは間奏曲のこと、「ゲッセマネ」とは、断るまでもなくイエス最後の祈りの場所（ゲッセマネの園）であり、イスカリオテのユダの先導と合図（イエスへの接吻）によって、捕らえられた地（「マルコ福音書」十四・三十二－五十二）で、エルサレムのオリーブ山（橄欖山）の北西麓の地名。

注目すべきは、三部の「ゲッセマネ」の最後の詩、したがって「書・第壱」の最後の詩の詩題である。「ダニールの祈り」とある。さらに追っていくと、「ダニールの祈り」は五篇からなっているが、五篇中最後をつとめるのが「ダニールのための朝の歌」である。詩題そのものが詩集の意図を表し、かつ構成的位置の代言にもなっている。「書・第壱」であったことの理由、そうならざるをえなかった必然性が同時に告げ語られている。そう解れるのである。

この「夜」から「朝」、それは「わたし」の新生に相違ないが、そのためにも「夜」の闇の深さを詠まねばならない。その点、「ネストリウスの夜」は、「夜」の連作の最後に置かれているのである。集中第一部をなす「夜の歌」は、十作品からなる。うち、七作品が「夜」を詩題の一部としている。「夜の果への道」「アンチゴネーの夜」「オレステースの夜」「テーセウスの夜」「サムソンの夜」「アッシリアの夜」そして「ネストリウスの夜」のとおりである。

プロローグをなす冒頭詩「夜の果への道」のエピグラフには、《ギルガメシュ叙事詩》の一句（「暗闇はふかく、そこには光がない。」）が引かれていることをはじめ、それぞれの詩の題名を左右並びに見比べただけでも分かるように実に構成的で、単篇としても完結性を勝ちえているが、より大きな詩想としてそれぞれが作られ、また叙事詩的な前後関係を保って構成的に並べ置かれていることが実感される。この構成こそが、鷲巣繁男の叙事詩ないし叙事詩風詩篇の深みを生む。その最後を「ネストリウスの夜」が担っていたのである。だからと言って読み方が大きく変わるわけではないにしても、構成的連続の中での再読は、自然と先の展開をも射程に入れたものになる。確実に読詩は一歩を前に踏み出したのである。

これ以上の言及は詩集全体の分析になってしまうが、冒頭に「死者たちへの手帖」を置いた第二部「インテルメッツォ」の「死者」との直面を経て、終結篇ともいうべき第三部「ゲッセマネ」の大きな構成力で並べ立てられた各作品は、その前後関係や位置関係のなかで自身一箇以上の力を得ながら再起立することになる。そして、辿り着いた「朝の歌」は、新たな詩人として再出発する上の宣言詩であった中原中也の「朝の歌」でもある。意識的な詩題である。本章の最後に鷲巣版「朝の歌」を掲げて、ひとまず章を閉じる。

ダニールのための朝の歌

わたしの記憶にない、しかし確かにあつた
幼児受洗の日のために

ダニールよ。目を覚ませ。けだるい夢の名残りのてのひらを胸におき……。
はじめての光がおまへを性急に包んだとき、小さなくさめがおまへを主張したやうに。
うすあかりの中から、おまへの世界が　しだいに形をとらへていつたやうに。
ダニールよ。おまへも亦、出生といふ伝説を負ひ、そして、おまへの名も、
その物語の中で膠づけより強くおまへに固着し、おまへを支配したのだが、
慎しい原始の中で、聖なる水につかつたおまへの肉のゆゑ、
あらがひ難かつたおまへのさだめの日より、
一滴の水も　行為の中で黄金となるであらうから、
ダニールよ目を覚ませ。
数々の記憶の夜から　おまへの試煉の昼の光へ。

貧しいものよ、おまへは時間をもつのではない。
おまへの苦しみが時間と呼ばれるのだ。
施された一滴の水の証しへの、おまへの凡ゆる反抗《あらがひ》も、
おまへのささやかな歴史となり、いやはてのクルスへの途となるために……。
そして、朝の歌、みどりごのくさめのやうに、くるめきのやうに、
聖化さるべき予兆の歌が　おまへの胸に鳴り出でるべく。

《主憐めよ。主憐めよ。
われは愚かなるまま　今朝も起き出づるなり。
われらが貧しきカーテンの楽ひ垂れる裡にありて、心驕りて止まざるに。
われらがために血を流せしひとを　われは羨しむに。
この美しき大気に肺は愕き、
そして又、わが名も驚く！
アーミン》

第2章　連作詩「北方」と流謫

——鷲巣繁男と北海道島

ここでは、鷲巣繁男を詩論として深めるべく、第1章で取り扱った初期詩篇に後続する詩篇の分析を行う。章題とした「北方」は、第三詩集『蠻族の眼の下』の冒頭を飾る、四篇からなる連作詩である。本章では、初期詩篇から次の段階に移る、転換点と捉えられるこの作品を最初に取上げ、その詩的分析を通じて詩人と北海道島*の関係のプロローグとする。なんと言っても北海道島（「北方」）は、詩人の生涯のテーマとなる「流謫」と読み換えられて、詩人の詩的営為の源を探る上で欠かすことのできない、二十有余年を過ごした現実の時空である。詩人鷲巣繁男の誕生だけでなく飛躍に欠かすことのできない、詩的営為と同義語となる場（トポス）であった。なお第三詩集は、「書・第壱」を一つの帰結点と見る『夜の果への旅』から遡ると同詩集以前三冊目である。作詩年代は一九五一～五三年の間で、刊行年は一九五四年である。第二詩集同様さろるん書房刊で、長光太に献じられている。

＊「北海道島」の呼称を使うのは、アイヌにも言及するため。言うまでもなく「北海道」は、明治二年の命名によるもので、それ以前なら蝦夷地。ただし大和王権の呼称（蔑称）を引き継いだ和人側名称である。近代以降の「和人」のアイデンティティを歴史と文学の両面から容れられる地名概念を求めると、「島」を付することによって「和人」だけでなく、アイヌも自分たちの土地（アイヌモシリ）との間で奪い取られた主体性の回復に関与していくことができる。以上から本章ではコラム3を含め「北海道島」とする。

一　連作詩「北方」と詩人の転換点

1　開拓入植と詩

まず一篇を引く。「北方一」である。ただし少し長くなるので第三連と終連（第五連）のみとする。各連には表題に掲げた「北方」と「流謫」が詠みこまれている。

アア、磁針ニ誘ハレ北ニ憑カレシ翼ニ

痴愚ノ肉ハ重ク気倦ク、イマダ回帰ノスベヲ知ラヌ。
イマ、ギイントシタ虚無ヨリオレノ身ヲ　ムシロソラスモノハ、
数々ノ苦痛、傷、備ハツタ罪劫、快楽ナノダ。
突拍子モナイオレノ流謫ノ高笑ヒダ。
オレノ愚行ガ黒痣ノヤウナ運命ニ向ヒアフニフサハシイ北ノ一点。
オレハソコニ相似ノ相貌ヲ見ル。
傲岸ニシテ苛烈ナル権力ノ走狗ノ
赤煉瓦ヲ、誅求ノ象徴ヲ、
酔生ニタダヨフ厚顔ナル流民ノ裔ノ
痴愚ノ果ヲ、怠惰ト賭ノ惑溺者ヲ、乱酔ノ哀歌ヲ、
鉄格子ノ隙ノ囚徒ノ眼ニ
絶望ノ泡立ツ岸ヲ、
フタタビ醜悪ナル建設ヘ向フ嗤フベキ善意ヲ、
泯ビ去ツタ幻影ノ遺セシ執拗ナ現実ヲ。
アア、オレノ偏倚モ亦、ツヒニキミタチニコトナラナイ。

（第四連略）

北。吹雪ヲ用意スル牙。
荒涼ヲ以テオレヲ何モノカニ促スモノ。
驕慢ナルオレノ《永遠》ヲ破砕スルノハ、イツノ日ノ御身デアルカ。
殺到スル御身ノマナザシヲ、オレハ炎ユル白日ニ揺ラレテ想フ。
（「北方一」第三、五連）

連作詩（「北方一」～「北方四」、詩章名としては「流刑」）の第一作として作られた同篇は、「北方」という語彙自体に浮かぶ、意志的でかつ志向的である詩題の劈頭を飾ることもあって、まさに「意志」に執着的で強靭な語らい（詠い上げ）である。しかし、単なる詩題「北方」の言挙げのためにだけ意を尽くした言い募りではない。また詩的レトリックを試さんがための技巧上の発想に主導権を委ねていたわけでもない。詩題に見合う確たる現実の実相――北海道島への開拓入植の敢行――を前提とした詩作であり、その緊張感の先に詠われた詩行の連なりだった。

計四作は、入植した開拓地と、その後、開拓の破綻を機にしばし流浪の身を余儀なくされた北の都市とを時空として詠う。詩篇の多くを省略した形では季節感が摑みづらいが、最終行に「炎ユル白日ニ揺ラレテ」とあるように、実は夏の中である。省略部分ではかく詠われる。「麦ノ穂ニ日ハ毒ヲ含ム。」（第一連）と。第一連は、一行詩のスタイルで立てられている。第二連のなかでは、「ミハルカス起伏ノ拡ガリ、／炎エ上リ沈ム緑ノ悶エ。」と詠ってみせる。一見、強烈な光を浴びた開拓地が、それに見合う約束された豊かな実りを俟っているかのような響きを聴かせる。しかし体言止めに抱えこまれた切り上げ感は、見せかけの高揚感をつくるものでしかない。かえって自己否定に対する前景感として立ち上がってしまう。結局は虚勢でしかなかった。

それでも一度は豊かな実りを約束するかもしれないと思われた、夢のような「麦ノ穂」。しかし、今の「オレ」には、それも「毒」でしかない。かくして開拓入植の先の、見通せない現実のもとでの「光」は、一転して裏切りの象徴となって、開墾に汗ばむ肌を焼き焦がす灼熱の太陽のそれでしかなくなる。浮ぶ言葉といえば、「非情」の一語でしかない。事実、第二連を締め括る終行は、「光ノ非情。／光ノ毒。」の二行によって結ばれる。そして、引用部の「アア、磁針ニ誘ハレ北ニ憑カレシ翼ニ／痴愚ノ肉ハ重ク気倦ク、イマダ回帰ノスベヲ知ラヌ。」と続く内面の露呈となる。

「愚行」と責め立てる北方行（開拓入植）。あるいは「流謫」に対する「高笑ヒ」。高い志であったはずの決断に纏わりついていた、結局は「痴愚ノ肉」でしかなかったもの。開拓の破綻に佇んで振り返る、この土地（大地）の来歴への嘲笑的態度――「痴愚ノ果ヲ、怠惰ト賭ノ惑溺者ヲ、乱酔ノ哀歌ヲ、／鉄格子ノ隙ノ囚徒ノ眼ニ／絶望ノ泡立ツ岸ヲ、／フタタビ醜悪ナル建設ヘ向フ嗤フベキ善意ヲ、／泯ビ去ツタ幻影ノ遺セシ執拗ナ現実ヲ。」そしてそのまま「オレ」に返される同じ嘲笑――「アア、オレノ偏倚モ亦、ツヒニキミタチニコトナラナイ。」

2　転換点としての自己否定の場

第三詩集『蠻族の眼の下』は、この世に「ダニール・ワシリースキー」を生み出すための転換点であった。なによりもそれが転換点として際立つのは、後の形而上学的詩篇に対して形而下的な生活上の実体を伴った詩作だったことである。「オレノ愚行ガ黒痣ノヤウナ運命ニ向ヒアフニフサハシイ北ノ一点。」での日々だけではない。「北方三」では「街」も舞台化される。「北ノ一点」は、より広く「北」に拡大される。季節もいかにも「北」に相応しい冬に転化する。開拓に使い果たした労力と、日焼けした肉体を流れ下る肌の汗とが一方の極をなしていたとするなら、この「穢レ」に満ちた「街」には精神の荒廃しかない。デカダンスである。これも本を正せば、遠因は開拓入植にすでに胚胎していたというべきであった。破綻の先に待ち受けていたかのような自暴自棄。以下に掲げるのは「北方三」の初連と終連（第三連）である。

雪ハ穢レテキル
雪ノ詰ツタ街ハ歪ンデキル
凶悪ナ焼酎ハ一気ニ飲ミ乾サネバナラナイ
ギラギラトシタオマヘヨ　オレヲナグルコトノホカニ　ナニガアルカ
燃エ尽キル燈芯ノヤウニ　漲ル額ノ脂ヲ燻ラセ

売ラレル一切ノ前デ
凶悪ナ焼酎ハ一気ニ飲ミ乾サネバナラナイ

（第二連略）

雪ハ汚レテヰル　ソノ上ニ雪ガ降ル
凶悪ナ空瓶ノムカフニ何ガアル
烈シイ罵リノアトニ何ガ残ル
狂暴ノアトニ……オマヘトオレノウチ伏シタアトニ　何ガ生マレル
売ラレユク一切ニ賭ケテ
オオ　台所ノ永遠ノ主婦ト盲目ノ老婆　一匹ノ猫ニ　サイハヒガアルカ
小サナ明リ窓ニ雪ノ祝福ヲ享ケテ
乾カヌ襁褓《ムツキ》ノカタハラニ泣キ叫ブ嬰児《ミドリゴ》ノ眸ニ
シカト見届ケル希望ガアルカ

（「北方三」第一、三連）

ここで焼酎を浴びるのは肉体ではない。流浪の日々に疲れ果てた精神である。絶望を抱え込んだ自己への、怒りをもってした自棄酒だった。かく街の穢れに身を沈め、なす術もなく抗う精神が形となった泥酔（自暴自棄）は、自身としても意外なほどの体たらくだった。しかし、これも経なければならない一通過儀礼であった。言ってみれば、後により深く抱えこまねばならない自己否定に先行して味わった肉体の疲れ。同じ疲れでも頽廃的な疲労感を伴うもの。破綻。その先の精神の荒廃。かつて「愚行」は、高い意志に添い従うものだった。故に荒立つのである。のたうつのである。自責なしに日々は過ぎない。

「台所ノ永遠ノ主婦」と「泣キ叫ブ嬰児」とは現実であるが、「盲目ノ老婆」はおそらく架空である。家族三人での北方行だったからである。だからと言って知らなくても構わない。かえって知らない方が、「盲目ノ老婆」のうらぶれた姿態から彼女らを追い詰める悲哀に、痛憤やる方ない思いを叩きつけることができる。むしろ「盲目ノ老婆」は、詩想上に必然と化した実存者である。故に尋ねたくなる思いに駆られる。ここに「サイハヒガアルカ」を、あるいは「シカト見届ケル希望ガアルカ」を。当人だけでなく、こちら側としても。

3　新たな語調

盛り上げておいて腰を折ってしまうようなことになるが、安易に詩に答えを求めたり尋ねたりすべきではない。こんなことを言うのは、一見、「凶悪ナ空瓶ノムカフニ何ガアル／烈シイ罵リノアトニ何ガ残ル／狂暴ノアトニ……オマヘトオレノウチ伏シタアトニ　何ガ生マレル」などと、問いかけを真似た饒舌を装いながらも、必ずしも外に向かって響くかけ声になっているわけではないからである。言葉に沿って読むだけが詩の読み方ではない。ここで言えば、「外に向かって」の外から読み直してみることも必要である。なら外とはなにか。他者である。その他者に向かわないのである。では何に向かって発話し発声しようとしているのか。

一般論としてなら自己は、他者の存在によってはじめて自己たりうる。したがってあらゆる局面で他者との関係性から逃れることも離れ去ることもできない。しかし、詩が存在論の最中で独立した言語芸術であるのは、他者に拠らないで成り立とうとする自己認識を、その矛盾もろともに発語の原理としているからである。言葉から意味を捨てるのも、響きを内に閉ざしてしまうのも、言ってみればそのためである。自己保全と言えば自己保全である。それでも自己に拠ってのみ成り立つ発語が、最終的に意味でしか自己確認をとりようがない限り、怠ることなく他者の前面に立つ瞬間に備えておかねばならない。しかし、一度意味を捨てた言葉では他者の前には立てない。立てたとしても自分だけである。そのまま〝分からない詩〟で終わってしまっても構わないが、それでも他者の前面に立てずに終わってしまうのを回避しようとする限り、意味以外で立てる範囲に言葉を再組成する必要がある。それを含めて詩人の発語となる。

鷲巣繁男が初期詩篇を脱して、かかる「発語」を意味の外に組成できたのは、呼びかけの形を借りるなかに、あるいは一見意味を他者に向かわせる形を借りながら、実は呼びかければ呼びかけるほど、呼びかけ先との間に距離を生じる術（言語上の術）を獲得することができたからである。曰く「語調」である。言ってみれば、意味を他者に立てたまま語調だけを切り離したのである。やがて語調を先行した形で発語が編成される。新たな詩篇の創出である。次にその一部を示すように、連作詩「北方」は、まさしくその誕生に相応しい語調を、個別にではなく体系として得ていたのである。その独白の調べを聴き取ってみる。独白が陥りやすい耽溺的な感傷はここにはない。

アア。トホク嶺々ハ燃エ。岩礁ヲ時ハ噛ム。
影ノゴトクスナドリシ幻ノゴトク種蒔ク民ヨ。
吹雪ノ中ヲ門出スル婚《マグハヒ》ノ橇。華ヤグ宴《ウタゲ》ヨ。
モダシテ喰フ灯影ノヒト。雪虫ニ唱フ童等ノ夕映ヨ。
死ノ褥ニ憶ヒ出ヲ侍ラスモノ。肯ヒヲ与ヘルヒトヨ。
希望ノ虹ヲ仰ギ顔赧ラメルオレノ戸迷ヒ。
アア。生キルコトニヨリ辱シメラレシ囚徒ノマナザシト。
絶望ノ閾ニ相会ヒ。顔赧ラメルオレノトマドヒ。
オレハスベテデアリ。マタ何者デモナイ。
一篇ノ歌ト毒酒ニヨリ。北方ノ劫ニ漂フモノ。
オノレノ秘密ヲオノレ自身ニ明カサヌモノ。

（「北方二」第三連）

冒頭で「アア」と感動詞を掲げながらも、起連のための掛け声程度を超えない。続く連用形（「燃エ」）による句止めの効果が、詩句の連続性（独白過多への移行）に対して抑制的に働きかける。「岩礁ヲ時ハ嚙ム。」の抽象気味な叙景句では、仕かけた時間性を感覚的にあえて静態に装い、続く「民ヨ」「宴ヨ」「夕映ヨ」「ヒトヨ」と四行にわたる呼びかけも、その効果もあって内に向けて聴かせるトーンへの、四連符的な均一の響きの収斂に揃わせる。以下の「アア」のリフレインを含んだ三行による自己対峙も一体に寡黙気味である。以上によって「オレ」も必要以上に自我としてたち顕れることとなく、逆に「オレハスベテデアリ。マタ何者デモナイ。」と内省の扉を自ら得心気味に閉じることになる。続く「北方ノ劫ニ漂フモノ。」も内向きの畳句。その上で、「秘密」とか「明カサヌモノ」とか、いささか気を持たせる最後の一行によって他者関係への繫がりに含みを持たせる。それでもストイックな抑制感は、内的時空に引き戻して一連の末行を「オノレ」のなかにとどめて終わらせる。

この詩連の位置（「北方二」第三連）は、一次的な現実（「北方一」＝開拓地）を離れ、次の現実（「北方三」＝北ノ街）に移る合間にある。このどこか独りごちた、カタカナ表記のつくる途切れがちな語りは、しかし内省に発する詩句の深まりとして詩連上で再集結し、哲学的な調べを湛えて祈りの詩句にも読み換えが可能である。さらには別の一連（「北方四」最終連、後掲）の厳しい語らいに浮かぶ自己対峙の調べがある。ここでは独りごちに終わらず、新たな自己内他者である「イモウト」への語りかけにまた声音を変えて強く臨む。連作詩を外に向けて閉じるこの新たな詩行は、詩人の転回を一段と早めることになる。

4　北方行に至る年譜

以上は、本章にとっての前置き部分であるが、単なる前置きではなく再び立ち返るべき再出発地点である。この連作によって詩人の生涯が詩的営為と実質的に一つの生となって、詩と切り結ぶ日々に対して、終生、生の基点として自覚的に立ち現れ続けるからである。その意味でも「北方」は、単なる観測点的な方位としてあるのではなく、「流謫」のなかに在ることによって、より強い志向の具現ともいうべき内部方位となる。

生涯に亘って追い求められるテーマである「流謫」には、直接表題にとった評論がある。「流謫の汀―詩の儀禮空間のための覺書―」(『詩の榮譽』思潮社、一九七四)と「流謫」(詩歌逍遥游第三『ポエーシスの途』、牧神社、一九七七)である。「流謫」にアプローチしていくには、まず「北方行」の経緯を人生過程として辿っておかねばならない。すでに幾度となく言及した従軍体験であるが、ここでは従軍時から敗戦時直後をより詳述しておきたい。「流謫」を招来する具体的な経過ともいうべき諸体験(『評伝』に詳しい)が目白押しに詰め込まれている。以下は、『饗宴』最終号(一九八三)に載せられた「年譜」(鷲巣薫・高橋睦郎編)による。編者の一人、鷲巣薫は詩人の令弟である。

最初の入隊は、一九三六年の一月。二十一歳の時であった。同年は、二・二六事件に当たっている。翌年七月には日中戦争が勃発。翌八月、無線通信手として従軍。中国南部各地を転戦するが、その「征旅」の途次には南京付近での戦闘も含まれる。一九三九年十月、砲兵伍長に昇進。同月、従軍中の傷病により帰国して市川国府台陸軍病院に入院。翌一九四〇年十月、一年の加療を経て退院、召集解除となって除隊となるが、それ以前に、戦功によって金鵄勲章を授与される（同年十一月、二十五歳）。

太平洋戦争勃発（一九四一）により、一九四二年十一月臨時召集によって野戦重砲兵連隊要員として応召。再び中国戦線での従軍となるが、身体不調（脚気）により入退院を繰り返し、翌一九四三年十一月、召集解除となる。除隊時の階級は陸軍軍曹。その後、軍需産業に従事（日立航空機株式会社工作部長付）。終戦の年の六月、同社は空襲により一夜にして壊滅。山梨県身延町梅平に疎開し、同地で終戦を迎える。九月上京。旺文社入社（和英辞典編纂業務）。翌一九四六年二月同社退社。四月、市川国府台陸軍病院で知り合った俳句仲間三家族で北海道石狩国雨竜郡沼田町五ヶ山開拓地に入植。同時に三十一歳。妻（きみ）と幼い長女（真弓、一歳五ヵ月）を連れ立っての北方行であった。同陸軍病院の看護婦だった、妻きみ（旧姓金子）との結婚は一九四三年十一月。

5 北方行の動機

詩人は「北方二」のなかで次のように詠っている。「オレハ何者ニナラウト云フノダ。」「ダガ。オマヘモオレノ流亡ノ故ヲ知ラナイ。」（第一連中）と。さらにはリフレインを真似るかのように「流亡ノ中ニ。オレノ秘密ヲオノレ自身ニモ明カサナイ。」（第二連最終行）、「オノレノ秘密ヲオノレ自身ニ明カサヌモノ。」（第三連最終行・上掲）と詠っている。開拓入植の内的動機を自らに問いかけるのである。どうも一詩句に費やすための修辞ではなかった模様である。それを傍証する一文がある。没後刊行された小説集『石斧』の附録である。妻きみが寄せた、「私はここで、繁男がどうして開拓の道を選んだのか？　ということを考えてみた」で始まる「同伴者としての回想」と題された小文が掲載されている。夫繁男没後十五年の折の回想である。その中でこう語っている。「私には今以て本当の理由を知ることはできない」と。四十年連れ添った妻が、二人の人生の岐路ともなる、生涯を決めた夫の「決断」の真意を知らない、と言っているのである。

あるいはユートピアを夢見たのだろうか。明治以来の民間人がそのようにして内地の民を甘くかの地に誘引したように。しかし、将来の安定した生活が約束されていた出版社社員を擲ってまで敢行するには（その折、社主からは翻意を促されたとある）、単なるユートピアへの希求だけでは十分な説明にならない。妻子も抱えていたのである。しかも嬰児である。開拓生活はたちまちのうちに破綻に瀕してしまう。鷲巣家族だけではない。鷲巣家族を誘った他の家族（二家族）の方が先に離脱してしまう。

「東京を発つとき、三家族で共同農場をと夢みたのだったが、二年目には一家族が離れていった。Yさんは二年目の開墾には加わらなかった。ご夫婦で胸が悪くなったからである」（同上）

結局、何も分かっていない、ただ考えが甘いだけの文人の〝遊び事〟と評されても致し方ない顚末ながら、それならなにゆえにその後も北海道に留まらねばならなかったのか。痛恨事を忘れ敗北感から立ち直るには、その土地を離れること、遠ざかることがなによりの特効薬ではなかったか。実際、五ヶ山開拓地を後にして札幌に出た詩人には迷いがあった。帰郷（「回帰」）への思いである。上掲詩（「北方一」）で「アア、磁針ニ誘ハレ北ニ憑カレシ翼ニ／痴愚ノ肉ハ重ク気倦ク、イマダ回帰ノスベヲ知ラヌ。」と詠っていたくだりがそれである。「回帰ノスベヲ知ラヌ」だけあって、気持としては回帰に揺れる心中を詩行に覗かせている。しかし、終に「回帰」することはなかった。定年退職を機に娘家族を頼って離道し、武州（埼玉県）に移り住んだのは、この「回帰」とは別の種類のものである。

6　体験の二重性

結局、「回帰」を思い止まらせたものは何であったか、上掲詩の続きが「イマ」と話の流れを区切るようにして一声を挙げ、思いの先を現実直視に切り替えて徐に詠いだすのは、自暴自棄的な「高笑ヒ」を伴わずにはいられない、同じ「愚行」の過去（近代開拓史）への遡りであり、さらなる「高笑ヒ」に自嘲気味に居直る「オレ」である。

イマ、ギイントシタ虚無ヨリオレノ身ヲ　ムシロソラスモノハ、
数々ノ苦痛、傷、備ハツタ罪劫、快楽ナノダ。
突拍子モナイオレノ流謫ノ高笑ヒダ。
オレノ愚行ガ黒痣ノヤウナ運命ニ向ヒアフニフサハシイ北ノ一点。
オレハソコニ相似ノ相貌ヲ見ル。

（「北方一」第三連、部分）

でもその「オレ」は、同時に「オレ」を超えるものに瞑目しながら、北方行を新たに顧みる一つの意志として、始原の内景に面を上げようとしている、内在する「北方」への覚醒者でもあった。「オレ」を超えるもの」とは、「時間」と呼び換えて構わない一つの動的概念だった。重要なのは、それが開拓労働の必然性として見出されたことだった。身体的体験の詩的転化である。あるいは詩的体験としての再体験と言い換えるとき、単なる机上体験に終わらない、詩人に個人的に占有される、「体験の二重性」ともいうべき自己体験として、やがて詩人たる際に求められる詩的動機の源となっていくものであった。

散文「流謫の汀」では、それが「血族」にまで遡ることになるが、いまだ血脈への言及には間がある。今は直接的な契機が優先されねばならない。原点的体験ともいうべき北方行である。以下ではこ

の再帰的に襲い続ける原点的体験を詠んだ上掲詩の各詩行を、試みに文脈の異なる散文的体験に読み換える。歴史批判的な文脈としてである。「オレハソコニ相似ノ相貌ヲ見ル。」以下の、かつて一つの歴史的認識でしかなかった北海道開拓史が、同時的体験として「時間」のもとで相対化されていくくだりである。当該詩行の再掲から始める。

7　北方行の散文的批判

傲岸ニシテ苛烈ナル権力ノ走狗ノ
赤煉瓦ヲ、誅求ノ象徴ヲ、
酔生ニタダヨフ厚顔ナル流民ノ裔ノ
痴愚ノ果ヲ、怠惰ト賭ノ惑溺者ヲ、乱酔ノ哀歌ヲ、
鉄格子ノ隙ノ囚徒ノ眼ニ
絶望ノ泡立ツ岸ヲ、
フタタビ醜悪ナル建設へ向フ嗤フベキ善意ヲ、
泯ビ去ツタ幻影ノ遺セシ執拗ナ現実ヲ。
アア、オレノ偏倚モ亦、ツヒニキミタチニコトナラナイ。

（「北方一」第三連、部分）

詩人は「今」を「過去」の続きに「裔」の身として見ようとしている。「愚行」というならすでに「過去」それ自体が「愚行」にほかならなかったからである。北海道建設という気宇壮大なる政治的イベント──その象徴にして「誅求」の館たる「赤煉瓦」（北海道庁舎）を頭目にして、踊らされた「流民」とその「裔」から、さらには獄に繋がれた「囚徒」までの、「囚徒」のみが知る「絶望」を見据え、そうとも知らずにいる「厚顔」の「痴愚ノ果」を「今」に自分として見立てるのである。その「酔生」の如き開拓なる宿業に対し、何もなかったが如く再び立ち向かおうとしているこの「善意」。「善意」とは自分（たち）の心根を揶揄した一語であるが、歴史的には、満州からの多くの引揚者や復員者に対して戦後直後に国が計った、「緊急開拓事業実施要領」（昭和二十年十一月）と、それに応募した多数の入植希望者たちに対する、彼らが見せた官に対する疑いを容れない従順さ（明治開拓民の焼き直し）である。それを歯がゆく思うにつけ、「フタタビ醜悪ナル建設へ向フ嗤フベキ善意ヲ、／泯ビ去ツタ幻影ノ遺セシ執拗ナ現実ヲ。」を掲げる先に「アア、オレノ偏倚モ亦、ツヒニキミタチニコトナラナイ。」と発せずにはいられない。

ここには自分たちの運命を弄んだものへの憤懣遣る方ない批判が込められている。でも批判（歴史批判）は、北方行との自己対峙の一部を構成するものでしかない。それに分かっている、「愚行」を過去のそれに求めてもそれ以上ではないことを。すなわち過去を過去以上には所有しえない散文的批判は、「愚行」を自分の生に還し切れないことを。

個別具体的な自己体験は、散文的批判に擬える形である程度回想記に書き換えられたとしても、それ以上に生のあらましとしては書き起こしきれない。なぜなら時間の裡に見出されるべき生は、散文的批判を試みることによってかえってその外側に見てしまいかねないのである。相対化は相対化でしかない。「時間」をさえ相対化してしまうからである。いささか詩的修辞風すぎているとしても、生命のもとに生きるとは、生の引き換えともいうべき「時間」を内に蓄えるだけではなく、内と外の間でも終始入れ替えが利くような往還的な関係に保っておくことだった。その時はじめて外は外として、あるいは自分に向き直る外（批判的他者）として補完関係をより強く結び交わす。しかし「北」は、かかる哲学的営みを冷徹に拒み、「時間」の否定さえ厭わない「破壊者」としてしか対峙関係を保とうとしない。その「北」を思う。自分の生だけではなく「永遠」を奪うものとして。以下は「北方一」の終連である。

北。吹雪ヲ用意スル牙。
荒涼ヲ以テオレヲ何モノカニ促スモノ。
驕慢ナルオレノ《永遠》ヲ破壊スルノハ、イツノ日ノ御身デアルカ。
殺到スル御身ノマナザシヲ、オレハ炎ユル白日ニ揺ラレテ想フ。

（「北方一」終連）

「北」とは何であったのか。おそらくは「流謫」をも一再ならず「破壊」したもの。しかし深めたもの。その繰り返しに詩人を晒すもの。試すもの。「永遠」さえも容易には約束しないもの。さらには望めないもの。再び修辞過多の様相を呈してしまっている。それでも思うのはやはり「北」である。すべての経緯に立ち返って「北」とはなんであったのか。人はなぜ北に向かうのか。北方史に学ぶところが少なくない。詳しくは「コラム3」に譲るが、そこに詩人が見たのは、既得事項とは異なるもう一つの「北」だった。北海道島に広がる原風景論。やがて現代詩の詩想に脅威ともなる詩的世界を用意する未知・未見の地平であった。

二　「北方」への階梯

1　流謫以前の詩

ところで、詩作に転じた当初、つまり初期詩篇当時、鷲巣繁男にとって家の宗教であったロシア正教はいまだ自己の外にあったたし、連作詩「北方」を生み出す北方論も、「流謫」以前にとどまっていた。それが詩作開始後五年を経ずして北方行が流謫であったことを自覚（再自覚）し、以後の流謫による詩の再述となっていく。岐路に立っていたのが連作詩だったわけだが、今、参考までに、同じ「北方」を使いながらも、それがいまだ自己化されていない、流謫以前の「初期詩篇」中の詩を一篇掲げておく。同様にカタカナ詩であるのも両者の違いを際立たせる。なお、カタカナ詩はとくに珍しくないにしても、内容からいっても硬派な北方旅情詩篇ともいうべき逸見猶吉の「ウルトラマリン」(一九二九)が契機をなしていたに違いない。序章で触れたように引用・言及があるからである。

訣別

甘イ光デ俺ヲ見送ルナ　北方ノ眼ヨ
鬱々タル海霧《ガスマ》ニ纏カレテ俺ハ片盲ノ太陽ヲ瞻タ
カレラハ牧歌ヲウタツテイツタ　讃歌ヲ　囁キヲ
昇華スル囚徒ノ痛恨　ソレラ抒情デ建ツタ街　コロニイ
コノウツラウツラノタユタヒニ　俺ノ拒否ガ擦リ切レタトイフノカ
タブラカサレタトイフノカ　俺ノ懶惰ガ

カレラヨ　見タトイフ極光ノ虚偽ノ伝説《ツタヘ》ヲ抱イテ沈メ
厲シイ砂礫ニ俺ノ秘カニ流シタ血トカサブタヲ
俺ハ冷ヤカナ金属ノ太陽ニ与ヘ　カレラノ牧歌ニ売リハシナイ
カレラノ甘イ取引ニ　マシテケダルイ湯気ノタツ言葉ナドニ

原始ヤ土地ヤ流浪ノ誘ヒニモ
俺ハ与ヘハシナイ

（「悪胤」より）

一行目の「北方」だけでなくいくつも拾える類語。「囚徒」「コロニイ」「極光」「原始」「流浪」。それだけでも詩を作る強い言葉である。しかし生かしきれていない。たとえば、「北方」――「甘イ光デ俺ヲ見送ルナ　北方ノ眼ヨ」の、通り一遍の抑揚感を超えない擬人化された用語法のなかでは、本来の語調さえ保ちえない。それどころか、なし崩し的に腰砕けてしまう一行の立ち上がり方までも許してしまう。作品全体をのっけから強い意志の塊（枠）の中に引き入れてしまっている「訣別」という詩題を前にして（あるいは背にして）、「訣別」に見合う強い詩境を切り拓かない詩行の連なりが、かえって意志の権化たる「訣別」とぶつかり合ってしまう。語調は総じて失墜気味である。「太陽」「牧歌」「讃歌」「抒情」「伝説」なる対極の響きも、正反合として止揚すべきところが、反対に詩篇内の内声の乖離を助ける側に回って、詩題を強く謳い上げて終わるべき最終行から、「俺ハ与ヘハシナイ」の言いぶりとは裏腹に覇気を奪い去ってしまう。「訣別」は果たしえないどころか、試みに反して、高い志として訣別するはずだった入植との関係を清算しえないまま終えねばならなくなる。

冒頭の連作詩「北方」は、開拓の破綻から数えれば、一定の時間が経過した後に作られたものである。したがって、直接的な挫折感という意味では、「訣別」を作詩した段階の方がはるかに近くにいる。むしろ最中であったかもしれない。事実、「北方」を収める第三詩集の「あとがき」では、「これらの作品を書いてゐたころの私の生活は、今までで最も平凡な日々でしたが」と記している。「昭和二十九年（一九五四）一月」の日付をもつ「あとがき」である。開拓地を後にしたのが一九四七年十一月頃である。「初期詩篇」の本となる第一詩集『悪胤』を刊行したのが一九五〇年五月、同じく第二詩集『末裔の旗』の刊行が一九五一年十月である。この両詩集は、年譜を辿れば、流浪先の大都市札幌で、安定した仕事が見つからずに職を転々としなければならなかった、失意の日々のなかで発刊されたものである。対して第三詩集の発刊は、その後二十年余を過ごすことになる職場（興国印刷株式会社）に就職して約一年半を過ごした後のことである。「最も平凡な日々でしたが」と記された、納得のいく経緯である。

2　開拓体験と詩

年譜上の推移に読み取れるのは、詩作と現実との位相差あるいは乖離である。現実は「訣別」の詩篇に重く、「北方」のそれに軽い。対して詩作にかける想いはより「北方」に強まる。逆転である。詩人は、第三詩集の刊行を前にして詩篇を見渡す。そして編成を振り返って、四詩章に分かった「流刑」「鐵格子」「日本愁歎調」「奇怪な風景」に対してこう語りかける。「内容を四つのグループに分けましたが、要は一つでもよいので、（略）そのときどきの気分の間に間に、ちがつた咏歎をしたにすぎません」(「あとがき」)と。どこか投げやりな口調である。しかし前置きだった。一文(「あとがき」)を閉じるに当たって、次の一行を際立たせたかったのである。すなわち、「ただ附言すれば、私なりの心づもりですが、「喪はれていく憤り」への憤り、「治癒」への抵抗が私を支へてゐたといふことです」のとおりにである。

この閉じ方を見る限り、手に入れた定職のもとでの新たな現実は、「現実」が〝軽く〟なった分、「憤りへの憤り」や「治癒への抵抗」に向かい合う内省的時間の確保となって、詩人の内面生活を相対的に押し上げ、修辞力を疾く高めていった模様である。次のような「訣別」のセンチメンタリズム――「甘イ光デ俺ヲ見送ルナ　北方ノ眼ヨ」「コノウツラウツラノタユタヒニ　俺ノ拒否ガ擦リ切レタトイフノカ／タブラカサレタトイフノカ　俺ノ懶惰ガ」(「訣別」第一連冒頭および末尾)は、早々に止揚される。

しかし、普通の「現実」ではなかった。ブラジル移民が味わったような想像を絶する過酷な開拓体験だった。その重みを詩篇の善し悪しだけで量るのは適当でない。初期詩篇に技法的な未熟を許したのは、いまだ開拓の日々とその破綻という「現実」が身近なものとして日々に生きていたからである。むしろ感傷的であることによって詩句は日々の自己再生の向上に〝同期的〟だった。必要だったのは、詩構造より詩句だった。だから「甘イ光デ俺ヲ見送ルナ　北方ノ眼ヨ」を、試みに冒頭から末尾に送り、さらに一行詩として屹立させて一行一連の体裁を採れば、センチメンタリズムはストイックな響きになって全体を引き締める。リフレインとしても構わない。容易いことである。

でもそうはしなかった。あくまで冒頭に置かれ、「俺」を前面に押し出してみせようとする。「俺」がまずあり、あることを必要とする。その「俺」を末尾に移す場合は、同じ「俺」でも結果としての「俺」、言い換えれば、現実ではなく詩的営為で生み出される「俺」でしかなくなってしまう。詩行に求められるのは、結果を生み出すためのその都度の揚力である。甘さは逆にその分失墜を招く。しかし、それでも「俺」を前面に掲げるしかない。それが開拓体験だった。甘さがとれて引き締まった詩行を連ねられたとしても技法に過ぎない。技法だけで済んでしまうのなら、書く意味が問われる。

「俺」以上で推移することが可能になった時、結果である「俺」もまた「俺」以上になる。再生もされる。しかし、詩行は頑なに感傷を引きずる。繰り返しになるが、それが過酷な開拓体験の重さであり、容易に解かれることのない「現実」であった。引きずるのではなく引きずられるのである。単なる過重労働のためだけではなかった。それなら必ず癒える。それが肉体である。でも癒えない。「内地」ではなかったからである。内地にはない敗北感。存在論に試される挫折感。それが北方だった。

故に最初から敗北に立ち向かっていたのである。在るのは、敗北するためにだけある現実。現実を超えた現実――二重苦ともいうべき現実だった。入植者が抱えこまねばならなかった北方体験の、歴史的時間を我が身の裡に生きねばならない、再生産され続ける敗北感の真実だった。

それは、「北方四」の最終連冒頭で詠われた「北ノ果」とそれが人に課すものの姿である。

黙ヲ蔽フ黙　無量ノ雪ノ底ニ
ドスヲ呑ム無頼ノマナコ爛々ト抗ヒシモノ　ココニ眠ル
義シキ心ウチヒシガレ泯ビシ骨　ココニ埋ル
コノ北ノ果ニ

（「北方四」の最終連冒頭）

ここに詠いあげるのは、生態的な人間活動を冷酷なまでに遮る圧倒的な大自然の威力、その象徴たる「雪」と雪が大地に押し広げる「黙」の重みであるが、それだけではない。「無頼ノマナコ」の族（無頼漢）にも「義シキ心」の民（開拓民）にも「眠ル」「埋ル」を強いるそれである。しかも「無量ノ雪ノ底ニ」の状態で。しかし、この詩の中で詩人は、かつての「俺」を超え、かつ凍原の地底から甦らせる生命の火を、開拓小屋のなかだけでなく魂の内にも焚く真似によって見出したのである。この「北ノ果」を貫くものを。ではそれはなんであったのか。

3　詩人と「時間」

鷲巣繁男が、漢詩人・歌人・俳人でもなく、また稀なる博覧強記でありながらも研究者や学者を志向する思考実体でもなく、やはり一義的には詩人としてしか捉えられない存在だったのは、「時間」

が思念を遡る形で個人を占めてしまう、また占めてしまうことに安らぎを覚える生来の内向者だったからである。見通しを示しておくなら、やがて「時間」は、発語に遡る発意の源として個人の生の自覚作用と結びつき、主格を「時間」に預ける新たな話者として、彼の息遣いを自身に感じる自己内自己の覚醒者となっていく。しかしいまだ「時間」は、そのような超越的で形而上的な「時間」としては襲ってこない。そうだとしても経過していかねばならない北方内時間であった。以下の詩篇が、作品としてそのあらましを語ってみせる。

「あとがき」によれば第三詩集の最後に書かれた作品であるという。少し長いが、全篇を掲げる。詩人が「北ノ果」に詩として出会った境地（詩境）が、新たな装いをもってかつての開拓地の先に拡がる。それでもいまだ日常から完全に解き放たれていない詩境は、詩中場面の仮構性と合わせて色濃く身体感を帯びたものにとどまる。

北方　四

taṇhā

諸比丘ヨ、輪廻ハソノ始メヲ知ラズ、衆生ハ無明ニオホハレ渇愛ニ縛セラレ、流転シ輪廻シテ、ソノ前ノ際ヲ知ルコトハデキヌ。

〈サムユッターニカーヤ〉

ヒカリハ乱レ　ヒカリハ怯エ　コノ真昼ノ底ノ
黙ヲオホヒクル黙　ソノ雪ノミナギル業《カルマ》
ウモレル草ノヤウニワタシハウナダレルカ
コゴエルウヲノヤウニ見ヒラクカ炎ノ眼ヲ
オノレノ未知ニ支ヘラレ　立チドマリ且ツアユム　阿僧祇劫《アサムキヤカルパ》
ユルガヌ北ノ　忿レル流謫ノタダナカニ
イモウトヨ　濡レカガヤクヲサナ蟬ノ翅ノヤウニ
ワタシハナホ仄カナ無垢ヲ夢ミツツ　目ツムリ問フノダ
過ギ去ツタ罪ハ幻デアルカ　罪ハ物デアルカ
裸木ヨ　ワタシヲユビサシ嗤フカ　背キ離ルカ
身ヲスリ寄セ合ヒ流転ノ劫ヲ聴ク　ケモノノ愛ハカナシキ愛カ
暗イ地平ニトリ囲マレテ物ノ怪ノヤウニコゴヱニウメク憑カレタ歌ヲ
ワタシハ聴ク

　ヒカリヲマトヒ笑フモノ　金色《コンジキ》ノ陽ヲ蓄へ　漲ル力ト精
気ニホホヱミヲタタヘルモノ　愛ノホメウタヲクチズサ

ムモノ　花束ヲ撒キ忘レユクモノ　憤怒ヲサゲスムモノ

脂ギル奸商ハ斬ルベキカ　諂諛ノ詩人ハ放ツベキカ
汚吏ハ梟スベキカ　偽レル教師ハ坑スベキカ

飢ト　ヤマヒト　クスブル悪徳ノ
一切微塵ノ仮相ハ　シカシ重ク
炭殻ヲ掘ル主婦　アラクレシ指
棒切ヲ振ル翼ナキ児ラ　不可思議ノ敵意
オオ　ボロボロノ偏倚ココニヒシガレ
ワタシモ怯エル狗トナルカ　弾劾セラルル騙リトナルカ
ハゲシイ渇愛《タンハー》ニ　見エザルワタシヲイトホシミ
アヤシイ執着ニ　問ヲ重ネ問ヲ喘ギ
イマ愕クノダ妻子ヨ　オマヘラハマコト妻子デアリ
杳イイモウトヨ　オマヘモタシカニイモウトナノダ
重ネル問ニ崩レ　ワタシハ羞ラフ
罪ハ幻デアルカ罪ハ物デアルカト

ワタシハイタハラズ　ワカタズ　ムサボリ流レ来テ
シカモ仄カナ無垢ヲ夢ミルカト

黙ヲ蔽フ黙　無量ノ雪ノ底ニ
ドスヲ呑ム無頼ノマナコ爛々ト抗ヒシモノ　ココニ眠ル
義シキ心ウチヒシガレ泯ビシ骨　ココニ埋ル
コノ北ノ果ニ
眼ヲ細メクル荷役ノ馬ヨ　汝ノ忍苦ハ長ク変身ハ遠イ
アア　貧シイイモウトヨ　ワタシハ見知ラヌ納屋ニシノビイリ
微カナヒカリニネムル卵ヲ偸ム
ヒカリハ乱レ　ヒカリハオビエ絡ミツツ　風ノ炎ニ
イモウトヨ　ワタシハソレヲ抱キ　立チ止リ且ツアユム

最初に断っておかねばならないのはエピグラフである。原始仏教の経典〈サムユッター・ニカーヤ〉（『相応部』）を引いたエピグラフは、本篇中の語彙としても「業」「阿僧祇劫」「渇愛」などの仏教用語を詩語として意欲的に援用し、そのためもあって、あるいは言わんとする「時間」とはこのこと——永劫の時間（仏教的時間）を招き入れようとしていることかと解られかねない。しかし本篇に明らかなようにエピグラフは詩境を深めるわけではない。却って違和感を招きかねないほどである。真相としてはそれを見越した上で、「衆生」としての立場を自覚的に生きる、詠い人たる当時の詩人の、詩作に先立つ観念的な自己表明の代弁を務めさせるものであったと思われる。詩的意図として評価すれば、そう解れるかどうかはともかく、大きな意味での暗喩である。それでも「イモウトヨ」と呼びかける本篇中の響きを耳にするとき、肉親への親密感に溢れる肉声が、相互に排他的な原始仏教との間で破綻的響きを聞かせることから、破綻に開ける境地には、それが位相差となってあらたな詩境を切り拓くものがある。主題となる詩人と「時間」にとってもひたすら空疎なわけではない。

いずれにしてもこの作品が、具体的には「時間」（ただし後述としての「時間」）に届いているのは、発話者である「ワタシ」が一時的に詩から距離をとって、その外に立っているからである。しかも同時に内に止まって、内外にわたる両義性を担保していることが、詩語を詩語とする上に少なからず寄与し、本来任意の一語一語でしかなかった、たとえば「ウモレル草」も「コゴエルウヲ」も、内外に行き交う意志の揺らぎを潜めた詩語と化す。いずれも「ワタシ」に育まれる時間性である。「イモウトヨ」の呼びかけでは、それが散文的時間の要請となってより多くの語彙を蓄えていく。

それだけではない。この「ワタシ」に同格化された「イモウト」という別の人格は、自ずと発話を叙事性に倣わせずにはおかない。しかも繰り出される詩行が、相変わらず外に向かう語りかけであり、内に向かう問いかけでもある二重句の形を崩さないことによって、それ自体は外である「歌」を、叙事詩的応答に擬えて、個人として「聴ク」のを認め、事実そのように見た目にも行の字下げとなっている。その「ヒカリヲマトヒ笑フモノ」の「歌」を、傍らかあるいは一歩下がった位置から「イモウト」も聴いている。「諂諛ノ詩人ハ放ツベキカ」と歌われた時、それを自らとして聴き、「イモウト」に諂るもう一人の自分としても二重に聴いている。詩行間に溜めこまれた強い叙事性である。

詩は長短に関わりなく、綻びを許さない。細部にも妥協しない。全きの世界である。しかも、散文的手筈では整え切れないところに詩の困難があり、詩の栄誉がある。栄誉には時に感嘆の声が上がる。今、ここに至って、思いがけない転調、あるいは間投詞的な立ち現れ方に、あるいはそれに類した声を聞くことになるかもしれない。「イマ愕クノダ妻子ヨ　オマヘラハマコト妻子デアリ／杳イイモウトヨ　オマヘモタシカニイモウトナノダ」。この「イマ愕クノダ妻子ヨ」の思いがけない参入に意表を衝かれながらも納得的に不意打ち感を愉しんでしまう。この突然の声変わり。瞬時に詩人の貌を捨てて夫たる声を真似る語らい。同時に果たされる、二項対立的な日常性の襲来。あるいは「杳イイモウトヨ」では兄を真似てみせるところ。それでも妻子に向かうようにはいかないどこか抑えた声音。人格は崩れない。崩さない。その二者関係。仮構された兄妹像のあいだを静かに流れていくもう一つの秘密めいた時空の参入。この参入を俟って、再度、語りと問いが綯い交ぜになって終連を用意する。

再び浮上してくるのは、開拓の日々である。すでに過去となりつつある、このかつての「現実」が再度「今」に姿を変える。それが「北方四」が辿り着いた「現実」であり「時間」である。過去を過去としないからである。ただしこれは、「過去」だけでなく「時間」に対する叛意を蔵するものである。一時としてその流れを止めることを知らず、常に過ぎ去ることを要件とし続ける「時間」は、一瞬の間に過去を生み出してしまう。それのみのために今があるようにして。したがって、「時間」を過去として今に生きられるのは記憶のみである。それでも記憶は恣意的である。個人の記憶だけではない。歴史が生み出す時間とその記憶にしてもまた然りである。それが「黙ヲ蔽フ黙」の眼前にあるものの正体である。

「北方四」は、それを記憶の再構築としてではなく、言ってみれば複合的に再生された時間として再述する。そのために位相差を設けた「時間」を単独の「時間」だけでなくその複合として編成する。個別には時間であったもの、つまり過去であり、記憶で生きるしかなかったものが、「今」となるのである。故に終連は、「無量ノ雪ノ底ニ」今を詠むものであり、「ココニ眠ル」者をも「ココニ埋ル」者をも今に連れ出して自らとして生かしむるのである。たとえそれが罪人に形を変えたとしてもである。否、それこそが「流謫」なら、罪にも手を染めるのである。

再び、かく「イモウト」に呼びかけてみせる。否、告げてみせる。「アア　貧シイイモウトヨ　ワタシハ見知ラヌ納屋ニシノビイイリ／微カナヒカリニネムル卵ヲ偸ム」と。しかしその時、彼は、仮託していた「イモウト」の人格から離れ、「イモウトヨ　ワタシハソレヲ抱キ　立チ止リ且ツアユム」と流謫者に人格を変えていく。

かく結論は出てしまっているのかもしれない。見えてしまっているにしても、今度はより違った視角から「無量ノ雪」に向かい合う「流謫」の地平を広げてみたい。その前に指摘しておきたいのは、従前にない新たな「ワタシ」を詩的主語として得た点である。やがて強まる叙事性を生きる主体の萌芽であった。得たのはそれだけではない。散文的要素もである。それが「イモウト」だった。まさに「時間」の扉の前に佇む人影である。いまだ点景的で造影力も弱いが、やがて詩人が散文詩（第3章中）を試みる上での先行的人物像の創出だった。

三　流謫の島の時空

1　北海道島と「和人」

流謫の対極にあるのは定位である。それを定住とすれば、北海道島にとってそれはアイヌであった。明治政府によって「旧土人」とされ、同化を強いられて解体的な運命を受け入れねばならなかった後でも彼らの内なる主語関係に変わりはない。かえって抑圧は、既成の和人社会の精神性を揺るがし、地についていない彼らの足許の脆さを露わにする。「神話」の存在によってである。独自の精神体系を象徴するこの「神話」は、唯一北海道島の正当な住人たることを証すものである。侵略的行為が顕在化した近世期以降、大都市札幌を擁する現代に至っても、「和人」の立場では、北海道島を精神体系としてはトータルに所有しえない。

明治以降、和人の手によって多くの文学や芸術作品が生み出されてきた。しかし、たとえば文学の場合、内地と一線を画す独自の世界を生み出していても、それは内地に対する独自性でしかない。それを「北海道の文学」とすることはできるし、文学史的にも意義深い枠組みであるが、「北海道島の文学」ではない。むしろ文学性が高まれば高まるほど、逆に北海道島からの逸脱は顕在化することになる。すでに時空化しきっていて日常と一体となっているために意識の表面には浮かび上がらないが、仮構から始まった土地の歴史は、いまだ出発点から自由ではない。出発点に埋めこまれた疎外感故である。内地にはないものである。ただし「疎外感」と言っても、専ら生を深める方向に作用するものであって、文脈的にも否定的に捉えているわけではない。事実、時として「日本」に超然とした文学・芸術を生み出すことになる。*

精神的十全性を伴わない政治的支配は、コロニーを設置できても大自然は編成できない。他者とし か措定できない。今に至るも基本的な構造は変わらない。見えなくなっているだけである。「雪まつり」「氷まつり」「流氷まつり」とは、まさに大自然との「他者」関係を自己表明したイベント名である。なんら批判的に見ているわけではない。逆に主体性を「内地」に対してさらに喧伝すべきであると公言するに吝かでない。文化史的にいっても日本にない主体性であり、その発想・発現だからである。そのためにも改めて「他者」関係の原点に立ち返らねばならない。本章の枠組みも大きくはこの範疇にある。

*文学に限って言えば、たとえば有島武郎の北海道時代の作品、一連の「小樽文学」（小林多喜二ほか）

「函館文学」（長谷川四郎ほか）等々。

2 滞在者の条件

いずれにしても「流謫」こそは、「和人」の立場にして北海道島を「自己」として引き受ける上での絶対的な条件であった。その点、初期詩篇から第三詩集までは、開拓時代の俳句にまでさらに遡れば明らかなように、位置的にはいまだ流謫以前であった。初期詩篇に認められる「混在」にしても、作品が句作時の精神的伸長として生み出されていたからである。かえって俳句作品が高い表現領域に届いていたために、ひとたび言語的圧縮の自己規制から解かれると、抒情の散文的流出に抑えが利かなくなってしまう。そういう意味でも流謫以前とは、それが詩的プロセスと同意語だとすれば、詩的以前のことでもあった。

それだけに抒情（ただし感傷過多の意）は禁物だった。早くは石川啄木がそうだったように、北海道島は詩人から言葉（抒情）を奪う。啄木は抒情の無力化に新たな内力を得て内地に帰還した。鷲巣繁男はとどまった。同じ抒情の無力化は、一人に短詩（三行詩）を、一人に長詩を選択させた。後者にあっては条件をなしていた。なぜなら離道者として北海道島を志向するだけなら、必ずしも長詩である必要はない。

吉田一穂が好い例だった。むしろ、一穂の「白鳥」十五章は、短詩型に極北の精神性を見出そうとしている潔癖の詩体である。したがって長詩はその対極に立ち上がったものである。同じ「北の詩人」であっても、代々の網元の家に生を得て、家系的誉れを自我の根底に据えてその先に北海道島を内的自然と化していた詩想は、散文詩（『故園の書』）を生み出しても長詩は生み出さない。鷲巣繁男が、「師」「先師」として吉田一穂を仰いでいたとしても、一穂は最初から流謫の外に立っていた。むしろそのことで詩想的完結性を生み出していた。鷲巣繁男は分かっていて「先師」と敬っていた（「存在の進路」『聖なるものとその變容』詩歌逍遥游第二、牧神社、一九七七）。

3　アイヌという「詩論」

北海道に生まれた吉田一穂が、離道して帝都で極北を詠んで永遠の哲理を疑わなかったのに対して、横浜に生まれた鷲巣繁男が、逆に内地を背にして入植を敢行し、同じ原始の自然を詠う場合でも、原始への回帰性に自己否定を詠ったのはなぜか。両者の立場の違いを超えて普遍的存在として浮かび上がってくるのがアイヌである。正確には見えないアイヌという民族的存在である。なぜなら、明治時代からの組織的な疎外によって、姿形としてのアイヌは、言語や民俗・風習の喪失を背負わされて社会的少数者に追いやられ、とりわけ都市部にあっては日常的に隣り合う人々ではなくなっていたからである。またアイヌ自身も抑圧の結果、出自を隠しがちであった。故に彼らこそがまず流謫者であった。アイヌにとっての北海道島、それは永遠の土地にして流謫地でもある、鷲巣繁男が言うもう一つの「亡国」を生きる現実の姿だった。「アイヌという「詩論」」とは、流謫内流謫への視角である。

しかしそうはいっても、詩論をアイヌに立てるのは容易でない。内的接点が差し当たって問題となるが、アイヌ文学にいかに視点が見出せるのか。普通には神話学的なテーマが中心となる。しかし議論としては比較文化論的な話題（萩原眞子『北方諸民族の世界観』草風館、一九九六）になってしまう。文学論に軸足を置いた場合でも、金田一京助以来、中心となるのは、口承文学の外形構造であり、詞曲・歌謡のジャンル分類やジャンルの特性抽出に集約的である（「ジャンル」を一覧化して見せた文献で言えば、久保寺逸彦『アイヌ叙事詩　神謡・聖伝の研究』岩波書店、一九七七）。したがってアイヌ文学といっても、非文字文化のなかで無名性を生きる文学と、対照的に創作性を個人に問う文学論（文字文学論）とでは、最初から一線を画していて、そのために詩論の前提となる共通課題を内に隠して見せにくくしている。

しかしこれが、同じ文学論でも文学の発生論となると、金田一京助、知里真志保、久保寺逸彦をはじめ、近年に至るまで多くの論考が蓄積され、万葉集や古い祝詞との比較研究にも議論が及ぶ。一部を瞥見したにすぎないが、実際、驚くべき多様性を秘めた口承文学である。金田一京助は、体系的に伝わったその価値を世界文学史的に捉えて、声を強めずにはいられない。「アイヌの文学は、文学以前の文学であって、ほんとうの意味の文学とはいえないものであるのかもしれない。それほど幼稚で、素朴で、単純である。（略）けれどもまた、それだけに、純然たる叙事詩の生誕、神話文学の始原を考えさせる資料となり、数千年の昔、印度や、希臘・羅馬の書契以前における口承時代を今の世に日のあたりに見せ、日本の往古の語部の伝説を実感せしむる重大な意義もそこに発見するものであることは確かである」（「アイヌ語とアイヌ文学」『金田一京助全集』七、三省堂、一九九二）と。

英雄叙事詩であるユーカラ（ユカル）や神謡であるカムイ・ユーカラが有名だが、口承文学の範囲は、全般的で精神生活（哀傷や恋慕など）を含めて全体的である。大局的には「民族」の遠大なパースペクティブに及び、身近には日々の生活との同化・一体化に親密である。この日本列島のなかに沖縄（琉球）とともにもう一つの豊饒なる「日本文化」を体現している。

4　詩歌の比較論

内地においては、四季折々の詠嘆に始まって日々の生活に喚び起された感興を比喩的な言い回しにこめて歌（詠）い上げる。結果として遍く日常に行きわたり、かつ日常を歳時記化する。題詠ではさらに時空間を自由に行き来する。作歌・句作や詠歌を促すおおもとには、自己との内面的一体化をアプリオリに保証する比喩の力がある。しかるに北海道島ではそうはいかない。以下は「理論的には」と断った上での話である。

内地で「内面」であったものは、遠からず疎外感に晒されねばならない。「比喩」の対極にアイヌの詞曲（「詞」中心）・歌謡（「歌」中心）の独特の言い回しが待ち構えているからである。修辞力としてではない。レトリックというなら素朴である。それが、和人に対して否定的他者としてあり、アイヌをして対極的立場に立たせるのは、同様に「比喩」による自己実現の力である。彼等は彼等で使う「比喩」（定型句）との一体感が、この地にあっては、意識的に強調して言えば、和人を生態系の外に退かせずにおかない。しかも、発動の形としては、個人レベルの企図にかかるものではない。大地や自然、そこで生息する動植物を詠う、民族的発声そのものともいうべきアイヌのアイデンティティを契機とするものである。任意にアイヌの「アイデンティティ」（ユーカラ）を引いてみよう（金田一京助「ユーカラ概説」『金田一京助全集』八、三省堂、一九九三）。

Pase ran nusa　　nusa-sermak
o-inkar kuni　　Shirampa kamui
kamui utarpa!　　Chinomi kamui
inne yakka　　chiekasure
nen emoshma　　yai-moshir-sho
kopunkine-kur,　　kuroma to ta
apkash yakka　　peket to otta

apkash yakka,　Iyunin-sakno
epetchiu-sakno　apkash kuni
tumam-shirkashi　chikoeyamkar
ekarkar pito　ene wa kusu,
Hoshki tuki　chionkamire
aekarkar pito　ene ruwe-ne na.

重く垂《し》でたる幣《ぬさ》の　幣かげにして
四方を照覧まします　森の大神
神々の中の首領の神！　われらがをろがむ神は
沢にあれども　よろずにすぐれさせ
誰よりも異に　おのが国土のおもてを
よく知り見そなはすひと　うばたまの夜を
かけて行くにも　あかねさす日に
かけてゆくとも　怪我あやまち無く
つまづきごと無く　旅ゆくことの出来るやう
人のからだのうへを　心してよく気をくばり

くださるひとは　ながかみなれば

第一のさかづきを引いて　われらのをろがみ
たてまつる神は　なが神にてあるものなり。

（「祈詞　其二」）

ここに引いたのは、「祈詞」とされる詞曲の一つで、祈りを神に聞き届けてもらうために詠われる。日常語（口語）と分化した雅語（sa-kor itak〈律語〉）が駆使されている。引いたのは、諸事祈願において冒頭部に語られる定型詞（共通詞）の一例である。祈りの対象となるのは、森の大神シランバ神。この冒頭部の定型詩句は、同神を招くための呼びかけ部分である。

次に「和人」の「アイデンティティ」の大本（万葉集）を引いてみよう（岩波古典文学大系『万葉集』一、三七九・三八〇番）。

ひさかたの　天の原より　生れ來たる　神の命　奥山の　賢木の枝に　白香つけ　木綿とり付けて　齋瓮を　齋ひほりすゑ　竹玉を　繁に貫き垂り　鹿猪じもの　膝折り伏せて　手弱女の　おすひ取り懸け　かくだにも　われは祈ひなむ　君に逢はじかも

反歌

木綿疊手に取り持ちてかくだにもわれは祈ひなむ君に逢はじかも

題詞には「大伴坂上郎女、神を祭る歌一首幷に短歌」とあり、補って末尾に「右の歌は、天平五年冬十一月を以ちて、大伴の氏の神に供へ祭る時、いささかこの歌を作る。故に神を祭る歌といふ。」とある。アイヌの祈詞では幣を立てその背後に坐ますシランバ神と対面するかのようにその誉れに間近に語りかけ、「さかづきを引いて」招き詞の冒頭を閉じる。より一体的になったところで定型詞に続けて具体的な祈願に移る。万葉集では、奥山の神に向かい依り代である賢木を立てて、白香で飾り、その前に酒の入った齋瓫を「ほりすゑ」て、「おすひ」(襲)を打ちかけた姿で膝を屈して神に祈る。そして心に留める、託け気味に「君に逢はじかも」と。決定的に違うのは、相互の距離感である。託け気味に詠えるのもその逆説性の然らしむるところである。アイヌでは神と人とはより身近な関係で、人に見える動物などの姿を借りている間は神と人とは概念的にも時空を共にし、双方向的なことである。それが万葉集に限らず、和人の一方向的な信仰体系とは原理を異にするところで、詠いぶりに見る精神的な距離感の保ち方の差にも一体感の違いとして明らかなように「うばたまの夜を／かけて行くにも　あかねさす日に／かけてゆくとも　怪我あやまち無く／つまづきごと無く　旅ゆくことの出来るやう／人のからだのうへを　心してよく気をくばり／くださるひとは　なが神なれば」のような親密感に溢れた詞が生まれる背景となる。

5 身体化という条件

地上や海上に見えるものすべては、同様の原理で詞曲や歌謡、あるいは散文的語りのなかでカムイ（神）とアイヌ（人）は対立構造ではなく同一構造として取りこまれ、身体化を遂げている。身体化が生み出すのは自然（大地や森林・山岳及び海原）との同一化である。明治政府が「無主地」としてアイヌの先住性を強引に否定し生態的領域（イオル）を解体しても、神話との身体化までを白紙に戻すことはできない。

北海道島における内地の宗教が逆説的にそれを証している。それぞれ専門性を要する分野であるが、必要上、自由な解釈をもってするなら、まず思い浮かぶのが和人地である。渡島南西部を居所とした松前藩領における寺社や、近世後期に幕府によって建立された蝦夷三官寺（厚岸・様似・有珠）、あるいは一部「場所」（松前藩によって設定された蝦夷地における藩家臣とアイヌとの交易地）における半定住化した和人による庵室や小社祠の建立のこと（佐々木馨「松前藩における近世仏教」ほか、同著『アイヌと「日本」—民族と宗教の北方史』山川出版社、二〇〇一）。その実質性が最初から普遍性を欠いていることである。内地であれば集落と一体となった氏神や産土神であっても、個別性を超えて「国土」に遍在する諸神に通じている。村落内の菩提寺であっても、檀家は「日本人」として遍く仏に繋がっている。連繋感は、単なる景観でなく自然と一体的な内なる景観（宮家準「日本人の原風景」、同著『日本の民俗宗教』講談社学術文庫、一九九四）となっている。長く和人地だった渡島南西岸や南端部の一部地域を例外とすれば、北海道島では全島的にこれが確保できない。できないのを前提にした、担保を欠いた建立である。短絡的ながらこれが最初から普遍性を欠くの謂いである。

基本的には明治二年の「北海道」成立以後の寺社も事情は変わらない。かえって事態を複雑化させる。従来沿岸地方に限定的だった建立が、開拓入植を機に内陸部に進出しなければならなかったからである。海の彼方に内地との連続面を保っていた海岸地方にとって、断絶的にしか関わってこなかった奥深い内陸部に舞台を移さねばならない。寺社を構えることはできる。内地の祭りを移植することもできる。実際開拓地ではそうやって信仰を移住集団単位で北海道島の地上に再現してみせた。*

手塩地方（道北）の中学校における学校教育と郷土教育の調査に基づく研究報告**は、問題の現代版ともいうべき現実を興味深く語っている。当地で行われている郷土教育（獅子舞実習）は、保健体育授業のダンス単元（フォークダンス）の一環として執り行われていた。フォークダンスとの組合せ授業は、獅子舞が次元的にフォークダンスと同じ位相だったことを物語っている。報告書には生徒達の感想文が紹介されているが、興味深いのは、いずれの感想にも、組み込み授業であることに何一つ違和感を覚えていないことである。学童たちはこれが祭りに伴う舞いであることは知っていても（別に町内の「伝習館」見学授業があり、村祭りで踊られるものであることは知識となっている）、心の中では「体育実技」と大差なかったのである。多くの生徒が女子を含めてもっと上手になりたいと綴っている。いずれも個人的な身体技能の向上としてであって、内地的な伝習現場における集団的な被伝習者意識の高揚感としてではない。

四半世紀前の調査である。北海道島として全般的に語るには事例として不十分だし、筆者の関心としても「民俗」と「民族」の差別化を超えた、新しい精神風土の醸成にあるのであって、刺戟的な精神現場として、そこに「日本的伝統」の超越を垣間見たかったにすぎない。とはいえ本旨を逸脱しかねない。今は北海道島における「身体化」の一エピソードを、「比喩」と同根の「民俗」に対する一種のアンチテーゼとして掲げられれば十分である。

＊これに関連して追記するなら、かえって内陸部進出にも積極的だった北海道における明治期のキリスト教とその精神的在り方には、開拓移住者と北海道の関わりを考える上に従前の「日本」にないものがある（白井暢明『北海道開拓精神とキリスト教』北海道大学出版会、二〇一〇）

＊＊大塚美栄子・土岐勝浩・前田和司「農村地域の中学校における郷土芸能の学習について：北海道上川郡朝日町、朝日中学校における瑞穂獅子舞の学習を中心に」（『僻地教育研究』四七、一九九三）

四　詩人と北方の時空

1　詩人の句作

鷲巣繁男の場合はどうであったのか。前節末尾の「身体化」である。石狩地方の沼田の丘陵（五ヶ山）の開拓に力を注いだ詩人にとって、当初、開拓を抒情化するしか異郷の地から受ける疎外感を癒す術を知らない。それが詩人の詩作に遡る句作（身体化）だった。以下にいくつか掲げる（番号は筆者）。

朴芽立つ　雪解の呼吸《いき》のあかるさに　①
熊笹に粗き日輪走るのみ　②
憂愁の日を寄せいぶる一木あり　③
笹の根を焚き　地の果の妻子と思ふ　④
國破れぬ　啞の芋蟲つややかに　⑤
わくら葉の堕ちゆく深き地のありぬ　⑥
樹氷咲く陵線　青き鞭鳴らす　⑦
雪原に蟲匐ひ　小さきひげありき　⑧
挽く一木　雪山《ゆきやま》の空こぞり寄る　⑨
蒼然と木の倒れゆく閒《ま》もふぶく　⑩

五ヶ山開拓当時（一九四六〜四七）の句作の一部である。それぞれの句題は、①②が「朴の芽」、③〜⑤が「つちくれのうた」、⑥が「棘のうた」、⑦が「樹氷の歌」、⑧〜⑩が「雪の章」であるが、ほかの句題を一句とともに挙げれば、「日日耕耘」（野火永し　耘夫耘婦のより添はず）、「笹の花」（笹の花皃を負ひ妻が新墾《にひはり》へ）、「夏日譚」（虻走る野はだんだらに灼け沈み）などがある。作句群は、総題「樹氷の歌」のもとに大きく編成されるが、句題中最多は「雪の章」で二八句を数える。総題下全体では一〇四句からなっている。中央俳壇と連絡を取りながら、開拓作業の合間に作られた一群である。

原始の林に立ち向かう開拓は、過酷で過重な労働を強いた。たとえ十七音字であっても、文字を青春の糧としていた身体には、身体以上に心が癒される瞬間となる。事実、上に掲げた句作には、癒しの〝先取り〟が味わえる。いずれ白い花を咲かせる朴の芽と光り輝く雪解けの様を「あかるさ」に詠む一句（①）。かりに「破綻」を孕んでいたとしてもその気配はまるで容れず、原始の丘陵地の諸景を遠近綯い交ぜにして詠い綴る「つちくれのうた」の、凝らした新鮮なまなざし（③〜⑤）。いささかの憂愁を浮かべねばならない瞬間があったにしても、わくら葉の堕ちゆく先は、「深き地」であるよりは感傷の心の底であって、それ故に「深き地」も「北ノ果」の意識下には据えられていない（⑥）。あるいは厳しい環境をも秀句に変えてしまう、表現に真新しい感覚を漲らせた北の叙景句の一群（⑦〜⑩）。

開拓が破綻を迎えていなかったならどうなっていたか。詩人誕生には至らなかったかもしれない。文字以上に荒地を耕し切った達成感は、原始の征服として熱き血潮を体内に巡らせずにはおかない。なんと言っても過酷さに勝る贖罪はなかったからである。中国戦線で亡くなった人々との魂の交流が句作の最中に訪れる。告げるのである、死者の魂に向かって。酷使した体軀を、取り巻く過酷な環境を、負けずに立ち向かっている様を。決してこのようにプロレタリアート的には詠わなかったにしてもだ。しかし現実は非情だった。彼の想いは容易に毀たれる。それが人跡未踏の誉を守り続ける「北ノ果」の、偽らざる大自然の姿だった。

遅かれ早かれ訪れることになる絶望を見据えるような日々に、今は雪が厚く降り積もる。「雪の章」が多作なのは、雪に閉ざされてしまったからであるにしても、酷使した肉体に甦る夏の疲労感が、二重に「俳人」の心を丘陵地の掘立小屋に閉じこめるからである。自ずと内に向かうことになる想いの丈。時には「絶望」への傾きを倦まず詠む。繰り返すようにして。

日輪《ひ》の孤寥　雪絶壁をおほひゆき
粉吹雪　双眸ふかき湖《うみ》を秘め
吹雪の底吹雪の底の火を焚くのみ

そして、次のような信仰的な一句をも唇に浮かべる。

吹雪の綾　祈りのごとき木木又木木

2 「祈り」から「祈り」へ

生家の信仰の関係で、誕生後間もなく正教で受洗したとはいえ、開拓当時の詩人の心を正教が占めていたわけではない。正教を意識して「ダニール・ワシリースキーの書」のシリーズが生まれるのは、それから二十年も後のことである。正教だけではない。ほかの宗教に関しても事情は変わらない。原始仏教に関心を示したといっても、開拓時代でもその直後でもない。札幌で生活を始めてから六〜七年が過ぎた頃である（『北方四』）。それに信仰的関心とは性格の違うものである。

「吹雪の綾」に慄然と立ち尽くす「木木又木木」。この形象的な漢字の並びたては、確かに字句の形をそのまま「祈り」に見立てたものである。「日輪《ひ》の孤寥」「雪絶壁」「粉吹雪」「ふかき湖《うみ》」「吹雪の底」も叙景感として「祈り」を掻き立てる。しかし、ここに浮かび上がるものは、特定の信仰というより大自然の中に我が身があること（擲げ出されていること）に対する茫然たる自失感で、その虚無的な虚脱感に跪くものである。信仰を超えたものへの帰依といえば帰依だった。それを祈りと言えば「祈り」だったかもしれない。しかしなにも解決しない「祈り」である。「形」以上ではない。

超越感への直向きさということでは、石川啄木が最終地釧路に赴く時の、札幌から旭川に向かう車中から見た石狩の大雪景と、旭川から釧路に向かう車中から見た十勝平野の雄大さとに打たれた想いに通じるものがあるが、鷲巣繁男の場合は、車窓からではない。すべて過重な労働下に置かれた身体を通じてであった。自然の超越性に心が打たれただけでは済まない。しっぺ返しのようにして頻繁に

「絶望」を覗きこまなければならない。それ自体が日常にもなってしまう。同じ北方行でも漂泊と入植の違いである。たとえ埋葬地を北海道島（函館）に望んだとしても、同じ「祈り」ではない。

結局、帰納的に捉えればこの「祈り」が始まりだった。そして、その先に「流謫」となって新たな地平（詩的地平）に詩人を佇ませる。すなわち、「句の祈り」から「詩の祈り」への移行であった。問題の「アイヌという「詩論」」も、詰まるところここに帰着する。「流謫」は一つの概念であるが、「祈り」は概念ではなかった。肉体（身体）だった。しかも破綻と背中合わせになっているものこそ、詩人が纏わなければならなかった肉体だった。しかるにアイヌにとって「破綻」はありえなかった。大地は常に彼らとともにあったからである。しかも精神と一つのものとして。その故である。かくして、「アイヌという「詩論」」は、一方にのみ破綻とともにある文学を創らせることになる。

おわりに――「受苦」としての「北方」

アイヌから本章を振り返れば、同じ大地（北海道島）を生きたことが、少なくともそこが自身にとっては存在論的否定の時空でしかなかったことを確認させていく。北方の意味としての再確認でもある。ところで鷲巣繁男は、実際にはアイヌとどう向かい合っていたのか。詩篇上に直接的な参入があったわけではない。なぜ更科源蔵や小熊秀雄のようには詠わなかったのか。

晦かったからではない。かの知里真志保とは知り合いだったし、それ以前、内地にあっては金田一京助の許にも度々通っていた。以下は、アイヌ関係の記述の一部（「憧れの呪器」詩歌逍遥游第一『記憶の泉』、牧神社、一九七七）である。

わたしは須磨へ向ふ車の中で、ふと、今は遠い蝦夷の地で雪の街を並んで歩いたものだつたアイヌ人の碩学知里真志保氏のことを思ひ出してゐた。彼はたぐひない優しさと抑へようもない戦闘的激情をその一身に内包してゐたが、学問に直接縁りのないわたしに対してはその優しさだけが真向つてゐた。彼の優しさの奥と憤怒の奥は彼自身の存在感と最も深い所では一つである筈であつた。文字をもたず、支配の片隅に甘んずる族が、しかし「語り」と「神謡」をなほ保持し続けてゐる、といふ誇りが、彼を最も堅固な世界の中心に支へてゐたに違ひない。（傍線引用者）

エッセイは、この後、金田一京助宅をしばしば訪れていたこと（一九三〇年頃）や金田一宅に一時寄宿していた知里幸恵（知里博士の実姉）の『アイヌ神謡集』のことに触れ、さらに「カムイユカル」「オイナ」等からなるアイヌ文学の構造や、動物神をして叙事詩（カムイユカル）を語らしむ独特な文学形式にも筆が及び、「アイヌは文字をもたぬが故に、度重なる圧迫と破壊を蒙りつつも、唇の呪器の絶えぬ限り、多くの聖なる存在理由――歌謡を残し得たといふ皮肉をわれわれに教へてゐる」として評論のタイトル「憧れの呪器」に繋げ、アイヌへの一方ならぬ関心の高さを自ら語っている。

したがって、「度重なる圧迫と破壊」の歴史を含めて、むしろアイヌを熟知していた一人であった。知里真志保との接触もその聖なる尊厳のなかで行なわれている故に、支配の側に連なる自分をその立場において否定的に措定することができ、「彼を最も堅固な世界の中心に支へてゐたに違ひない」その「誇り」にかえって自身を逆説的に捉え返し、「憧れの呪器」に倣った命題（自らの「呪器」）を求めることさえ可能にする。

本章にとって重要なのは、これが観念ではないことである。況や理解の範疇でもなく、ただ実存であったことである。実存が生み出した自己否定のなかではじめて自己許容となる存在論だった。故にアイヌを詩篇化することはない。実存を伴わない者に実存者は詠えない。詠えたとしても更科源蔵や小熊秀雄のように共感の詩は作れない。北海道島を生地とするかしないかの違い、生存上の条件の違いだったにしても、鷲巣繁男に許されたものは「受苦」のみだった。それこそが「北方」連作詩の大本をなすもの——そのように捉え直すことで本章を閉じることにしよう。

〈コラム2〉 明治維新下の受難

詩人の立場　明治時代以来、北方に関わった詩人は、北方出身者を含めて少なくない。そのなかにあって、鶯巣繁男を詩人にしたものは、内地にあっては近代以来顧みられることのなかった、叙事性に収斂的な詩体であり詩体を支える詩学であった。ではなぜ内地ではかかる詩学を「否」として得難くしていたのか。一つには、北方の原理が、北海道島の存在論的な原理と一つのものであったこと、その一つのもののなかに胚胎される真理を人間存在の条件としていたこと、さらには北方史それ自体の問題として、文字を有しなかったことによって、専ら内地に対する歴史的対立としてしか存立の余地（記述の余地）がなく双方向的関係を築き難くしていたことなどに由来する。*

詩人がいずれを手段として「北方」を内在化していったのか定かではないが、帰京後の一九七三年に著された「流謫の汀」（後に『詩の榮譽』思潮社、一九七四）では、「流謫」の精神的在り方と相反する近代日本のそれに向けた糾弾的な筆を執る。家の信仰（正教）が、それ自体として反権力的だったといいえ、それだけで終わるものではなかった。形而上的思考に閉じこもる通り一遍の宗教詩人のイメージから詩人を大きく解き放つものは、「民族」の運命を直視し弾劾する精神の高さであった。その精神が近代日本を厳しく糾弾する。まず向かう先は、明治維新の〝稚さ〟だった。

＊そうしたなかで山丹交易の名で知られている、アイヌによってあるいは彼らを仲介することによって担われた独自の北方交易は、彼らを一次的な歴史的条件の柵から解く（海保嶺夫『エゾの歴史　北の人びとと「日本」』の第七章「底抜け鎖国体制——北からの道・北への道」講談社学術文庫、二〇〇六（初出一九九六））。それでも中国側史料の縛りは受けなければならない。

明治維新への批判　果たして明治維新とは「正義」の結果であったのか。北海道開拓も然りである。なぜなら北海道開拓とは、実は植民地主義に名を借りた「内国植民地」（田村貞雄「内国植民地としての北海道」『岩波講座　近代日本と植民地1　植民地帝国日本』一九九二。より早くは桑原真人「内国植民地＝北海道」同著『近代北海道史研究序説』一九八二）化にすぎなかったからである。したがって最初から「正義＊」であるはずもないのであるが、植民地主義を含めてその大本にある明治維新を思う時、詩人はまずかく糾弾するのである。

それは、「浦上四番崩れ」（後掲、片岡、一九七九）として知られている、維新政府が行なった過酷な宗教弾圧（長崎（浦上）隠れキリシタン弾圧）に対してである。そこに見られるのは、明治維新が拠って立つ神道思想（復古神道）の排斥主義的独善を実地に移したものであった。叛賊者（奥羽越列藩同盟の諸藩）に対する処置、とりわけかつてこの国の歴史が容易に採ってこなかったような、敵対者の死に対する熾烈極まる当初の措置（埋葬禁止＝野ざらし）と死者の絶対的否定（供養禁止）に象徴される、一国の思想とするには狭隘にして偏狭にすぎる〝稚い考え〟は、「浦上四番崩れ」として江戸幕府も採らなかったような（江戸初期は別次元）非倫理的な処罰にも躊躇いを見せない、思想的偏狭（見方を変えれば〝軽量さ〟）を露呈することになるのであった。

詩人は言う、「その勝利者達（明治維新の立役者たち、引用者註）の抱いた神道的思想がすべて不純なものであつたとは思はない。だが、例へば、慶応末年より明治初年に亘る浦上四番崩れに対する処置、特に木戸孝允を中心とする厳罰派の行為は、彼等の思想がいかに卑小であるかを物語つてゐる」と。そしてキリスト教の弾圧史**から見ても、「遥かに倫理的に陋劣ではなかつたらうか」と、一国を担うには狭隘すぎる彼等の精神に対して弾劾的言辞をもって対せざるをえなくなるのであった。

正教故の断罪ではない。鷲巣繁男の少年から青年期は、むしろ「極右的」な思想さえ抱いていた。その一面を自身でこう語ってみせる――「事実、少年時代、極端な古代天皇崇拝者であり、且亦、その名の下に戦ひ、数数の殊勲を表彰されたわたし故、恐らく若しミコトモチが率先して敵の中に進んだならば、このわたし自身十中の八九はそれに殉じたであらう」（同前）と。ただし誤解のないようにしておかねばならないが、これは明治維新が仮構した「近代天皇」へのアンチテーゼを含意した意図的な挿入句と見るべきである。いずれにしても「極右」から見ても明治維新（の中枢）は、狭隘かつ狭量なのである。言い方を換えれば「稚い」のである。

＊「正義」などという青臭くかつ直言的な言葉（非学問的言葉）を使うと、維新政府の「稚さ」を問う以前に問う側の幼稚さを問われかねないが、趣旨としては専ら「流謫」との間で喚起されるイメージに集

約的な用法である。その意味では「詩語」である。しかも「正義」には、「流刑」を派生語と捉えられるパースペクティブが備わっている。実に流謫と親和的である。そうであったとしても史学を踏まえていなければならない。念のために記せば、北海道近代史を踏まえた「北海道島論」を試みたことがある（『北方内向記』簡易私家版、二〇一〇）。随筆の類ながら研究書に導かれて綴ったものである。

＊＊片岡弥吉『日本キリシタン殉教史』（時事通信社、一九七九）が詳述する「浦上四番崩れ」の弾圧の実態には目を蔽うものがあるが（同書Ⅳ「4　明治政府の浦上処分」以下の諸節）、その一方で対照的に寛大な処分――違法性を弁えられない「愚民」故として、型どおりに教諭を加えただけでそのまま帰農させ、傍ら外国公使・領事に対しては宣教師の浦上立入りを許さぬよう要求――とした旧幕府に対して、仏国ロッシュ公使が感じた「日本政府（江戸幕府、引用者註）の仁恵の心」が、維新政府に欠落していた点は、同様に諸外国の圧力（信仰の自由＝超自然法の認可）を日増しに突き付けられる中で、旧幕府とは態度を異にして、かえって一国の威信を諸外国に見せるべしとの思いとも重なって、さらなる厳罰化に偏していくことによって、「仁恵」を容れられない処断を復古神道の見地から高く自己評価していくことになる。いずれも、いつの時代（ただし近代以降）にも見られる、血気盛んな青年が陥りやすい、本人は「正義」と信じて疑わない狭量の為せるところである。

鷲巣繁男が記す、「木戸孝允を中心とする厳罰派の行為」とは、具体的には木戸孝允の以下の意見書のとおりである。「教徒の巨魁を長崎で厳刑に処し、余類三千余人を名古屋以西十万石以上の諸藩に配分監禁し、藩主に生殺与奪の権を与えて懇々教諭を加えさせる。止むなきときは巨魁を処分し、七年間は一口半の扶助米を支給、その巣窟を根本的に一掃する」（片岡・同上六二一頁）。流罪者総数は、一村三三九四人規模（一方、旧幕府の捕縛者数は六八人足らず）で、維新政府の役人からは、「〇〇匹は何藩に御預け」と動物扱いで仕分けられ、監禁地に送られる始末であった。まさにそのようにして「生殺与奪の権」を与えられた諸藩は、維新政府の意向に従う形で、婦女子に及ぶまで仮借ない非倫理的な「教諭」を加える。「ツルの〝寒ざらし〟」は、その一例としてよく引かれる、眼を背けたくなる棄教強要である。

明治二年に始まった配分監禁から六年の禁教政策停止で帰籍（帰郷）が果たされるまでに六百名を超える殉教者を生み出す。浦上天主堂は、その受難の証しとして明治十二年に建立（前身の小聖堂）されたものである。また津和野の乙女峠サンタ・マリア堂は、同地で斃れた三六名の殉教者の至福を祈って「牢址」を兼ねた幽閉地（旧寺院跡）に建てられたものである（同地の流配者数は一五三名）。

なお、付言すれば、こうした過酷さについては、その基となる宗教政策と合わせ、一般書（石井寛治『体系日本の歴史』第十二巻「開国と維新」小学館、一九八九。後に改題して『明治維新史』講談社学術文庫、二〇一八）でも厳しく指摘するところである。まず江戸幕府以上の厳しい禁教政策については、「とりわけ、第三札（「五榜の掲示」、引用者註）が「切支丹邪宗門ノ儀ハ堅ク御制禁タリ」と、キリスト教禁止の継続を宣言していることは、単なる旧体制の残存ではなく、形成されつつある維新政権の本質ともかかわる重大な意義をもっていた」とし、諸藩の弾圧ぶりのうち、とりわけ過酷だった上掲津和野藩についてては「だが、そうした同藩の行動は、御前会議における決定にもっとも忠実であろうとした結果であり、そこに維新政府の創りだしつつある近代天皇制イデオロギーのおぞましさを見ないわけにはいかない」とする（以上「宗教統制と弾圧」）。なお、津和野藩主は当時神祇官の要職にあった。

「正義」の姿　今、この一五〇年を様々に振り返ることによって、近代が何であったのか、今をどのようにつくっているのかが、転換点となった明治維新に立ち返って、少しは真相（深層）が見えるようになってきた。それも一国的な見地としてだけではなく、個人レベルとしてでもある。とりわけ個人の心のレベルが問われる形として。鷲巣繁男の時代（青年時代）は、日本史上稀に見る激動期だった。またそれを個人として全国民的に体験しなければならなかった点でも際立って特別な時期だった。自己批判は、勢い近代のそれへと向けられることになる。それなしには「激動」以後の自分（戦後の自分）を見出しえなかったからである。

そのとき、「激動」に自己をいかに位置づけるかは、自己同定のための必須作業となる。果たして近代は「正義」の結果だったのか。それ以前に「正義」として開始されたものであったのか。詩人の弾劾には、強く「否」が唱えられている。以下はその「否」を筆者の文脈で敷衍したものである。

まずは沖縄に対する「琉球処分」と呼ばれる措置（併合）が、日本語強制から始まって諸習俗の風俗改良、たとえば女子が人生儀礼として行っていた神聖なハジチと呼ばれる刺青禁止（違反者には罰則を伴う）に象徴されるような文化面に広く及んでいる点を見れば明らかなとおり、薩摩藩による不当な収奪はあったとはいえ、琉球王府の独立を認めていた（容れていた）近世（江戸政権）とは決定的に相違する、植民地主義的態度を「正義」とする思想によるものであった（波平恒『近代東アジア史のなかの琉球併合―中華世界秩序から植民地帝国日本へ』岩波書店、二〇一四）。

北海道島の場合は、さらに露骨な侵略的な態度で挑まれたものであった。時空間そのものの収奪に及んでいたからである。所謂、欧米白人主義国家が採用した「無主地先占」主義による、土地収奪の正当化（法的正当化）である。北米（ネイティヴアメリカン）やオーストラリヤ（アボリジニ）で採られた、先住民の土地所有権の法的な無化を謳う同じ方式（決定的には一八七七年の「北海道地券発行条例」）が採用されたのである。土地収奪だけではなかった。北米ネイティヴアメリカンが居留地に囲われたように、土地払い下げに支障を来すアイヌ村落（コタン）は、解体されて集住を強制され、彼らの生存を保障していた山野に跨るテリトリー（イオル）解体の断行が、近代国家建設の大義のもとでいとも簡単に敢行される。言語や習俗に関する民族的な基本条件は、救済・撫育の名の下に行なわれた同化政策（皇民化）によって、さらなる「民族」の解体として貫徹されていく。これが「正義」の姿であった（海保洋子「序　異域の内国化と統合」同著『近代北方史――アイヌ民族と女性と』三一書房、一九九二）。

＊たとえば、明治維新期に直接関係するものに明治維新史学会編『維新政権の創設』講座明治維新第三巻（有志舎、二〇一一）がある。「個人の心」のレベルとして蔑にできないのは、主に薩長藩士たちが抱え込むことになった、新政府内での〝超上流〟と〝凡下身分〟とで交わす、新たな人間関係（「同心合体」）における身分的確執である。松平春嶽（当時議定）は、某日会議における彼らとの同席の様を書簡中にこう記す――「未曾有の珍事」（『松平春嶽未公刊書簡集』一九九一）と。この確執を含め、「近代」の断

行（東京奠都＝「天皇動座」を含む）に、ある意味歪んだ〝自己解放〟を見出すシナリオは、一国のその後にとってプラスであったのかマイナスであったのか。すでに目に見える形ではなくなったが、今に続く中央集権国家が成り立ちとして抱えていた問題（「心の問題」）である。同講座ではそこまでは言及していない。しかし、そう読み取れるくだりがなくはない（佐々木克「東京奠都と東京遷都」）。

北方の犠牲者　鷲巣繁男は、すべてを分かっていて維新政府の「狭量」を衝いているのである。事はアイヌに限ったことだけではなく、自分たち「和人」の側にも言えることだった。北海道島の植民地主義は、和人にも仮借ない「正義」を強要したのである。とりわけ「囚人」に対してである。そのために「囚人（囚徒）」や「獄舎」が、しばしば「詩語」として取りこまれるのである。北海道島各地に配置された、集治監と呼ばれた監獄に収容されたのは、主に凶悪犯と政治犯であった。彼らは植民地建設のために、治外法権的な過酷な労役に駆り出された。現在も主要道路として北海道の社会生活や経済活動を支えている、幹線道路の敷設工事への貸し出しである。

「鎖塚」として知られている埋葬塚は、網走―北見間の道路建設で斃れた囚人たちを葬った盛土塚である。経緯は次のとおりである。寒さや疲労の果てに多くの囚人が斃れる。官吏によってそのまま擲たれた仲間を、見るに見かねて囚人仲間が簡易に埋葬（土盛り）する。「鎖塚」の所以は、重い砲丸の付いた足枷が外されないままだったことによる。官の記録にない塚である。そのまま忘れ去られていたものが、戦後になって道路拡幅工事の際に発見されたのである。発掘調査された亡骸は、市民の手によって再埋葬され供養が営まれた。市民たちの死者を弔う思いには、かつての「仲間」の血脈に連なる「今」を思う気持ちがあった。手厚い供養がそれを物語っている。

炭鉱労働者とタコ部屋も有名である。囚人労働の廃止を受けて新たに人夫供給協会が創設される。「土工部屋」と呼ばれる協会が設置した宿泊施設内では、逃亡者に対しては見せしめとして私刑（リンチ）をもって応え、同宿泊所が別名監獄部屋とも呼ばれる、過酷な日常を再生産し続ける。まさに無法地帯だった。「管理」に生産性の向上を期待した官は、黙認をもって同部屋の維持を援けた。

さらには内地からの移民者の苦難。それは、戊辰戦争に敗れた移民士族たちが味わった塗炭を嘗める初期開拓の苦難にはじまり、直接保護の下で形の上では手厚く扶助されていたかに見える殖民政策前期の開拓移民たちの苦難を経て、民間資本の下で行われた中期移民者たちのそれへと確実に手渡されていく。北海道移住の盛期（一八九〇～一九二〇）開始を告げる中期移民者たちとは、内地ではとても望めぬ広大な土地の自作農化を求めて勇んで内地を後にした人たちだった。しかし彼らを待ち受けていたのは、凍てつく大地とアカエゾマツの大木が生い茂る鬱蒼とした原始林だった。雄飛の先にユートピアの実現を夢見たこれら内地人は、現実に直面して入植初日で完膚なきまでにその夢を打ち破られる。それでも引き受け地に打ちこまれた榜示杭に手をやって、夢の実現に今一度気持ちを奮い立たせたとしても、二抱えもあるような大木は、猛威を振う冬季の苛酷な体験とも打ち重なって新天地への思いを打ち砕くに十分すぎる現実だった。多くの人々が、遠からず破綻の憂き目に遭い離村を余儀なくされる。とどまったとしても半数近くは小作農を脱せられないままである。開拓初期の移民士族たちだけでなく、彼らも又ある意味植民地主義の「犠牲者」だったのである。ただし、以上は北海道移動・移住に関する研究（永井秀夫「北海道の開拓政策と移住」、同著『日本近代化と北海道』第二章、北海道大学出版会、二〇〇七、など）を参考にして部分的に修辞過剰気味に綴ったものである。

宗教地としての北方　北海道島は、宗教活動にとっても新天地だった。旧和人地を含めて既存秩序に縛られない自由の地だったからにほかならないが、* 開拓農場の設立に向けた組織だった活動だけではなく、時には植民地主義による収奪に晒された「人民」の救済から地位向上にも寄与することになった。中核的存在となった宗教家は、キリスト教関係者だった。なかでも高知県（旧土佐藩）におけるそれはよく知られている。坂本直寛による十勝監獄における伝説的な教化活動、炭鉱労働者組合への積極的な介入（会長就任）など、その宗教活動は反権力的な色彩を帯びていた（以下、金田隆一「北海道における坂本直寛の思想と行動」永井秀夫編『近代日本と北海道――「開拓」をめぐる虚像と実像――』河出書房新社、一九九八）。しかも、その宗教活動の担い手の中核が、明治政府の新体制に対立的な士族であった点、彼らが内地に背を向けて北海道島を目指した北方志向に、維新政府の「正義」に対するアンチテーゼが胚胎されていた点は、「流謫」の文脈に連なる精神性を読み取ることを可能にしている。**

興味深いのは、土佐の高知教会を出身母体とする士族らが坂本龍馬に連なる縁者たちであったことである。〝不平士族〟とは、あたかも勝者の路線から外された彼らの〝不本意〟を嗤うが如き、権力側に立った物言いながら、「流謫」を胚胎した「不平」であるとすれば、私利私欲を問う卑小なる問い立てはもとより一蹴に付される。高い意識の形成に知る、もう一つの「近代人」の在り方は、彼らの在野精神を貫く生き方とともに、本となる在郷時の近世以来の精神形成としても注目される。

因みに坂本龍馬の名を挙げたのは、鷲巣繁男に直結するロシア正教の、日本における最初の日本司祭者（初穂）が、龍馬と血縁的にも近い縁戚関係にある沢辺琢磨（山本琢磨）であったからである。彼の場合、北方行自体は、単なる身の保全にすぎなかったが（幕末期）、それが偶然とはいえ、箱館でニコライと邂逅し初穂者となったことは、個人を超えた、より大きな原理に動かされた運命的な出来事であったことを、今一つの北の物語として想起させて余りあるものがある。また坂本直寛の場合は、龍馬を叔父としていた。層の厚さを感じる土佐の郷士たちである。

＊松前藩領下における千軒岳殉教（寛永年間）に知られるように、同藩領下には内地から多くの隠れキリシタンが渡島していた。後の正保年間の記録では藩の小吏までが捕縛されている。松前の地には禁教を密かに信仰する者たちが少なからずいたのである（上掲・片岡著、三九八頁）。

＊＊鷲巣繁男も綴っている。「多くの佐幕派の武士がキリスト教や自由民権の士に変貌したやうに（略）日本のやうな風土にあつてそれは流謫の生き方である」と（前掲「流謫の汀」）。

〈コラム3〉　五ヶ山入植と北方志向

原始生活　翌日朝八時発の特急列車（函館本線特急スーパーカムイ一〇号）で札幌に向う（註・二〇一〇年）。今度は右側（日本海側）に指定席をとる。発車後間もなく石狩川を渡り、同河川を左手に見ながら景勝地「神居古潭《カムイコタン》」を過ぎた列車は（ただし、この間はトンネル通過区間）、やがて空知平野に進入して最初の停車駅である深川駅に着く。留萌本線の発着駅である。

この深川駅から四駅目の石狩沼田駅が、戦後間もない一九四六年四月、詩人鷲巣繁男さんが、期するところあって東京の生活を捨て、三家族で敢然として入植した石狩沼田の地である。空知平野の北西に位置する雨滝郡石狩沼田の石狩沼田駅から西方約三キロほどに広がる丘陵地、そこに五ヶ山の開拓地がある。函館本線の車窓からはるか彼方である。

豪雪地帯だという。原始の民のそれに近い入植と過酷な開墾に次ぐ開墾の生活は、鷲巣さんの体調を損なわせ、二年にして破綻を迎えねばならなくなる。その後、札幌に出て職を転々としながら最後は市内の印刷工場に落ち着いて、一九七二年、埼玉県与野市（現さいたま市）に移るまで二十年余を過ごす。その与野市は僕らと鷲巣さんの邂逅の地でもある。後日調べると、当時の五ヶ山地区は「五ヶ山模範牧場」として生まれ変わっていた。鷲巣さんたちの努力はその礎となったのだろうか（神谷光信「無蓋貨車に揺られて　鷲巣繁男の開拓時代」同著『詩のカテドラル』沖積舎、二〇〇二）。

――十五度くらいの傾斜地で、木と雑草ばかり、それこそ小屋一つないんです。で、はいったその日から木を切り倒し、穴を掘って、家つくりです。

できあがったのは家というより、穴居生活からぬけでた原始人がはじめてつくったような小屋以下の小屋でした。四本の丸太を立て、壁がわりに笹の葉で囲い、屋根も笹の葉でふいて、……広さは十畳くらいでしたでしょうか。三分の一は丸太とワラ、ゴザで作ったベッドで、残りが土間でした。

この一文は鷲巣夫人である鷲巣きみさん（僕らは「小母さん」と呼ばせてもらっていたが）が、第十回歴程賞に輝き、静かな〝鷲巣ブーム〟が興りつつあった頃に、なにかの雑誌のインタビューに応えて、夫鷲巣繁男との来し方を語ったものの一部である（当時きみ、五十七歳）。「鷲巣小母さん」から頂いたコピーだったように記憶しているが、すでに三十五年も前のことであり（本書から数えれば四十五年近く前）、出典は不明である。ちなみに記事のタイトルは「職を変え、土地を移り夫婦で歩んだ長い旅」、副題が「『詩集は私たちの子どもです』夫の詩を支えて生きる妻の記録」、であることから見て女性雑誌であろうか（『評伝』によれば、「婦人生活」一九七三年六月号。同著一三一頁）。

いずれにせよ、この艱難辛苦の〝原始生活〟のことは機会あるごとに教えていただいた。今それが、「模範牧場」とされているのを知ったなら、鷲巣さんも草葉の陰で苦笑しておられるに違いない。

蝦夷のわかれ　次に掲げるのは、四半世紀に及んだ北海道生活に別れを告げる折、短時日にして詠み上げられた百数十首のうちの数首であるが、北海道への惜別の辞（「小序」）の一部とともに掲げる。

（前略）昭和かのとゐ臘月のひと日、にはかに悲しみ起り、ゆゑ知れぬなみだ膝に落つ。憶ふに、われかつて職を擲ち、亡國の都をあとに蝦夷の山深きに入り、苦しみ努めども、力盡き志折れて、なお北の涯、雪しげき街にさすらひのいのちを焚きてはたとせ餘り、今桑滄のふるさとへひたぶるごころまさにともづなを斷たむとす。されば これ蝦夷のわかれ、蝦夷のかたみとて、過ぎこしたつきへのいとほしみなるか、または年古りし病に身の寄るべ糊する途を喪ひて、乞丐《こつがい》、虚無のともがらにおのれをなぞらへむ嘆きなるかは知らず、兩三日にして百數十首をなす。（後略）

氷下魚《こまい》食めば蝦夷の別れにオホツクの天《そら》ひしめきてなだれ來るかも
地の涯に苦くかなしくありし日がなほわれを搏つまたの旅出に
あたらしき老いの門出の雪に盲《し》ひ華やぎの時間《ときま》纏かせ嘆くも
道の邊《べ》の死を戀ふ心はげしくて白毛を鏡の底の異國にぞ焚く

（「蝦夷のわかれ」より）

（鷲巣繁男『蝦夷のわかれ』書肆林檎屋、一九七四）

なお、同書付録に寄せられた五人の詩人・歌人中、大岡信の一文（「鎮魂の歌そして伝道の歌」）は、この「兩三日にして百數十首」が詠われた様を、石川啄木の『一握の砂』が詠われた時の「心的機構」と対比しながら、同様の「共通の魔」が忍びこんだものによると指摘した。石川啄木の『一握の砂』（明治四十三年）は、与謝野鉄幹・晶子に憧れて上京し、新詩社の『明星』に浪漫主義的技巧の冴えのほどを面白いように詠い続けていた啄木が、やがて生活の破綻も重なってその空しさを北海道の放浪のなかに悟り、襤褸を纏った生を「絶望」のなかで存在に高めえた〝蝦夷の歌集〟でもある。もし「共通の魔」というならそれは「蝦夷」を措いてほかになく、その北海道が二人の詩人をして共に詠わしめた「生命」への旅路（放浪／流謫）である。

北海道と移住　今、札幌を目指す特急列車は、切り拓かれ均された石狩平野のなかを苦もなく突き進む。度重なる氾濫にもめげず、空知平野以南の石狩川の氾濫原の開拓に挑んだ移住者たちの一団とその開拓談。乗り越えた彼らが思う先々のこと――たとえば農閑の一時を活かして、鉄道を使って札幌の市街に遊山を試みる時、ふと思うはるか先の時代の往来のこと。それでも内地の旅人の神妙なる眼差しを開拓地の一角から眺める日が来るかもしれないなど、およそ夢想だにしえないことであったろう。それがこうして車窓から自分たちの農地に目を凝らす者がいる。自分たちの裔は、その時、北を旅するものたちに何を語りかけ、彼らの想いを自分たちの来歴と現住の今現在のなかでいかに受け止めることになるのであろうか。

空想譚である。でも彼らが抱いたかもしれない一時の想い（自問）は、内地から北海道に旅する者たちも含めて、なにゆえに人々は北海道を求めたのかの、さらに踏みこんだ問いに繫がる。日本における移住の歴史。それは国内にとどまらず中南米をはじめ諸外国に及ぶ。しかし北海道移住は、そうした海外（国外）移住と比べたとき、果たして同じ文脈で捉えられるような本土（内地）離脱であったのだろうか。北海道移住とは何であったのか。単なる歴史的偶然にすぎなかったのだろうか。

北海道移住に関して三つのキーワード（移住因子）が提示される（大庭幸生「北海道移民送出地域類型化の試み」永井編、「コラム2」前掲書）。①排出（push）、②誘引（pull）、③意志（will）である。①排出は、元居住村での農業経営の分解や災害に伴う過剰人口によるもの、②誘引は、既存移民からの招きによるもの、③意志は、新たな新天地に可能性を求めた自らの選択によるもの、の各態である。

近代における北海道移住が（以下は大庭幸生・前掲書および永井秀夫「北海道移住と府県の状況」〈「コラム2」前掲書第二章第三節〉、桑原真人「北海道移民の創出過程」〈「コラム2」前掲書第二章第二節〉などを参照したもの）、特定地方、特定県に集中していた理由は、初期の士族団や結社等による集団的移住を別にすれば、多くは①及び②に求められる。ただしこの場合、②の「誘引」のなかに、徳島県民の集団移住に見られるような近世段階に遡る漁業資源（藍作用の魚肥（鰊）の買付け）が基層的な誘引因子となっている事態も予想され、この事例は西廻海運が運行していた日本海沿岸から西日本さらに瀬戸内地方からの移住民を理解する上には一つの共通因として重視すべきようである。また①による例は、圧倒的に東北諸県が多いとされるが、富山県内陸部ほか中部地方の例もこの部類に入るようである。

一方、③の「意志」の場合は、農民層に代わって地方都市の商工業者層による移住が中心であったというが、この「意志」の移住史的位置はさらに問われる必要がある。短絡的には、①②も最終的には人の意志によるものであることに変わりないからであるが、より根源的には、移住理論は③を含めて唯物論的な視点によるものであるからである。

再び鷲巣さんの開拓を志した北海道移住が思い起こされる。それはまぎれもなく③の「意志」によるものであった。しかし資本主義的な経済要因を第一因とするそれではなかった。なぜなら鷲巣さんはその時、東京の大手出版社（旺文社）に職を得ていたからである。したがってこの鷲巣さんのような例、あえて言えば思想的要因を第一因とする「意志」による移住があらたに問われることになる。

豊かな安定した生活が見込まれた東京での生活を擲ってまで行われた北海道への移住の「意志」とは、①~③の北海道移住因子に対してどのような立場を取ろうとしているのか。ここで思うのである。①~③とは異なるもう一つの因子を、である。それは、①~③と異なりながらそれをも含み、かつ鷲巣さんの「意志」をも含みこむものであって、まさに普遍化される概念ともいうべきもの、すなわち④「志向」のことにほかならない。

この「志向」に対応する英語を手許にある辞書（『新和英中辞典』研究社）に求めると、intention、inclination などがあり、さらに文語に orientation があるが、ここで拘りたいのは、文語の

orientation である。その動詞形 orient は、定冠詞を付した the Orient で東方諸国の意になる（『岩波英和大辞典』）。語源は、「日出づるところ」すなわち「東方」という方位を意味するラテン語のオリエンス（Oriens）である（『世界大百科事典』平凡社）。即座に思い起こされるのが、よく知られた次の一節である。

"ex oriente lux"（エクス オリエンテ ルクス「光は東方から」）

このラテン語の箴言に知られるとおり、英語 orient が「志向する」という動詞形をつくるのは、まさしくローマにとって文明の発祥地である東方世界（古代ギリシア、オリエント）へ向けた、憬がれの方位感覚（歴史的方位感覚）をそのなかに引き継いだものだった。

そして同じ位相において、今まさに北方への方位感覚を問うのであり、その意識の始原たる「北方志向」のなかに北海道（蝦夷地）を想うのである。人々を北に向けるもの、あるいはそれが（北方志向が）内地人の自己発現たる「民族的意識」を刺激しているのであればなおさらのこと、歴史的時間の厚みのなかで形成されてきたその今日性を遡りたいのである。

「北」は必要に応じて語られる。あるいは人によれば、「北方志向」それ自体を疑い、時代的とりわけ近代的産物ではないのかと指摘するかもしれない。だからいまだ個人的問題として、車窓の景観に向かう。そして、そのかつて原野だった頃の姿をあらためて思い、札幌駅に直走る特急列車の揺れのなかで移り去った時代の影を追い求めるに止めおく。なお次の文献では近世の蝦夷観（北方観）を辿っている。菊池勇夫『アイヌ民族と日本人』朝日選書、一九九四年。

第3章　『メタモルフォーシス』の詩篇
——鷲巣繁男の「詩法」

序——書くことの理由として

1　中原中也の「次作」

詩はどのようにして書き継がれていくのであろうか。書き継ぎを個人としてどう受け止めているだろうか。たとえば詩作が生涯にわたっている詩人の場合、前作を超えることが条件になって次作が生み出されるのであろうか。そうだとしたなら、かかる場合の目安とは何なのか。そもそも目安などという基準めいたものがあるのか。相手は詩である。学術論文のようにはいかない。したがって前作を超えるなどという発想自体が疑われてしまう。いかにも要領を得ない問い方だと言われかねない。深める（あるいは高める）という捉え方のほうが穏当である。その場合でも、超えると深めるのではどう違うのか、深めるなら何を深めるのか、など定見を得るのは容易でない。手っ取り早く具体例に当たるしかない。

たとえば、中原中也の場合である。『山羊の歌』より『在りし日の歌』のほうが生命的な深さに届いているとしよう。そのまま前作を超えたのである、深められたのである、と言ってしまってよいのか。そう簡単ではない。一般的に言えることは、エチュード的な初期詩篇ならまだしも一人の詩人として自立した後では、次作が前作をどのように振り返るのか、その優劣の判断を含めて単純ではない。かりに中原中也に幾許かの余命が保たれて、三作目にまで手が届いていたとしたなら（二作目も没後の翌年刊行であったのを考えれば、仮定どころか三作目を口にすること自体が酷というものだが）、前作（二作目）との関係は、その前の作（第一作）にまで遡るので、その分再考を余儀なくされる。「深める」として捉えた見方も自ずと再検討を要する。それでも、前作（二作目）に対して否定的に立ち現れる形は予想がつかないので、そう易々と「深める」の評価が覆されるとは思わないが、第一作の音楽性を再現的に取りこみながら、第二作とは異なる生命線の軌道の模索が行われていた可能性はある。ただしそのこと自体、中也の現世復帰なしには容易に実現されそうもないことなので、中也を例にとった生涯にわたる書き継ぎ論は好例とは言えない。

2　萩原朔太郎の転回

その点で萩原朔太郎の場合は、詩史上の重要性から見ても適例である。とりわけ朔太郎における「深める」の在り方は、日本語表記のそれと軌を一にしているからである。見方によっては表記自体が、次の詩集発刊の意義となっていたとまで言える。一般に「スタイル」と呼ばれている（自ら呼んでいる）朔太郎の詩学のことである。刊行順に辿れば、『月に吠える』スタイル（一九一七）、『青猫』スタイル（一九二三）、『純情小曲集』（一九二五）と『氷島』（一九三四）との両者を括った『氷島』スタイルの大きく三スタイルとなるが、朔太郎の詩を読むとは同時に「スタイル」を読むことであり、朔太郎を論ずるとは「スタイル」を論ずることでもある。

その点で興味深いのは、「愛憐詩篇」である。刊行されたのは、『青猫』後で、形としても最新作の『純情小曲集』のなかに収載されるが、詩歴の上では最初期の詩篇（一九一三―一四）である。併載を容認するのは、『純情小曲集』の文語詩法という「スタイル」が仲介役を果たしたからである。「愛憐詩篇」は文語詩だった。つまり朔太郎は、詩作を文語詩に開始したのである。極論すれば朔太郎詩は、「開始」を開始しないことに始まったのである。『月に吠える』とは、スタイルであると同時に反スタイルであった。彼における「深める」とはこのことだった。

前書き序に朔太郎詩の流れを「スタイル」として一瞥しておくなら、文語（「愛憐詩篇」一九一三―一四）から半口語（『蝶を夢む』後半部・一九一六、『月に吠える』一九一七）、そして口語（『青猫』一九

二三、『蝶を夢む』前半部・一九二二、「青猫以後」一九二八)、反転して文語(『純情小曲集』一九二五、『氷島』一九三四)となる。一転してではなく「反転して」としたのは、この後で周知の『日本への回帰』(一九三八)の上梓となるからである。しかも「反転して」に対して、「望むらくは新人出でて、僕の過去の敗北した至難の道を、有為に新しく開拓して、進まれんことを」(『氷島』の詩語について」『詩人の使命』一九三七)と述懐しているのである。そればかりか「自辱的な「退却」だった」(同)とまで口にする。それでもこの「スタイル」しかなかったし、少なくとも詩人の中では「深まり」だった。「深まり」に同意する自分にも実は好意的だった。一文は、まさに「自辱的」なものとして読む必要がある。

それでも問題である。何に対しての同意なのかは厳密に問わねばならない。通り一遍に解してしまえば、当然にその時の自分に対してとなる。ではその時の自分とは何かと言えば、それが朔太郎には問題なのだが、同じ内面的なものであってもより心意的なものだったことである。心意となれば正解も不正解もない。心意が『青猫』の際とは違っていた。故にそのスタイルである口語には拠れなかった、とは、実際、朔太郎自身が吐露するところである。これが「深まり」の梗概だった。いずれにしても「詩の原理」でなかったところがいかにも朔太郎らしい。

3 詩作への必然

あらためて問う。人は何を目安として深まった、ないしは高まったと自覚的に自己同意に至るのだろうか。何のために書くかに明確な詩学*を準備していた朔太郎が、「心意」によって「退却」を余儀なくされたからである。必ずしも作品評価と同一視すべきではないが（実際それが朔太郎の良さにも繋がっているからだが）、自明であった朔太郎の場合さえ、何のために書くのかに遡って表現の必然を問い直さねばならない。朔太郎における最終同意とはいかなるものであったのか。本来なら詩の深淵を覗きこんでいたはずの彼自身が答えておくべきだった。

いずれにしても、何のために書くのか？　書くことの理由は？などの生真面目な「必然性論」などは、まるで学生文芸サークルの合評会時の定番の切り込み文句でしかないかもしれないが、生真面目さと辛辣さは紙一重なので、人は、歳を重ねるに従い、まなじりを決したような意気込みが、赤裸々な内面の露呈以外の何ものでもないことに気づき、露わな自己表出の度合いは段々と薄まっていくが、薄まるにしたがって、創作力の方も減退していくことになる。減退していくことが自己を自己批判から救うからである。裏返せば書く理由とはそれほどに辛辣なものである。しかし、一度、手応えある言語感覚を手中にした者には、百万言も夢ではない。周辺詩人では、数年前に亡くなった平井弘之**は、そういう（百万言を生きる）詩人であった。一連の詩集の刊行（「書き継ぎ」）が、それ（「詩作の必然」）を自己解説している。

*「詩の表現の目的は単に情調のための情調を表現することではない。幻覚のための幻覚を描くことでも

ない。同時にまたある種の思想を宣伝演繹することのためでもない。詩の本来の目的は寧ろそれらの者を通じて、人心の内部に顫動する所の感情そのものの本質を凝視し、かつ感情をさかんに流露させることである。」（『月に吠える』「序」）。ただし、だから「心意」だと申し渡されると返す術がない。

＊＊最後の詩集を挙げれば、遺稿詩集となった『浮間が原の桜草と曖昧な四』（ミッドナイト・プレス、二〇一六）。

4　詩的内実の喪失

そこで本題である。鷲巣繁男の場合はどうであったのか。本章のテーマである。後年の一連の詩群が浮かべる壮観たる眺めからは、果たして書くことの理由を前にして額に皺寄せて自問自答を繰り返す姿があったかなど考えつきもしない。一連の詩篇は、確信に満ちた詩行群で埋め尽くされている。詩的態度としても後退的迷いは一切感じさせない。

しかるに本章の表題に採った『メタモルフォーシス』（第四詩集、日本未来派、一九五七）は、読み方によっては試行錯誤の産物であり、その過程――まさしく『変身物語』（オウィディウス）――なのである。しかし、後に詩人が好んで「変容」ということばを用い、そこに詩的営為の思いの丈を籠めるようになることを思えば、ここには自身の『変身物語』に「変身」以上の「変容」の位相を求める、高い形而上的世界への指向性が窺われる。しかしそれさえも詩作現場の実態として辿り直せば、苦し紛れの「寄らば大樹の陰」を想起しないでもない。カモフラージュである。試行錯誤の跛行性を高い目標設定によって高止まり状態に見せかけるのである。おそらく実際は発奮のためであったのだろう。それもこれも、詩作に向かわせ、その詩作を通じて自己対峙に向かわせる、かつての劇的な現実（森林開拓と都市流浪）を失ってしまったからである。

これは鷲巣繁男個人にとどまらない、生活者でもある個人の等しく抱え込まなければならない自己命題的な課題ながら、時代に翻弄された鷲巣繁男の場合は、とりわけ劇的であった。それだけに、現実や現実感の喪失は、詩的内実の喪失であり、そのまま作る理由を根底から揺さぶることになる。逆にその分、それ以前が詩的内実と深く関係づけられていた日々だったことを物語っている。北海道の原始林への開拓入植とその挫折という壮絶な体験と、挫折後の生活の困窮を伴った札幌流浪とを現在進行形とするなかで作られた詩作品は、作品の水準を問われても、作品を生み出す大本は問われない。苦難の日々は、すでにそれ自体が「文学」だったからである。故に作る理由も問われなかった。「作る理由」は、作品の側にあるのではなく、生活の側にあったのである。それこそ詩的内実であり、その構造だった。

すこし具体的に記せば、第一詩集『悪胤』（一九五〇）と第二詩集『末裔の旗』（一九五一）を一括した『定本詩集』（一九七一）中の「初期詩篇」は、それ以前の句作と創意を共有するものであり、第一・第二詩集直前までの開拓の日々を発意のベースとして、日常生活に去来する戦中戦前の来歴にも言い及ぶ詩的世界である。後年から思うと、詩人にかかる一時期があったのかも訝しがられる抒情を宿しているが、いくらエチュード的な要因を含んでいたとはいえ、抒情に流れる感傷的な自己を内済するのも、詩的感興をはるかに上回る、戦争体験を含めた生活の内奥にある現実が、詩作への転化を許しているからであった。続く第三詩集『蠻族の眼の下』（一九五四）は、定職を得るまでの打ち続く生活の困窮を背景としたもので、北辺流亡の想いがより強まるなかに要請された、強固な詩的内実の上に実践された詩作であった。辿り着いたのが連作詩「北方」だった。作る理由として総括すれば、それは流謫の血肉化であった。あるいはそこに至る過程のアンソロジーだった。

さらに詠っていくためには、あらたな生活の内実が必要であった。それが失われてしまっただけに現実の生活と次の詩集との間には、従来にない乖離が広がっていた。「作る理由」との距離である。あからさまに言ってしまえば、定職を得てしまったためである。道内でも中堅の印刷会社（興国印刷会社）に校閲・校正係として正規採用されたのである。引き換えは、流謫者の存立が脅かされかねない事態の到来である（以上は前章）。以下は、詩的内実を第四詩集『メタモルフォーシス』に問う読詩ノートである。

一　読詩ノート

第四冊目となる詩集『メタモルフォーシス』の刊行は、詩人四十二歳の一九五七年である。刊行元は日本未来派（鎌倉）、印刷は入社先の興国印刷であった。

目次を覗いてみよう。大きく四章立てからなり、独立して序詩一篇（「詩法」）を掲げる。「AMOR et MORS」（「愛と死」）「METAMORPHOSES」（「メタモルフォーセース」）「OMEN」（「豫兆」）「MEL」（「蜜」）（原題はラテン語。和訳は『評伝』による）と、いかにも後年の鷲巣繁男に相応しい観念的あるいは耽美的な題名であるが、詩章を構成する各詩篇の詩題はかならずしもそうなっておらず、「馬喰勘五郎の墓」「能吏変幻」「花を召しませ」「なぐられた彼奴《きゃつ》」など、詩章名に対して違和感を覚えるものを含んでいる。散文詩の比率が増し、第三詩集『蛮族の眼の下』では巻末三篇を飾るのみであったものが、第四詩集では詩体の中核となるまでになっている。ちなみに挙げた四篇はいずれも散文詩である。その一方で後年の前身作となる長編詩（「大流蜜期」）を得て、同詩篇をもって巻末詩とし一巻を閉じる。

詩人の魂に憑かれたようにして精力的に評伝を著した神谷光信は、第四詩集をして「この詩集は過渡期の産物である」（前掲『評伝』二〇四頁）としているが、まさに詩人の詩歴上、次のステップにたしかな質的向上をもって移行する上での中間的な詩集であった。それを詩的葛藤と読み換えて詩学的観点から辿ってみたい。

1　主語の転位

（1）仮託主語

最初に指摘しておかねばならないのは、第三詩集の主体的な主語であった「おれ（オレ／俺）」から「わたし（私）」への転位である。「作る理由」を一身に纏って強靭に詩行を立ち上げていた「おれ」に比べて、「わたし」の場合は、相対的に自己との関係が結びつきを弱め、その分、詩行との間に距離を空けてしまう。したがって主語の転位とは、「わたし」をそれまで以上に作る理由の側に引き付けなければならない技法的模索でもあった。一つの方法が、主語を他者に借りること、より正確には託けることである。かりに「仮託主語」とする。同詩集から事例を掲げてみよう。

事例1

はりつめられたわたしの形象よ、
わたしを促す　限られたわたしの輪郭よ、
わたしの羽搏きはわたしを生み、
わたしに触れる物皆の　顫へるあはひ。

（「白鳥」初連）

ここでの「わたし」は、『古事記』中の「白鳥」すなわち倭健命である。それを明かすためにエピグラフが用意される。「故其地に御陵を作りて鎮り坐さしめき。……然れども亦其地より更に天翔りて飛び行ましぬ。〈古事記〉」と。

事例2

いかなるたくらみの矢で　ねたましくわたしを狙はうとも、
おお　小心なる〈時〉よ、
わたしは滅びない――と、わたしの肉がわたしを文へる。
光りはゆあみする。ひかりは光りの中で黒髪をねぶる。
わたしの裸身は溢れ、おのれを食み、おのれを吐く。……かぎりないひとりを。
日輪《ひ》よ、御身に対《むか》ふ一点のわたし。
なんといふこの拡がり！　非在へのあらがひ。
ぬばたまの闇より顕はれ出でて、熟れた　虚妄の果実《このみ》、
わたしの珠玉《たま》、わたしの乳房《ちち》。
ただ　わたしへのかすかな羞らひ……

（「十市断章」初連）

詩題だけでは分かりにくいが、後段に「わたし」が呼びかける相手が「皇子大友」だったと明かされることから、「わたし」とは大友皇子の正妃であった十市皇女であることが判明する。壬申の乱（六

七二）で父（大海人皇子＝天武天皇）と夫（大友皇子）が争い、夫を失った後、天武天皇の治世下に移った後も皇子大友の正妃であったことの苦しみが、性差を超えて「わたし」を他者（女性）に求める背景となっている。その苦悩が強く詠われている部分を掲げれば、「神よ、わたしは御身を呼ぶ。わたしは瀆されたもの、瀆されし幻を負へるもの、／いな、わたしはいまだ常処女と。／神よ、御身は言はるるのか。滅びることを希はぬもの、／瀆るることをいとふもの、愛とともには炎えつきぬもの、／それは狂ふにあたひするものと。」（第五連後半五行）である。

事例3

はげしい風と闇の彼方に、エウリディケーよ、おまへは遠ざかる。

わたしは振返る。罰されるため、わたしがわたしにかへるために。

断たれゆくものへ、ヘルメスよ、おんみは黙しかなしむ。

自然《プシス》は再び近づいて来るだらう、わたしへ、わたし孤りの核に。　（「エウリディケー」初連）

詩題がそのままに「わたし」の誰なるかを物語っている。すなわちオルペウスであることを。毒蛇に咬まれて亡くなってしまった妻エウリディケーを冥府から連れ戻そうとして、冥府の神であるハデスとの約束を破って最後の瞬間に振り返ってしまうオルペウス。永遠にエウリディケーを失うことになってしまう、この周知のギリシア神話に「わたし」を仮託できる根拠はと問えば、直接話法に転換しうる「罪」と「代償」であった。
振り返りは単なる過失では済まされない「罪」に値する愚行であった。その罪に重なるのが詩人の戦争体験である。ただし詩人の場合は、振り返らないことが罪だった。敗戦後の日本人の戦争に対する態度が、詩人の罪過意識を高める。罪に対する「代償」とは、オルペウスの場合にあっては、マイナス（ディオニュソスを信奉する女性）たちによって後に体を引き裂かれてしまうことである。対する詩人の場合にあっては、敗戦後の罪の意識を背負った北辺流亡の苦難の日々を背負い込むことである。罪に対するかかる代償を経て詩文が辿り着く先は「愛」であった。そのくだりを引けば（末尾二行）、「死の底でわたしを支へつつ、エウリディケーよ、限りないおまへの愛が／わたしを待つ、闇の彼方の微かなためいきゆゑと。」である。しかし、「闇の彼方」とはおそらく「流謫の先」であった。故に叶えられない「愛」を待つ彼方であり先である。「仮託主語」によってはじめて生きられる（生き直せる）宿命だった。

（2） 自己内主語
次は自己を自己として無条件に重ねられる「わたし」の事例である。かりに「自己内主語」とする。

事例4
マーシャよ、雪は闇を急ぐ。

わたしは急ぐ　前のめりに。

わたしの眉の谷に雪はちぢれ　ひかりを呑み。

荒ぶる雪はむほんをのみ下し　けもののやうに闇に華やぐ。

並んで歩く頰あかきものマーシャ。裏切りを知らぬ
素直なえり首。失墜を知らぬ
充実のひとみ。

いつの日かおまへがゆびさすであらう　炎の中の父。一点の死。

ああ　その死はまことあきらか。その業はつねにほとび。

マーシャよ　父になべて子は重い。（「SCHNEEKÖNIGIN ――十二歳のマーシャに――」初連）

ちょうど日誌的にも長女真弓が十二歳を迎える年頃になっているので、身辺詩としてよいものである。次連以降の内容にも齟齬がない。娘に向かって詠うにはとくに資格は要らない。ここではそういう「わたし」に重なる「わたし」である。ただし、娘の成長を願って終わってしまうだけの家族詩ではない。詩行が進むに連れて唐突にシリアス感が深まるからである。

父である己の「業」の果ての「死」を、罪に汚れていない、またこれからも汚させはしない、無垢にして純真なる娘の正しきに契機を得て勇んで運命論を試す（課す）。罪深い己を先行的に措定し、身辺詩から心情詩へと説き起こそうとしている点では、自己の他者化を試みる「わたし」でもあるが、

やはり娘（「おまへ」）は自己内主語のなかでしかない。「さかまく雪に　今は遠ざかりゆくマーシャよ。／おまへは旗を振る。／たしかな死への歩み、その私をば祝福する――――／と。」は、最終連である。

事例5

蚊がくるしんでゐる。女はとほく旅をしてゐる。闇には桃の匂ひがする。
お丶羽毛よ、ひとたび人間のおよびに触れたつばさよ。
かりそめのけがれが、今おまへを　むしばみ初めてゐるのか。

（五行略）

蚊がくるしんでゐる。わたしの前に。ゆゑもなく。しかしそれがことわりなのだと……。
女はとほく旅をしてゐる。私からとり戻した羽毛に曙のひかりがおとづれるまで。
お丶　見えない舞よ。あなたはめぐる。はてしない夜を、ゆゑしれぬ哀への中で……。

（「夜の羽衣」）

単連詩である。副題（「――去っていったひとに――」）から見ても恋愛詩であろうか。とすれば「わたし」への理由付けの説明はさらに不要である。省略した中間部五行に観念的な思念を凝らすが、前作、愛娘への詩以上には自己内主語からの他者化は深まらない。もともと必要がないからである。そこにあるのは単連詩の枠組みに充足し、詩行に身を潜めることができる「わたし」である。本人にも分かっていたはずである。なお詩作の経緯は詳らかでない。単純に詩作上の一試みだったのかもしれない。
以上は「AMOR at MORS」の詩章の諸篇である。同詩章には、ほかに主語として「おのれ」や「少年」がある。「おのれ」の場合は、第三者的に姿を忍ばせた主語（第三者的主語）の例としての処理も可能ながら、「少年」では定着感のある主語となっている。「初期詩篇」から続く主語であり、後の詩法に引き継がれていくものである。二篇が見出せるが、一篇のみを掲げる。「少年」を借りても仮託主語ではなく、やはり「自己内主語」である。

事例6

朝
少年が空気銃で雲を撃つた
夕ぐれ　伝説の中で夫人は倒れた
すでに　いちにち　刑事たちは走り　怖れは街をおほひ
喪は　むらさきに花々の唇に兆してゐた
昨日　少女は少年を意味なく嗤ひ
銃をいだき
少年はイカルスよりもみじめなのであつた

（「夏」全篇）

「イカルス」の挿入によって水平的な回想だけに失墜させまいとするほか、浪漫的小説の筋立てを弄するが、「少年」に自己を抒情的に謳る域を出ていない。無条件に自己同化が可能であるが、「作る理由」を生む主語としては、前詩集の当該部分のようには立ち上がってこない。形式化してしまったといえる「自己内主語」である。

（3）　踏襲主語

以上に対して「OMEN」の章では、前詩集『蠻族の眼の下』で主題と化していた「おれ（俺）」が、主要な主語の一つとして引き継がれている。しかし、前詩集に漲っていた前面化にも顕在化にも乏しく、また詩篇としても小品である。一篇だけ掲げておく。ひとまず「踏襲主語」としておく。

事例7

河岸の芝生にねころばう
おれは波旬《パーピマー》、ダニール・ワシリースキー
眼をつむれば彩《いろどり》の智慧の輪あそび
今おれは心弱く怠けてゐよう
あゝ　たぎる太陽とほく吊られ――
かがやく蟻がつきあたると

おれはたちまちスフインクス

（第二連略）

古武士のやうにいかめしく雲を従へたこの街々の
河岸の芝生にそつときて　ねころばう
眼をつむり　彩の智慧の輪をころがして
おれも呼ばう
アーナンダのやうな美しい書記を――
このひとときのまどひをしるすため

（「午後の魔」第一、三連）

角が取れて丸くなってしまった感さえある「おれ」であるのには詩人自身としても照れ臭いほどに自覚的であったのであろう、不本意を挽回するべく変貌の術によって「変容」を試みる。原始仏教における大悪魔である「波旬《パーピマー》」に身をやつしてみたり、ギリシアやオリエントに飛んで「スフィンクス」への変わり身を果たしてみたりする。その挙句、最後には変貌を「まどひ」として、無為に過ごす日々の自己記録を釈迦十大弟子の一人アーナンダ（阿難）に託そうとする。思いがけなく「ダニール・ワシリースキー」なる聖名をもじった偽称の登場を目撃することになるが、第六詩集に記された

「ダニール・ワシリースキーの書・第壱」の前身ではない。なぜなら正教の受洗名であるものが仏教下に借用されているからである。しかも聖名とは打って変わって悪魔の名としてである。

言葉遊びである。「知慧の輪をころがして」と記すからである。したがって「スフインクス」の場合も同じである。メソポタミヤ神話のスフィンクスやギリシア神話のスフィンクス（スピンクス）として解れば、その姿はライオンの身体に人間の顔をもって、かつ両翼をもつ怪物となる。両翼はすなわち鷲の翼であった。したがって鷲巣繁男に自動的に導かれる仕掛けである。それでも省略した第二連では観念に働きかける。しかし、かつての哲学的な厳しさを兼ね備えた思考は、「河岸の芝生」にねころぶところからは生まれない。「知慧の輪をころがして」の延長でしかない。言えることは、「おれ」ではもはや「作る理由」を心昂るようには生み出せないことだった。

2　散文詩の試み

（1）　詩学の実践場

次は過度期を象徴する散文詩である。散文詩は、二篇（「蜃気楼」「光の中で」）を除いて「METAMORPHOSES」の章に集中している。詩章名は詩集名ともなっている。特別の思い入れがあったにちがいない。同詩章は、短い序詩「フォーヌと母」にはじまり、「馬喰勘五郎の墓」を最初のそれとして、二連構成の改行詩「枯木の道」を間に置き、以下「能吏変幻」「花を召しませ」「なぐられた彼奴」「双頭の鷲」と四篇を並べて締めくくる。これまでにない詩題が中心を占めるのは、形而上性を試しながらも、その一方では詩章の副題が示すとおり反形而上的な指向性をも併せ持っているためである。掲げられた副題とは、ラテン語で綴られた「Satirae vel Satyri」である。続くパーンたる半獣神フォーヌを詩の題材とする、マラルメの「フォーヌの午後」を意識したに違いない序詩（「フォーヌと母」）がそれを承ける。意図的である。サテュロス劇を真似ていたのである。と言っても対義語的に両極性を際立たせる効果だけを狙っていたわけではない。逆だった。一種の弁証法を企図していたのである。

なぜならサテュロス劇は、ギリシア悲劇のなかで悲劇三作とサテュロス劇一作をセットとして演じられたもので、表面上は「悲劇のすさまじいアクションの後の一種の鎮静剤、解毒剤」（人文書院版全集Ⅰ、高津春繁、四二頁）であるが、完全な形で現存する唯一のサテュロス劇であるエウリピデスの『キュクロプス』の「解題」（同全集Ⅲ、竹部琳昌、四〇八頁）では、「単にふざけた道化芝居とは見られないものがあり」と、悲劇に通じる創作的精神の高さに触れている。三作連続で悲劇を先に演じた後、その日の最後にサテュロス劇が演じられる。実に構成的である。解放感のなかに齎されるもの、到来するものは、悲劇への遡及的働きかけとなって、最終的には悲劇性から現実に連れ戻すためであったとしても、しばらくは混沌として人々を異次元に紛れこませる。戯作化とはある種の「変容」であった。詩に戻れば、「変容」に参画するのが一連のエピグラフであった。以下では読詩の視点を主語関係からエピグラフに転ずる。ここには新たに詩学を構想する挑戦的な詩人の意気込みがある。

（2）　エピグラフ1―荘重―

まずは「馬喰勘五郎の墓」である。「マタイ伝」からの採録である。

パリサイ人よ、汝らは預言者の墓をたて、義人の碑を飾りて言ふ、「我らもし先祖の時にありしなば、預言者の血を流すことに与せざりしものを」と。〈マタイ伝〉

しかるに本篇の方では、「柩ニハ溢レルバカリ花ヲ。」と、墓ならぬ柩から語り始められる。柩に入っているのは、馬喰勘五郎である。詩の主人公である。「パリサイ人」ではない。あえて言えば、その属性は「義人」である。

敗戦で一夜にして世の中の価値観が一変してしまったなかで、それ以前――それ以前とは、冒頭部「柩ニハ」の口上以前であるが、ある競り売りが行なわれる。そのくだりを綴るのである。昨日は尊徳二宮金次郎像がたったの五円で競り落とされる。今度は御真影奉安殿（石造り）の番である。一円から始まり二円五〇銭まで競り値は吊り上がる。これで決まりかと思ったところへ勘五郎がなにを思ったのか、五十円という無鉄砲にも程がある高値をつけたのである。一同の驚いた呆れ顔が一斉に勘五郎に向けられる。最初に一円の値を付けた砂金採りの甚兵衛が、「イツタイ勘五郎サンナニスルダー」と恐る恐る問う。返ってきた答えは、「墓ニスルダ、オレノ墓ニヨ！」の一声だった。その放談を介して冒頭（「柩ニハ溢レルバカリ花ヲ。」）への立ち返りとなる。以下は冒頭部を承けた最終場面である。大きく略して掲げる。

ゲニ、ナニハブシノ勘五郎ヨ。オマヘハアスカラソノ墓ノ中デ、永遠ノ眠リヲ眠ルノダ。（略）
学校ウラノトド林ノ、金文字入リノオマヘノ墓ガ、オマヘヲ不滅ニスルタメニ。
柩ニハアフレルバカリ花ヲ。野ニハ吹雪ガハシリ。トド林ニハカラスガ啼キ。オマヘハイソグ。
アスシヅシヅト奉安殿ヘイソグ……ソノ前ニチヨツピリ焼カレ。

略した部分には奉安殿を競り落とした理由が記されている。そうでもしなければ天子様をお守りできないのだと。強烈なアイロニーである。詩人はかつて天皇崇拝者（ただし古代天皇の）だった。エピグラフとした「マタイ伝」からの引用は、さらにその効果を高めずにはおかない。「マタイ伝」第二十三章十三―三十六の「聖書学者、パリサイ人の偽善」のくだりを、日本の敗戦の前と後のそれ（偽善）に重ねたからである。そのなかでも最大の偽善である預言者の死に対する弁解（パリサイ人の自己弁解＝日本人の弁解）に、戦前戦時中の国家の象徴的な代物であった奉安殿の競り値（安値）を掛けたのである。かつて「おれ」として発語していたくだりを「悲劇」の台詞とすれば、ここではサテュロス劇のそれとして、同劇がつくる反面教師に語らせてみせたのである。詩体を散文詩としているのも、深読みすれば、韻文改行形の荘重な響きをわたらせる悲劇との差別化を図ったためである、と想起するのも詩作者の意図に沿った一つの読詩態度であると疑わないところである。

（3）　エピグラフ2―懐旧―

次の「能吏変幻」は、敗戦直後の混乱をエピグラフの漢詩世界に絡めた諷詩作品である。「ニコヨン」（日給二四〇円の低賃金で働く日雇労働者のこと）で暮らす夫婦の悲哀が、明日の命を左右する官吏（ここでは「能吏」と皮肉る）の差配ぶりに風刺化される。散文詩は、ほぼ俗語の遣り取りで占められ、詩文に相応しい修辞は皆無である。意図的に避けられている。それがかえって野卑な俗語調によって社会の底辺に深く切りこみ、時代相を鋭く抉りだしてみせる。エピグラフの効果でもある。

引かれたのは、杜甫の三吏三別六篇の一篇「石壕吏」のわずか二行分（五言古詩の起連の一部）であるが、象徴的なくだりである。

吏呼ブコト一ニ何ゾ怒レル
婦啼クコト一ニ何ゾ苦シメル
〈杜甫・石壕吏〉

吏はなにを怒り、婦はなにを苦しむのか。吏は徴兵係である。家々を襲い容赦なく引き立てていこうとしているが、目当ての男がこの家にはいないのである。気配を察知した家の主（老翁）は、直前にこっそりと逃げ出してしまう。代わりに戦場に赴かんとする婦女（老婦）の胸中がこの後に詠われる。この時代、婦人もこのように「参戦」（飯炊き）することがあったのである。老婦の心中にあるのは、自分が征けば、逃げた夫も追々戻って来るので、残された娘と孫の生活も立ち行くであろうという、家族の安泰を願う気持ちばかりである。

大戦末期から敗戦直後にかけて土木工事現場（山梨県身延）で共働きした経験が下地になっているに違いない。その時夫以上の働きぶりを見せた妻を回想していたのである。体験が先立つというより、散文詩という詩形式の立ち上げを仲立ちにして再認識（再評価）した懐旧的な体験（エピソード）であったに違いない。作品がそう語っているのである。どこか後付け的で、こじつけ気味な「創作」に解れるからである。

（4）　エピグラフ3――聖俗――

次の「花を召しませ」は、詩題が暗示するように意表を衝いた実験的な作品である。まず詩本体冒頭部を示しておこう。

壁にかかつてゐる上着はうしろむき。壁に匐つてくる〈ひばり〉の歌。
主人はヘルツノイローゼ。昨夜は酔ひ、コミュニスト・ヤポンスキーの眉間を割り、おのれは鼻をすりむいた。傷よ、傷口よ、愚昧な弟子たちよ、そして又、非業の死よ、煩瑣な末流よ、阿毘達磨大毘婆沙。善財流浪に飽きて、寝そべつて読むオウィディウス・アルスアマトリア。自動車に雪どけの泥を浴せられ、とび込んだラーメン屋。並んで喰ふ女の子たちへのてれかくしに、主人は焼酎をもう一杯。精液を噴く巨大なプリアップを支えてゐる悲しい顔つきの僧さながら。

冒頭一行目の「〈ひばり〉の歌」とは、エピグラフに直結して立ち上げた一行である。後続の仏教関係のくだりも同様の立ち上げ方である。そのエピグラフとは次のとおりである。

阿陀那識ハ甚ダ深細ナリ、一切ノ種子ハ瀑流ノ如シ
〈解深密経・心意識相品〉

花を召しませランララン　愛の紅バラ　恋の花
〈当世流行歌・美空ひばり〉

両エピグラフは、聖と俗を際立たせるように併置される。当時の詩人の姿の引き写しである。一時期の無頼な日々の生活を背景として（『評伝』一六九頁）、やけっぱち気味に斜に構えて手荒くなぞった後に、気が済んだのか、歌謡曲にリズムをとりながら陽気な裡に擱筆する。以下はその最終節。繰り言に明け暮れる三節分を大きく省略して掲げる。

主人はやがて消えるだらうか？　阿頼耶識は残るだらうか？　ヤポンスキーは裏切るだらうか？　輪廻の中で、見しらぬ犬が吠えつづけるだらうか？

壁には匐つてゐる〈ひばり〉の歌。ひとびとは胸に手をあてて聴いてゐる。

家出した田舎娘のやうにうつとりと。花を召しませランラン……と。


主語は「主人」で詩人自身である。仮託の形はとっていない。『評伝』の語るところによれば、詩人は、当時、心臓神経症（ヘルツノイローゼ）に苦しんでいた。実際は頚椎損傷。二十年近く経って判明（同一六三頁）。また文学関係の一人の女性（東京から来道した女性詩人）と懇意になったこともあった（同一六九頁）。それがオウィディウス・アルスアマトリア――古代ローマの詩人オウィディウスが著わした『恋の書』＝アルスアマトリア――として記されることになる。あるいは深酒が過ぎた時などは文学仲間としばしば口論となったようである。それがコミュニスト・ヤポンスキーとなる。

かく本作品は、『評伝』に知るところで詩の組み立て方が解釈可能であるが、実験作とする所以は、作る理由が、修辞への新たな挑戦と読み換えられるからである。しかるに詩人を満足させる水準は保たれていない。逆に呻吟する姿が浮かんでしまう。対極にあるエピグラフ間の乖離は、詩本体とそれとの乖離にもなってしまう。とくに仏教との内的連繋を維持するのは至難だった。浮いた感じが否めないからである。書く必然は本人を遠ざかろうとしていた。結局、「作る理由」を「作る理由」とする詩作にしかならなかった。後続（「なぐられた彼奴」）ではエピグラフが落とされる。エピグラフから散文詩を構想する限界だった。限界こそが「作る理由」にとっての成果となる。

（5） 小説指向1

戦時中の事実関係に基づいた創作なのか、描写には眼前に具体的な情景を浮かび上げる迫真性がある。そして、そのようにして詩篇中には上官に殴られる一兵士がいる。家（日本の家）に帰りたいあまり自傷を試みたのである。実際は真似（「銃剣を腹に突刺す真似」）だけだったが、喚びだされたのである。執拗な問いただしに答えた内容はと言えば、日本にいる若い叔母のことであった。姦通していたのであった。咄嗟に軍曹の大きな平手打ちが、男の頬を激しく見舞う。その勢いで地上にそのまま倒れこんでしまう男の軀。しかし、散文詩は次のように始まっていく。一連の経緯は後段で明かされる。

その荒寥とした部屋の窓ぎはに、ただ一つのピアノがあつた。それは埃つぽいとげ立つたホスピタルにおよそ似つかぬ、真新しく巨大な代物であつた。何者が、何ゆゑに、このやうな物をここに運び据ゑたのであるか。しかし、そこにピアノは存在した。そして今、扉があくと、いきなり髑髏のやうな容貌の男が入つてきて、しづかにその前に坐つたのであつた。髑髏のやうな——彼の眸は、どこを見てゐるのかわからぬまま、或る一箇所をみつめてゐるのであつた。ふと彼は微笑した。

（「なぐられた彼奴《きゃつ》」冒頭）

この場面だけだと舞台が戦場であるのに気づかないが、続く一節に「窓の外には国境の街があつて」とあり、さらに「下士官の膝で春婦が唱ひながら」と出てくるので、一気にシリアス感が深まっていく。詩題の野卑な響きと袂を分かったように開始する、ゴチック調にも立ち上げられた冒頭場面を承けて、男の指が狂ったように鍵盤を捉え、「目にもとまらぬ速さ」でピアノを弾き続ける。それもショパン、シューマン、ベートーヴェンである。

この直後に平手打ちのエピソードが唐突に立ち上がる。改行もしないで同じ文脈に載せられる。非連続を連続とする継ぎ方は、詩の特権であるとはいえ、一方（平手打ち）が生々しすぎて、ゴチック調のくだりは違和感では済まず、読み手側をたじろがせずにはおかない。それでも詩人の日本語能力は卓抜である。戦場とピアノとの不整合を異郷の趣きに変えて妖しく詩情を漂わせてみせる。以下は殴り倒された後である。

街の向ふには一木もない曠野が果なく拡がり、日輪を狙ふいまはしい雲は、その曖昧なあたりから湧いてゐるのであつた。奇怪な弾奏者は曲を続け、荒寥たるホスピタルは静かに旋回し始めてゐた。千の指の中に踊る時間の合間に、彼の叔母の白いししむらは息も絶えだえであつた。窓の下には街があつて、春婦はまだ下士官の膝に乗り、指はいきいきと踊つてゐた。……千の兵士達が卑猥な唄を合唱して。

ここで終われば、味わいのある異国情趣に富んだ大陸文学にも読み換え可能な、日本国の外に閉じた時空の創出に成功することになる。戦前であったなら安西冬衛主宰の同人誌『亞』にも相応しい内容である。掲載されたなら諸詩篇との交感度を高めることになるであろう。しかし作品は、ここで終わらなかった。詩人の「大陸文学」は、敗戦後の本土で再び戦争を生きねばならなかった。それが散文詩篇を終えさせない理由であり、しかも作品を歪める原因にもなってしまう。主題が追加されてしまうからである。それが連を分かって立ち上がる次の最終連である。直前部分から引く。

いきなり陽が翳つた。忽ち彼等は悉く白骨となつて歌ひ、歌ひわめいた。その時、髑髏のやうな男は、少年となり、いきいきと頬赤く、旋回する叔母は少女のやうに匂ひ出すのであつた。

そして、強烈な日が断末魔の光を再び街の一角に注ぎ、また翳るたび、兵士等は白骨に、白骨から兵士に、——少年は髑髏に、髑髏から少年に、——旋回するホスピタルの中で——叔母は少女に、少女から叔母に、旋回する曠野の中で、奇怪な弾奏の中で、卑猥な合唱の中で、——変貌はいつつきるとも知れぬのであつた。

断章風に織り込んだ「断末魔の光」（広島・長崎の原子爆弾の閃光を連想か）による殲滅場面後の死後の世界とも解れるこの場面は、そうした主題追加の意図はなかったとしても、それに近い転調を詩中に持ちこむ。しかし、後づけ的であることを免れられない転調が呼びこむのは唐突感でしかなく、まとめ上げ方も慌ただしい「旋回」のなかで終わってしまう。散文詩群中ひとり異色な諧調を保つこの作品は、後に詩人が手がける創作と連携してさらに深刻な散文作品（小説）を生み出すことになるが、散文詩の緊迫感に対する逸脱気味な小説的付加は、修辞としては詩を意識しながらも、否、それ故に逆に終結部の散漫を呼びこんでしまう。

ただし、「作る理由」たる内発力に思いを致せば、果敢に試されて然るべきであったし、次の第五詩集の副題に目を止める限りは、それも煥発力のある新しい詩材となって次詩集に発展的に繋がっていた模様である。すなわち、『魂のための神聖劇　神人序説　広島および長崎の霊に捧ぐ』（一九六二）のとおりにである。それも好しとされよう。

（6）　小説指向2

最後を飾る散文詩「双頭の鷲」は、冒頭部と終盤部に「わたしを支へてゐる喜劇」と二度にわたって「喜劇」を掲げ、喜劇に自己同化を試みようとしているが、作品自体は、アイロニカルな精神を基調に据えていても喜劇ではない。むしろアイロニーは、ここでも散文詩を散文詩であるより創作に仕向け、味わい深い作品に仕上げている。人間存在の侘しさや孤独感に散文的筆致の冴えを見せているからである。

小窓から外を覗くような限られた視野感に作品は始まっていく。視界を狭めた場面設定には、上掲ゴシック調に通じるところがあるが、ここでは眩惑的な要素は影を潜めている。むしろ即物的である。当時（一九五五年前後）の文芸思潮に引きつければ、どこか「第三の新人」張りである。掌編小説としても十分佳品たりうる。しかし、散文詩であり、散文詩を目的として制作されたものである。それがここでも無理を強いることになる。やはり過渡期の作品としなければならない。

まずは先に問題とした「主語」のこと。ここでは婦長がその役を買って出る。しかし、詩文からは女性が匂い立ってこない。影も感じられない。内省的な冒頭の展開部は、「おれ」とまではいかなくも「わたし」であり、事実「私」「わたし」として出てくるのであるが、浮かび上がってくるのは男としての「わたし」でしかない。


（前略）

雪が降る。聞えてくる、あれは安売のマーケットが鳴らす〈双頭の鷲〉。遠くでは歌ふ〈カチューシャ〉。堕ちてゆく雪の闇の、ずんずん深くなる闇の、私の底から昇る、もう一つの歌、キリエ・エレイソン！　キリエ・エレイソン！

あゝ、なんといふ他愛のない一切の結合、悉皆の離散。わたしは沈む、それら雑駁の音楽の底。私を支へてゐる喜劇よ。私の孤独、もうそつと私の傍においで。おまへの知らない新しい出来事をきかせよう。きのふ、けふ——だけど昔の事のやうにも思へて、わたしはひとりでに笑ひ出す。

孤独よ、しかし、黙つてお聴き！

しかし、直後、「わたし」から聞かされる話によって、「わたし」が婦長であることが明かされる。そう言えば直前では「黙つてお聴き！」だった。病院内の話である。夜更け、一人の男が病院を訪ねてくる。「婦長さん、あんたはここの婦長さんだね。何だつて、うちの女房に子どもを産めなくしたんでえ」と。その遣り取りがしばらく続く。婦長が赴任してくる前のおととしの話（そのときの手術の話）だった。結局は男の妻の虚言だったことが判明。妻にとって男は新しい夫だった。前夫との結婚生活のなかで避妊手術を受けたのを隠して、この病院で受けた子宮外妊娠の手術で産めない身体にさせられてしまったと説明していたのである。なぜおまえには子が授からないのだと責める男に対する釈明として。

婦長もカルテを調べてみて分かったことだったが、そのまま事実（実は避妊手術だった事実）を伝える。男の抗議もこれで一件落着となるが、本題部分はこれからである。子宮外妊娠自体は事実だった。それに男の「子ども」だった。なにを思ったのか、その際母胎から取り出した「子ども」の「形」が欲しいと捲し立てたのだ。当然ながら最初から「形」もなければ、「形」以前のものは決まりとして焼却処分することになっていた。「そんなら、その灰があるだらう」。今度は「灰」を欲しがったのである。

一昨年のことである。残っているわけがない。残っていてもほかの（直近の）灰しかない。すると、またもや思いもよらぬことを口にするのだった。「それでいいんだ。わつしはそれを、わつしの子どもと思ひ、大切に、永久にしまつておくよ。その灰を下さい。婦長さん。」と。そして用意してあった壺を差しだすのである。

困惑しながらも婦長は壺を抱えたまま奥に入っていく。嘘だった。灰などどこにもなかった。話を聞かされた当直医師は大笑いして、同時に男の振る舞いに腹を立てて、部屋のストーヴの抽斗を引くと、吐き捨てるように「これを入れろ」と告げるのだった。その直後、たっぷりと詰まった壺が男に渡されることになる。そして「話」の最終場面。

——お断りしておきますけれど、この灰はあなたのお子さんのではありませんよ。

と、わたしが冷やかに言ふと、あいつはなほもにこにこと、

——いいとも、いいとも、わかつてる。しかし、わつしはこの灰を、わつしの子と思つて抱いていくよ。いや、これは正真正銘のわつしの子さ。

眼よりも高く壺を捧げると、一礼して、大切さうに白布に包み、女房を無言で促した。女は青白く肯いた。

雪は激しかつた。扉をしめる間も、すさまじくタタキの上に入つてきた。

小説作品ならここで筆を擱く。冒頭の書き出しも「雪が降る。」だった。絶妙である。結局このまま終わらない（終えられない）のは、前の作品と同じである。小説との違い、つまり散文詩と小説との違い——意味づけの違いである。以下は詩論へのいささかの言及である。

（7）省略と加算

すなわち、改行詩ならここで終わってよかった。終わるべきだった。後づけ的な説明は避けなければならない。詩学の戒めでもある。浮かんでくるのは吉田一穂の厳格詩学である。「白鳥」十五章による一切の説明を遠ざけた言語の極相が語るものは、詩作品であるとともにそのまま一つの詩学であった。別の詩作品（「海鳥」）では、六行詩のうちの最初の一行と最後の二行は要らないようなものであると語った一穂である。要らないのは、その詩行が音楽性を帯びてしまったからだった。つまり言語的過剰だったのである（吉田秀和「吉田一穂のこと」前掲序章）。

実は同じようなことはかつて萩原朔太郎も晩年になって語っていた。大岡信の萩原朔太郎論に紹介されている。同氏が三好達治との対談の席上で聞かされたことである。後述の鷲巣繁男の「詩法」にも関係する。

萩原さんは、ぼくの書いたものを前に置いて、「詩というものは、前と後をヘシ折って書くんじゃ」と言った。それはね、簡単な言葉だけど、大事なことを言っているんだ。（略）今になるとよくわかる。だからね、先生はそういうこと、すごくよく知ってるんだ。あれも（三好達治の自作のことか、引用者註）、いかにだらだら書いているようなことがあってもね……。詩はやっぱり〝省略〟しなければだめだね。省略についての目安とか神経とか、そういうものを持たんければならんじゃないか？　この頃のは非常に散文的だな。散文精神なら、引っくりかえってもいいけどな。（大岡信『萩原朔太郎』ちくま文庫、一九九四。初出一九八一）

そして当の大岡信も、この朔太郎の教訓を、他人を介してであっても「身にしみて忘れられない」としている。吉田一穂を「一穂師」と呼ぶ鷲巣繁男にも分かっていたことである。師に倣うかのような作り方もしている。しかし、詩人は同じ道は選ばなかった。選べなかった。吉田一穂の言だけではなく、同時代詩に批判的な三好達治の言い回しに対してもであった。叙事詩への道とは「〝省略〟」の止揚でもあったからである。

しかしいまだ詩学には高まっていなかった。とくに上掲散文詩の場合は、「散文的だな」ではなく散文そのものだったからである。その意味では〝省略〟以前だった。むしろ必要だったのは〝加算〟だった。散文で終わらせないため、すなわち詩作品にするためであった。その加算部分が、次の前掲「双頭の鷲」終盤場面である。

わたしの孤独よ、お話はそれで終わりさ。それから先を、わたしは知らぬ。おゝ、わたしを支へてゐる喜劇。わたしは声たてて笑ふ。だが、それからは何も続かない。

雪が降る。あのひとは帰らない。あのひとはサガレン？　あのひとはモスクワ？

きこえてくるあれは〈双頭の鷲〉。孤独よ、おゝ、おまへは、わたしを呑まうとする。わたしは、
じつと目をつむる。雪の闇の底から、わたしの底から、昇つてくる歌――

キリエ・エレイソン！


課題があるとすれば、まずは女を「わたし」にすること。創り上げること。ということは当然に詩的エクリチュールと対峙（異性対峙）しなければならなくなるが、それも「キリエ・エレイソン！」（主、憐れめよ！）の超越性――すなわち祈りの前での性差の超越――で事済んでしまったのだろうか。そんなわけにはいかなかったと思われるが、結果から見れば、詩的試行は祈りの前に疾く回りこんで課題の回避の道を選び取っている。前向きにとらえれば、回避も次のステップ（叙事詩）への負の試金石となる。それも自覚的に。なんとなれば、同じ詩集のなかで叙事詩の誕生に立ち会うことになるからである。巻末の一大叙事詩「大蜜流期」である。

（8）　詩的疎外感

結局、第四詩集『メタモルフォーシス』は、改行詩に新たな主語「わたし」を模索しながらも、「わたし」が強く立ち上がらないことから詩語は自ずと制約気味に発意の度を弱め、詩体の弱体化を

招いてしまう。挙句が疎外感である。すでに改行詩に関しては主語の在り方から問いを重ねてきたが、こうした主語関係が問われた上掲詩篇以上に在るべき詩との間の主体関係が失われ気味な、まさに詩との一体化を実現しきれない詩的疎外感のなかに言葉だけを置き去りにしてしまったような、見方によっては逆に主体関係の喪失感をあえて創意とした幾例かを引くことができる。積み増しとして一例だけを示しておく。いずれにしても詩行に読み取れるのは拭い去りがたい詩的疎外感である。

光

喪に急げば　光　野にうごく
いかなる訃音か　わたしは知らぬ
変移へ　崩れるものへ　わたしは喘ぐ
並木は重く　花粉のにごり
花粉は交合の匂がする
ああ　ひとよ　手には熟れたる果実——その故を知らず

灯をともし蛾を狂はしめ　時を祭るか
野にうごく光は知らぬ
ソドムの火？　ヘロドの布告《ふれ》？

急ぎつつわたしは癈れ
サチュロスのごとく醜く渇き

とほく　子は日夜シンデレラを想ふ

（「OMEN」より）

もしかかる詩的疎外感のなかに散文詩への詩脈が追い求められたとするなら、同じ詩集に編まれることで「光」のような「小品」も立ち位置の景色が変わる。散文詩が借景として浮かび上がるからである。勿論、それぞれ作品ごとの制作時点では、単独での自立が見込まれていたはずであるから、全体との関わり方は、編集時での再発見を含めて結果論でしかない。とりわけ散文詩では制作意識も高かったはずである。第三詩集『蠻族の眼の下』を初出とする散文詩が、第四詩集と違って主語を「おれ」の範囲でとどめていたのが、本詩集では「おれ」だけでなく、あらたに浮かび上がる主体者（「変身者」）に詩的実感を覚えるべく模索を深めていたからである。

故に詩人は、意識の高さに裏切られる形で二重に詩的疎外感を味わうことになった。散文詩ではさらなる疎外感に晒されることになってしまう。仮借が一義的に散文的行為すなわち小説に帰属するものだったからである。ならばなぜ、分かっていて、散文詩を試みたのか。改行詩に覚えた詩的疎外感が、事の始まりだった。

十分言及できないが、この問題（詩的疎外感）は、日本近代詩の課題でもある。たとえば上述した萩原朔太郎と変転する詩的遍歴の問題。対極に位置する朔太郎の生涯に亘る友人であり詩友であった室生犀星の不変不易をいく詩歴など、詩史的課題として追い求めれば切りがないほどである。

とりわけ問題の核心を衝いているのが、犀星の「詩論」――すなわち「不変不易の詩歴」である。自身の全詩集の編集に自己解説を施した次のくだりで発せられた文言（〝開き直り〟）である。「本全集編集にはやはり抒情詩が主体であることは、私の詩集が悉く抒情詩以外は書かなかつたことに原因してゐる。最後まで抒情の世界から出なかつたことは、今日の私にはせめてもの拠りどころであつて、この点で私に過失はなかつたことを再記したい」（室生犀星「『室生犀星全詩集』解説」、一九六二）。「過失はなかつた」とは、額面どおりに受け取れないにしても、いかにも神妙なる言い回しである。ならば、定めし朔太郎は過失だらけとなる。それも含めて、近代詩に詩的疎外感を問うのに事例には事欠かない。

二　鷲巣繁男の「詩法」

1　「詩法」の誕生

以上の問題はすべてなぜ詩を作るのかの詩学に再集約される。結果としての個人個人の詩学でありその来歴である。日本近代詩の場合、作る理由が理念よりは主に情緒に発しているだけに、詩学に自覚的な詩歴を重ねることが容易でない。分析的であるより総合的である情緒は、そのためにも終息状態を求めて疾く内面を収束しがちである。しかしそのために回収すべきものを回収しない。抜け落ちるに任せてしまう。いささか乱暴ながら、鷲巣繁男の場合も第四詩集で表出した改行詩による詩的疎外感は、そうした情緒の性状によるものである。散文詩がそのものがきであったとしたならまだ試行を重ねてもよかった。独自の水準を得ていたからである。でも試さなかった。情緒の補完にしかならなかった。悪く言えば情緒による改行詩の借景の用にしか役立たなかった。分かってしまったのである。いろいろに試したことで。否、試されたことで。詩集全体の扉ともいうべき序詩たる詩篇「詩法」は、かくして確信の内に生まれることになる。

コノ回転スル自我ノ球体、何タル透明ノ断絶。
設定スル己レノ中ノ己レノ一点ハ空シク、
阿僧祇劫ニ流転スル仮相ニオイテ
水ト窒素ト燐ノ内燃ニ投影サレテ
既ニ我レヲ去リシ言葉ニ　ナホ震駭スルコノ生臭キ肉体《ニク》。

アア時空ヲ截断シテ己レニ何ヲ与ヘルト云フ。
イカナル理由ト価値ヲ己レニ与ヘルト云フ。

常ニ永遠ヘノ自尊ト悲願ノ故ニ、
強引ノヨビカケヲ以テスベテヲ引キトメントスル
発セラレシ言葉ヲ、支ヘ、タダヨフ、コノ妄執ト孤独。
無常ナル声ハ無ノ中ニ互ニ呼ビカハス。ソノ時再ビ
幻《マーヤ》ハ変現スルデアラウ、一ツノ現実!

すなわち、「一ツノ現実」とは、詩法によって生まれる「もう一つの現実」の謂いであった。詩的現実の内実を失った改行詩という「現実」でも、主語関係だけでなく形式全体を小説体に仮借しなければならなかった散文詩という「現実」でもない「もう一つの現実」――それが、長編改行詩である叙事詩というもう一つの詩的現実であった。従前にない内声の獲得をもたらしては「作る理由」の更新にも大きな内力となる現実。詩作品の一々のくだりを生み出すおおもとの声。その声を発する者こそ、新たな主語関係を取り結ぶ主体者にほかならなかった。「詩法」ではまずそれを「コノ回転スル自我ノ球体、何タル透明ノ断絶」の裡に求める。しかし、求めようとしてもいまだ漠然としていて「設定スル己レノ中ノ己レノ一点ハ空シク」あるばかりで定めがたい。要は「透明ノ断絶」が難解なのである。唱える自身に向かってもいかにも不透明な感じを拭い去れない。それでも実感するのは観念以上に身体である。言い方を換えるなら、観念は薄れても肉に刻みこまれた過去の歩みは消えないのである。故に「既ニ我レヲ去リシ言葉ニ　ナホ震駭スルコノ生臭キ肉体《ニク》」のくだりを記すのである。そこに嘘はない。

されどいまだ確たる術を知らないのも事実である。故に今は知らぬままに手を差し延べる。永遠の時空に向けて。行為を先立たせるのである。同時に問いかけるのである。「アア時空ヲ截断シテ己レニ何ヲ与ヘルト云フ。／イカナル理由ト価値ヲ己レニ与ヘルト云フ。」と。しかし、問いかけはやがて予感に高まり変容を内に準備していく。回復される言葉は自己のそれとなり、再びの自我となる。

「常ニ永遠ヘノ自尊ト悲願ノ故ニ、／強引ノヨビカケヲ以テスベテヲ引キトメントスル／発セラレシ言葉ヲ、支へ、タダヨフ、コノ妄執ト孤独。」の存在論となる。存在に潜み、永遠の時空を蔽う「無」を容れる。無の中に生まれる幻影。「幻《マーヤ》」。幻なれど「変現スルデアラウ」もうひとつの「現実」。わが「詩法」たるもの。作品であるとともに詩論でもある「詩法」を支えるのは、詩人の「日本詩」に対する批判的精神（同詩集「覚書」）であった。一対のものである。

2　詩的批判精神

以下では「覚書」で語られる「日本詩」に対する批判的精神を紹介しておきたい。小文であるが、大きく、①詩の目的、②日本詩の脆弱性、③情緒（論）、④韻律（論）、⑤詩人の成立、に言及している。①～⑤を任意に引いてみよう（番号は筆者）。

①〈書くことは愛である〉とは、究極に於ての自覚であり、一切が人間万歳へのプロセスであるとの諦念に関連する。（略）この自覚が重要であるのは、この観念（愛、引用者註）が、より深く詩人を傷け、躓かせ、存在の深淵に直面せしめるからに外ならない。

②主体的には、詩は志であり、この古風なる語は、時空に挑む実存者の意志として展開せられねばならない。（略）詩行為は永遠に挑む一回限りの者の一瞬の反逆であり、そこに定着された言葉に復讐されるのは又詩人自らである。（略）一見相反する如き二者（反逆と復讐、引用者註）は実は無に、無根柢、非存に根ざす人間存在に於て相異しない。日本詩がその情緒性に於てのみ継続する限り真の詩の確立は訪れない。新体詩以来その限りなき変貌に拘らず、一貫するのは情緒であり、方今のヒューマニズムもコミュニズムも詩に於ては一に情緒性に支へられてゐるところに脆弱性がある。

③情緒に支へられる者は外向的意識に依存し、自らに戦慄するなく、震駭なく、超克なく、時空に対決する意志を喪失し、ただ詠嘆に終るであらう。（略）〈心昏ク識寡ク悪重ク障多キモノ〉との親鸞の自覚は情緒ではない。情緒は可能性にをらない。悪の可能性に戦慄しない。

④内部震駭なくして真の韻律は生じないであらう。（略）意味の断絶は、生が深淵・断絶であるといふことに根ざし、言葉が無に挑む意志であるといふことに支へられる。断絶によつて交感がある。しかも生は常に恢復を志向し、平衡を希ふ。反復と均衡は韻律論の定則であり、人間実存と方法論は必然的に一致するであらう。情緒に於ては真の韻律はない。そこには現象と共に流れ去る《歌》あるのみである。韻律は生の確認であり、無に挑む存在感の表象である。

⑤友よ、形而上学は深山に無く、密室に無く、舶来書には無く、凡庸なる炉辺の猫にある。倫理の深層は、陋巷トラコーマの老婆の繰り言に、磨滅した数珠に、打ち拉がれた労働者の拳の中にある。かくて在りの儘なる極相を求め、我等の血肉を仔細に検し、万般を探り、何に抵抗し、何を養ふか——事物に触発し、そこに詩人は登場する。

①に浮かぶ〈愛〉は、それだけではいささかオプティミスティックな気配を漂わせないでもないが、最初からシリアスなそれ（〈愛〉）として受け止められるのは、予めの疎外者ともいうべき世上の底辺に生きる者たち（⑤）への傾斜意識からも明らかである。本詩集のいくつかの詩篇に立ち戻ると、まさにそれが①の実践であったことが了知される。それでも生活の内実に裏づけられた、その意味において「詩法」を要しない以前の詩のようには、詩との一体化を実現しきれない葛藤（詩的疎外感）は、苛立ちにも似た思いとなって「詩法」を語るにとどまらず、かく語り口の度を強めることになる。

したがって発声は、実質的には外に向ける以上に内に向かう自己批判の精神を籠めたものだった。語調の高まりも、さらなる叱咤であり実作を自己に促すためである。実際、詩人の場合、詩の実践が観念に先行していた。そういう意味では実践派である。②③も同様である。詩の先行を前提とした批判精神の開陳であった。再び萩原朔太郎を引き合いに出せば、朔太郎にも同じ詩の先行性が認められる。言語表現を先立たせて詩想が後追いしていくからである。ただし、両者は大きく異なる。その根底が「情緒」である。

④はその方法論である。「情緒に於ては真の韻律はない」とすれば、それは朔太郎にも試されなくてはならない。とりわけ『月に吠える』の冒頭「竹とその哀傷」の響きは、日本語表現のあたらしい「韻律」に発していたはずだからである。あるいは生物的なイメージ喚起に対するまったく新しい言語表現であった「くさつた蛤」も日本語に対して先鋭的である。大岡信はかく評する。「現実に対する全身的不快感と無力感を、これほどやすやすと、またなまなましく、ぬめぬめする生類のうごめきのイメジを通じて形象化し得た詩人は、日本の詩歌の歴史でそれまで一人もいなかった」（前掲書、一五〇頁）と。問題は、朔太郎本人がその「一人」のままにとどまってしまっていたことである。

萩原朔太郎は、この後、『青猫』や『「青猫」以後』を経て、「形象化」の術を離れて『氷島』に文語転回し、その序でこう述べるに至る。「近代の抒情詩、概ね皆感覚に偏重し、イマヂズムに走り、或は理智の意匠的構成に耽つて、詩的情熱の単一な原質的表現を忘れて居る。（略）芸術としての詩が、すべての歴史的発展の最後に於て、究極するところのイデアは、所謂ポエヂイの最も単純なる原質的実体、即ち詩的情熱の素朴純粋なる詠嘆に存するのである」（『氷島』「自序」）と。一九三四年の「詩論」である。当時の詩的状況（『詩と詩論』や後続の『文學』のモダニズムなど）を念頭に置いて認められているとすれば、単純に比較できないまでも、③との詩的世界の開きはあまりに大きい。なぜなら、朔太郎はその続きに括弧した形であれ「（この意味に於て、著者は日本の和歌や俳句を、近代詩のイデアする未来的形態だと考へて居る。）」と綴っているからである。

3　二重主語の発見

その違いは、単に長編叙事詩と「近代詩のイデアする未来的形態」とする「和歌や俳句」との外見的違いだけでなく、内部たる④の「韻律」に於いて決定的に違っている。「情緒論*」の用意を求められかねないが、④は「初期詩篇」以来の詩人（鷲巣繁男）なりの韻律を経て、しかもそれが詩的閉塞を生む先に、量的開放感を伴う散文詩をも巻きこむ形で見出されたものである。〈歌〉は、その一部として採られたとしても、「近代詩のイデアする未来的形態」であるとして全体を獲得する発想にはとうてい与せない、と対峙的に語られることになる。

④が言う「韻律は生の確認であり、無に挑む存在感の表象」とするなかには、少なくとも「無に挑む存在感の表象」としては〈歌〉はイメージされていない。なぜならここには一つの主語はあっても、もう一つの主語はない。「生の確認」だけの主語である。いまやそれだけでは全体を詠う詩の行為者たりえないことに覚醒的だった。こうも言う、「情緒に於ては真の韻律はない。そこには現象とともに流れ去る《歌》あるのみである」と。自身への反省の弁である、そのようにして詠ってきたことに対する。何を詠ってきたのか。「《歌》」である。詩人にとってそれまでの詩とは《歌》だった。

あまりに図式的ながら、その方が分かりやすいのは、詩＝歌＝「一つの主語」を導き出せるからである。朔太郎に返れば、「近代詩のイデアする未来的形態」もこの等号関係を脱しえない。むしろ「一つの主語」にこそアイデンティティを得た、そう言えるからこそ朔太郎は朔太郎で確信をもって言えた。それは「和歌や俳句」であると。そうすれば、「無に挑む存在感の表象」に惑わされなくて済む。そうまで言ってしまうとほとんど室生犀星の「過失」云々の一件（二〇七ページ参照）を思い出すことになってしまうが、「一つの主語」は、朔太郎自身の「過失」の先にそれを先行条件とするかのようにして在る限り、犀星の「抒情」とは位相を異にする。したがって朔太郎のイメージする「近代詩のイデアする未来的形態」とは抒情ではない。故に《歌》は、単純な論断に晒されるのを拒む。

それでも鶯巣繁男の確信は確信でより深まる。朔太郎の《歌》の根幹をなす「一つの主語」は、それはそれで限りなく詩的言語を極めるに違いない。自身か言葉かそのどちらが主体者であるか分からなくなるくらいに。最終的にはそれが目的化し、それ自体が主語化する。主語化による「韻律」は、日本語に「日本語」を発見する。日本語を近代詩に読み換えれば、「日本語のイデアする未来形態」にもなる。単なる読み換えではなく内実を伴う。詠うべきものを詠う。

それでもなお「一つの主語」では詠いきれないものに立ち返らねばならなくなる。再びそれを「無に挑む存在感の表象」と繰り返すのでは、今やそれも《歌》の「韻律」内のことではないかと問い返されかねない。でもそうだろうか。《歌》の「韻律」は、「無に臨む」を超えて「無に挑む」までにはいかに届かない。故に「存在感の表象」を押し上げきれない。それに「無に臨む存在感の表象」ではいかにも弱く、力不足を否めない。鷲巣流に喩えれば「脆弱性」を拭えない。ならば「もう一つの主語」が具体的にどのように得られたのか。でも今は具体的なことは控える。ここでは「もう一つの主語」を詩的主語とする在り方を「二重主語」とし、その発見の意義については「詩法」の実践作たる「大流蜜期」の舞台上にて問い返したい。

＊情緒論を問う場合、差し当たって問題になるのは、「作る理由」である。情緒のなかでは、最初から備わっているとして自己批判的には問い返さないからである。乱暴ながらそれが「最後まで抒情の世界から出なかったことは（略）この点で過失はなかった」（前掲）とする室生犀星だとすれば、たしかに「作る理由」を日常的に問う場面は想定し難い。あくまでも事前の了解事項である。それ以上を訊いたとしても理由に理由を問うことになりかねない。挙句、「理由はない」で終えられてしまう。それはそれで構わないだろう。実績に裏づけられているのだから。しかし問われているのはリフレイン性（作る理由を埋没化する情緒反復性）である。個々の詩篇だけではない。一群の詩集としてもである。でもそれもいまは構わないとする。問題は犀星ではない、朔太郎だからである。

その朔太郎だが、かりに、それ（「リフレイン性」）を可として「過失」はなかったとする室生犀星を生涯の詩友としていたとしても――実際そうだったわけで両者の関係はそれだけで十分、一作品たりえるが――朔太郎の詩歴は、詩を作る意味を常に言語表現として厳しく問い立てていたため、文語から口語、口語から文語への変遷が、最終的には自己敗北（「過去の失敗」あるいは「自辱的な「退却」だった」）を口にさせていたとしても、日本近代詩のそれ（言語表現と「作る理由」との闘ぎ合い）を代弁していると捉え直すことで、萩原朔太郎とは、他とは入れ替えがきかない、「日本詩」の核心的問題の最も近くにいる、生涯をその詩語化に捧げた最初の情緒体現者（讃仰すべき「敗北者」）だったのであり、今に至っても情緒論の主役なのである。いろいろに批判的に語っているかもしれないが、決して不当に低く見ているわけではない。むしろ原理的な問題への関わり方を含めて、その総体的在り方は、それ自体としても詩史上の「主役」である。

三　長編叙事詩へのアプローチ

1　例示と設題

一大長編叙事詩「大流蜜期」を以下に読む。三章一三節四二連、計三三〇行で構成され、各章にエピグラフを伴う大作である。詩としていかに読むかがいきなり問われる。単に長編だからではなく、「日本詩」に類例を見出し難いからである。もちろん細部においても総体においても純粋に一篇の詩である。長編だからといって、明治期に多く作られた「劇詩」ではない。物語性はまるでない。つまり拠り所がないのである。それだけにいかに読むかが、その都度問われることになる。「詩法」だけでは息が続かない。長さそれ自体を詩的緊張として維持していくことが必要になる。
いずれにしても従来どおりでは読み切れない。情感を高めるにも手放しでは臨めない。読み方自体を詩篇から切り離して読詩論として問わなければならない。最初から突きつけられる、読み方が試されるような読詩上の要件である。「詩法」や「覚書」を参照しながら模索しなければならない。差し当たって取っかかりとなるのは、「覚書」のキーワードであった「情緒」「詠嘆」「韻律」である。たとえば、受け身ではなく能動的に読んでいくには、前二者がなく後一者だけしかない言語体系を想定することになる。まずはそのまま読んでみよう。冒頭部一節分を掲げる。

1

野に蜜が流れ　思念はたじろぐ。
おゝ　重い北方、地襞は深く、引裂かれた神は横たはる。
――その広がり果しなく、その血の染みた岩叢に　緑は甦りを繰返す。
道には霞む悼みの歌。空に花輪を掲げる歓びのコロス。
（極を感じ　常に地軸の痛みに貫ぬかれる終駅の人よ）
いま　蜜が流れ、千の樹々重く、千の花々匂ふ。

根元を秘めた均整の中、ひた走る虫の弾道。迸る無の精液。
虚しさに支へられ、己れ充実するもの。
光りを吸ふわたしの肉も、厲しく可能に揺すれ、
その行方を知らぬ……
時の泡立ち！

お丶　漲つてゐる一切から何をわたしに引寄せるのか。
かなた　陽に充ちた野、生命の樹々。千の蕊、万の蜂群！
一斉に広ごる運び手。まめやかに飛翔する智慧の翼。
　　　　（をののく非在よ
　　　　　真昼の蜜の燃焼に煽られ　私の中の虚よ　騒げ）

塔が見える。

カヤファスのやうに能弁な学識経験者のしたり顔。また男根のやうに悲しむ僧よ。

わたしは無為。そして君等よりも傲慢だつたのか。

蜜は流れる。

分裂するものを埋めるべく、黄金の智慧を流す。

——きらめく、おごそかなもの、傲慢の胸へ、破砕された心へ、一点の真実なもの拡がると。

悲しく瞶める顔よ、あらゆる行為はその故を知らぬ。

その非難めくまなざしは、その故を語れといふのか。

きのふ、この道で罪について語つた友よ。罰について二人は吃つた。

じつに友よ、行為には確たる軌範があつて、ひとはそれに従ふべきだといふのだらうか。

わたしも知る、朧な一つの道を。

……それとも友よ、行為は空しく、一切は無であるのか。

凡ゆる均整は死に浮ぶ仮幻であるのか。死に湛へられた一つの可能であるか。

しかし友よ、ここに、この根元を秘めた均整、何たる充実！

広がる蜜の完全な尊容。無をとぢこめる幻が放つ強烈な光。

発すれば　炎え出づる言葉！　歩めば　炎え上る身体《からだ》！

2　叙事詩の発声法

まずは反語的に問い返してみよう。いささか唐突な書き起こしである。なにかが始まっていきそうで、刺激的に語り出される「野に蜜が流れ」は好いとしても、それでも蜜の流れだす範囲としてみれば、野は受けるには広大にすぎるので違和感が拭えない。それもあって「思念はたじろぐ」と続けられると、戸惑いというよりはいささか足を掬われた感じになってしまう。皮肉っぽく言えば、「たじろぐ」のは「思念」ではなく我々である。しかもスタイルとしても思わせぶりの一行一連仕立てである。二連との繋ぎ方にも疑問が残る。「まるでなっていない」と並の撰者にかかればひとたまりもない。「おゝ」は要らないのです、と直ちに添削されかねない。その時である、詩人がしたり顔になるのは。なぜなら、反情緒主義の書き出しに手応えを得て、満足気に笑みを浮かべるからである。

感動詞「おゝ」の使い方を含め、修辞としては褒められたものではないと決めつけるのは、読み方が「日本詩」に毒されていたことの証にほかならないからである。一行の範囲で決まりをつけないのである。詠嘆の呼び込みを避けるためである。反詠嘆の立場からは異なる韻律を求めねばならない。冒頭からはやくも「詩法」・「覚書」の実作化が試されていたのである。読み返せばさらに明らかとなる。

ただしこれだけのことなら、姑息な手段で終わってしまう。かえって冷ややかな視線に晒されねばならない。それに一角の詩人ならお手のものである。この程度の叙法を試すことなど。さらに読み進めてみよう。次第に本領が発揮されていく。待ち受けていたのは、言語感に卓抜な詩人によってはじめてなしうる独自な詩的修辞法であり、その構築物の開帳である。そう容易くは用意できない語法と言うべきである。

括弧で括られた挿入句（「（極を感じ　常に地軸の痛みに貫ぬかれる終駅の人よ）」）が、冒頭一行を含めた直前三行に対して後ろから回りこむのである。その時の逢着感に、「思念はたじろぐ」の再起が図られる。すなわち、挿入句から括弧が外れて「極を感じ　常に地軸の痛みに貫ぬかれる終駅の人」の「思念はたじろぐ」となるのである。ここに至って循環する冒頭部は、すでに情緒とは一線を画した領域に分け入っているとしてよい。叙事詩を構成する一つの発声法が、かくして実感を伴って見出されるのである。我々にたち返れば読詩法の獲得である。

3　叙事詩の内声

次の六行の内の前半三行は、「野に蜜が流れ」を承ける詩行である。「人」から「蜂」への主語の入れ替えである。主語入れ替えは往々にして連を分けるが、それを同じ諧調で繋いでみせる。主語同格化の目論みである。効果としては対位法的な複合に成功している。そこへ次の詩行である。豊饒な感受性に支えられた豊かな言語力を縦横無尽に駆使できる詩人の修辞力の見せ処である。再掲する。

根元を秘めた均整の中、ひた走る虫の弾道。迸る無の精液。
虚しさに支へられ、己れ充実するもの。

冒頭句「根元を秘めた均整」などの律動的で神秘的な描写も非凡ながら、次行「虚しさに支へられ、己れ充実するもの。」の擬人法的昇華には、人間存在の足元を脅かす、なにやら陽動めいた哲学的警句に働きかけるものがある。その時、脅かされる側であり従前からの主語であった「わたし」に芽生える「時の泡立ち！」――この「詠嘆」を容れない、情感に立ち塞がる言葉の立て方。感嘆符の付け方。あるいは感嘆符での止め方。詩行の立て方。もって行き方。挿入句（括弧部分）を中軸線に見立てた場合の、左右の均衡とそれがもたらす合わせ鏡的な効果。意味の膨らみ――いずれも辿り着いた叙事詩的エクリチュールが見せる詩的感動の各態である。

第三連を告げる「お丶」がある。順接の「お丶」である。しかも懸かるのは同一行の「何をわたしに引き寄せるのか」だけではなく、次行の「千の蕊、万の蜂群！」にも、三行目の「智慧の翼」にも、さらに括弧内の「(をののく非在よ／真昼の蜜の燃焼に煽られ　私の中の虚よ　騒げ)」にも一律に懸かる。懸かり関係に遡及的に働きかけて、冒頭部「お丶」との差別化にも効果的である。ここには（つまり懸かり方の複数形には）声に対する強調はない。実際にも聴きとれない。「声」を誘発しないで「意味」の強調に息を詰めた使われ方が企図されている。感嘆符の使い方も同様である。他に事例がないわけではないが（たとえば詩人との関係で言えば、上掲吉田一穂）、直接「意味」に働きかける懸かり方は、鷲巣繁男の叙事詩の場合、詠嘆とは異なる内声を誘発する符号になっている。我々読む側の内声による集音化と重音化が果たされた時、求められる意味の結集化へともろともに高まっていくことになる。

ここでも擬人法に働きかける修辞の非凡さが見出される。「まめやかに飛翔する智慧の翼。」この間接話法に対して直接話法をとる「をののく非在よ」の布置。そして、「智慧の翼」と「をののく非在」によって生み出される「私の中の虚」。しかも「虚」をして「騒げ」とする存在形態への劇的な昇華。集約としての、あるいは総体としての上昇句であり、高止まりである。真正主語「幻《マーヤ》」（上掲「詩法」）の「蜂（蜜蜂）」との合体である。情緒で詠われる「蜂」の姿はここにはない。

4　二重主語（再述）

以上は優れた詩人なら果たしえることである。詩人（鷲巣繁男）が詩人たるのは、この先にある。「詩法」で言う「強引ノヨビカケヲ以テスベテヲ引キトメントスル／発セラレシ言葉」である。時空への侵入である。「アア時空ヲ截断シテ己レニ何ヲ与ヘルト云フ。／イカナル理由ト価値ヲ己レニ与ヘルト云フ。」のように自身としても戦くことであったに違いないが、「常ニ永遠ヘノ自尊ト悲願ノ故ニ」一歩を踏み入れたのである。しかし、歴史を素材としてルポルタージュ風に言葉を連ね、行を改め、詩文とするのは容易である。今ではそんな散文的な詩は作られないにしても、詩人が厳しく戒めてきたところである。歴史（あるいは古典）に自分（の主体）を奪われないためである。主語関係で捉えれば、ここには受動的な主語しかない。

いずれにせよ主語の仮託法（メタモルフォーシス）を経て詩人が辿り着いたのが、「二重主語」である。ここでいう二重とは、二という積算上の基数というより、時には複数になり変数になるなどの概数的なものである。その意味でも名詞に限定されない。かりに二重が名詞上に限定される場合であっても、二重性を強調する観点からすれば、一対一的な対応関係に硬直的な名詞からの離脱が必要である。離脱をより強く拒みがちな固有名詞の場合でも同様な態度を要する。カタカナが頻出するだけに、惑わされてはならない。むしろ詩法的には固有名詞であっても動詞と見立てる必要がある。歴史的固有名詞（カタカナ）は、歴史的人物と言われるように、固有名詞であると同時に歴史時間に働きかける動詞的存在であるからである。たとえば後掲「クリシュナ」のなかにある「二重性」によって彼がまさにそうなっている（動詞的存在になっている）ように。以上は二重主語が見せる品詞変容の内幕――といってもカタカナ表記に象徴されるように名詞の外装部分でのそれであるが、以下は「動詞」が動詞としての品詞の内側から用意する変容性である。

5 「動詞」という主語

名詞が活用しない品詞という点で、時空間のなかで静的な存在であるとすれば、動詞とは、空間に働きかけるだけでなく、同時に時間にも働きかける、時空間に対する両属的な可変性を帯びたものである。それを時間に具現化したものが「時制」である。曰く、時制とは「過去、現在、未来などの「時」のいずれにあるかによって、動詞の語形を変化させる語法」（『現代国語例解辞典第二版』小学館）であるとする。この辞書の説明よりも、詩学的な意味合いを帯びてより触発的なのが、ロブ＝グリエやクロード・シモンのような、ヌーヴォ・ロマンの作家たちが語る、時制に関する挑戦的な言説であり、実践的なエクリチュールである。彼らは、「動詞」による時空参入に新局面を開く。それはフランス語が所有する多様な動詞形という言語的特性*であるとともに、それ以上に描写上（叙述上）の特性に求められるものである。

それをロブ＝グリエの小説論（平岡篤頼訳『新しい小説のために』新潮社、一九六七）のなかの一節（「今日の小説における時間と描写」）から一ヵ所引けば、「描写的な部分の興味の一切は（略）、もはや描写されるもののなかにはなく、描写の運動そのもののなかにあるのである」（一六八頁、傍線引用者）の「描写の運動そのもののなかにある」のくだりである。その直前の「描写されるもののなかにはなく」の「もののなか」とは、従来の時制である。ロブ＝グリエは、バルザックを例にとって説明している。傍線部が本稿に関わる超時制である。彼は、自分たちつまりヌーヴォ・ロマンへの批評家たちの批判が、とりわけ描写法（「無用であいまいだという」点）に向けられていることを自己解説してこう述べる。「無用というのは、筋と現実的な関係がないからで、あいまいというのは、見させるという、描写の根本的役割とでもいうべきものを、果たしていないからなのだそうである」（一六四頁、傍点原文）と。補足すれば、「描写の根本的役割」が、役割に沿って時制を再生していないからで、そのことがとくに批判されているのだと語っているのである。ではなぜヌーヴォ・ロマンは時制に挑戦的なのか。

簡単に言えるような問題ではないが、本稿の範囲内に限定するなら「時間」との緊張関係を自己の現前化において認識すること、あるいは認識することの認識状態を時制のなかで同時実現的に辿ることである。たとえば「時間」の一様態としての「現実」がある。時制の非再生に執着するのは、ヌーヴォ・ロマンが「目に見える映像、耳に聞こえることば以外に、現実はありえない」とする「現実」に、一見対立的な過去や未来が果たして「経過する時間」なのかを問いつめるためである。見出されたのは、「永遠の現在の世界」であった。すなわち「過去の存在しない世界」であった。

鷲巣繁男にとって「時制」に意味があるとすれば、まさに同様な「時間」との緊張関係を叙事詩のそれとして目論むからである。しかも「永遠の現在の世界」という「超時制」としてである。「描写の運動そのものの中」の「描写の運動」とは、この場合、超時制を実現する「叙述法（描写法）」を筆遣いに言い換えたものであるが、たとえば「過去を再構成していく過程そのものが物語という形をとる」（江中直紀『ヌーヴォ・ロマンと日本文学』せりか書房、二〇一二年、三二頁）というエクリチュールの在り方に擬えれば、「再構成していく過程そのもの」の「再構成していく」という動作を「過程」で停止（用言停止）させず、あるいは完了（用言完了）させず、「そのもの」へと投げ放ち、非停止・非完了を生み出し続ける、動作動詞が姿を変えたものであるから、「過去の存在」しない「永遠の現在の世界」を「詩法」に取りこもうとすれば、動詞が動詞として運動を完結できない状態を叙述法に借りなければならない。そのためには主語を省略ではなく、定位できない非在状態下にある主語として構想し、その叙述を図らねばならない。「「動詞」という主語」の、そもそも非成立が成立する経緯がここにある。過去を現在とする時制の上に求められたものの、超時制を「わたし」に回復する詩文法上の真正主語である。ヌーヴォ・ロマンに返れば、述語部分の非成立の成立とでもなろうか。

興味深いのは、彼らの文学の（結果としての）読みにくさは（ロブ＝グリエは「失望感（を与えること）」と呼んでいるが）、まさしく鷲巣繁男のそれでもあることである。また読者との関係でも「べつの参加のし方をとるよう誘いかけずにおかない」（同上、一七六頁）と語られている点と相即的で、新たな読者としての立場が求められているとした本稿の課題提示部分に帰納的に立ち返ることになる。かりに結果としての類似性であったとしても、それだけに読詩のダイナミズムに繰り込まれる部分が少なくない。いずれにしても、「「動詞」という主語」に支えられた詩的叙述上の仕組み（「時制」への参入）こそは、鷲巣繁男の詩（叙事詩）の特性であり、詩の現在化を今に求め続ける作品側に仕組まれた錬金術である。

＊たとえば、ロブ＝グリエの『覗くひと』（講談社、一九七〇）の翻訳者望月芳郎は、「解説」で特性に関わる部分を「四つの系列」に分かれる「時間構成」として、フランス人による『覗くひと』論を紹介する。そして「残念ながら日本語には動詞過去形のさまざまな様態の区別がフランス語ほど明白ではないので」と、翻訳に不安を覗かせる。とりわけ、「さまざまな様態」の内の、現在形と半過去形のみで描か

れる間接話法的に記憶変換された「遠い過去」ではなく、「過去、現在、未来がともに現実の行為の水準にまで高められ、それら相互の区別がはるかに困難となっている」単純過去形で描かれる、「現実を表す現在」「近い過去」「想像力によって予見された未来」などの個所である。

6 「時制」への参入

読詩に戻れば、「「時制」への参入」に該当するのが「塔が見える。」以下である。唐突な固有名詞カヤファスの名前上げに始まるそれである。まさしく「強引ノヨビカケ」である。しかし、ここは暗示にとどまる。「カヤファスのやうに能弁な学識経験者のしたり顔」とは、イエスの審判を行うユダヤ教の大司祭カヤファスのそれのことであるが、彼が語り聞かすように言う、「一人の人が民全体に代って死ぬ方が得である」（ヨハネ福音書十八・十四）であるならば、まさにそのときの「したり顔」であり、そのしたり顔が懸かる先は、「君等よりも傲慢だつた」わたしの「無為」であるので、いずれにしてもカヤファスは固有名詞であっても一修飾語の範囲で終わる。しかし、その「わたし」にしても「蜜は流れる。」を呼びだすための仲介者でしかない。収斂する先は「黄金の智慧」である。ダッシュ以下は、到達点ともいうべき高さからの述懐である。詩法的には複声による連止めであるが、次連への転調をあらかじめ見込んでいる。そして次連こそは「時空ヲ截断シテ」の時制を主語とした詩行が演ずるダイアローグである。

ここに至って、一章のエピグラフがにわかに面を擡げる。使われたのは、『バガヴァッド・ギーター』の一節である。

ガーンディーヴの天弓は　我が手より落ち、我が膚は一面に燃え、自ら立止まる能はず、我が心をちこちに彷徨ふ。〈バガヴァッド・ギーター〉

『バガヴァッド・ギーター』は、ヒンドゥー教の聖典である。最強の戦士アルジュナ（王子）と友（師）クリシュナとの哲学的な遣り取りが十八章にわたって繰り広げられる。事の発端は、同族間の争いである。場面は、両軍（パーンダヴァ軍（友軍）／カウラヴァ軍（敵軍））が対峙する戦場に開始する。アルジュナは、両軍の間に戦車を進めるべく御者を務める友クリシュナに要請する。「両軍の間に私の戦車を止めてくれ。不滅の人（クリシュナのこと、引用者註）よ」と。しかし、実際に自らが戦うことになる相手を見て、居並ぶ顔触れが、親・兄弟にも等しい親しい人々や義父・親友だちであることを見て取るや、「この上ない悲哀を感じて沈みこみ」、次の一節を口にする。引かれたエピグラフはそのなかに含まれる。詩文中に見える「罪悪」「罪」「大罪」は、詩人が作品に取りこんだ語句である。少し長いが「「時制」への参入」の先触れとして引いておく。

「クリシュナよ、戦おうとして立ちならぶこれらの親族を見て、私の四肢は沈みこみ、口は干涸び、私の身体は震え、総毛立つ。ガンディーヴァ弓は手から落ち、皮膚は焼かれるようだ。私は立っていることができない。私の心はさまようかのようだ。

私はまた不吉な兆を見る。そしてクリシュナよ、戦いにおいて親族を殺せば、よい結果にはなるまい。

クリシュナよ、私は勝利を望まない。王国や幸福をも望まない。ゴーヴィンダよ、私にとって王国が何になる。享楽や生命が何になる。

（略）

彼らが私を殺しても、私は彼らを殺したくはない。たとい三界の王権のためでも。いわんやこの地上のためには……。

ドリタラーシトラの息子たちを殺して、我らにいかなる喜びがあろうか。この危害を加えようとする者たちを殺せば、まさに我々に罪悪がかかるであろう。

（略）

一族を滅ぼす罪をよく知る我々が、この罪悪を回避する道を知らないでよいはずはない。

一族の滅亡において、永遠なる一族の美徳《ダルマ》（義務）は滅びる。美徳が滅びる時、不徳《アダルマ》がすべての一族を支配する。

（略）

ああ、我々は何という大罪を犯そうと決意したことか。王権の幸せを貪り求めて、親族を殺そうと企てるとは。

もしドリタラーシトラの息子たちが、合戦において武器をとり、武器を持たず無抵抗の私を殺すなら、それは私にとってより幸せなことだ。」

アルジュナはこのように告げ、戦いのさなか、戦車の座席に坐りこんだ。弓と矢を投げ捨て、悲しみに心乱れて……。

（上村勝彦訳『バガヴァッド・ギーター』第一章二十八―四十七、岩波文庫、一九九二）

第二章以下で問答が繰り返される。ほとんどはクリシュナによる教喩・教導である。それというのもクリシュナは身を人間の姿にやつした神、すなわちバガヴァッド（「崇高なる神」）だったからである。親族が相手であったとしても戦わなければならないこと、たとえそれで一族の滅亡を招いたとしても、義務でこそあれ罪ではないこと、それをアルジュナに容れさせることを中心命題として主体論や行為論、解脱論などを多岐に説き及び、着実に自己を取り戻させていくこの哲学書は、文芸作品として見ても長大な言説を詩文化した珠玉の一篇である。

鷲巣繁男の詩篇第四連冒頭の「悲しく瞶める顔よ、あらゆる行為はその故を知らぬ。」や、四行目の「じつに友よ、行為には確たる軌範があつて、ひとはそれに従ふべきだといふのだらうか。」中の

「行為」は、したがって同書から抽き出された哲学的詩語である。詩想の上では、王子アルジュナの同族との戦いという「行為」と、蜜蜂の「大流蜜期」という「行為」とが重ねられ、さらに「凡ゆる均整は死に浮ぶ仮幻であるのか。死に湛へられた一つの可能であるか。」中の「死」に遡る詩人の「わたし」が諮られることになる。それもこれも終わり三行を導き出さんがためである。

しかし友よ、ここに、この根元を秘めた均整、何たる充実!
広がる蜜の完全な尊容。無をとぢこめる幻が放つ強烈な光。
発すれば　炎え出づる言葉!　歩めば　炎え上る身体《からだ》!

ここでも三か所に感嘆符が打たれている。言い表そうとするのは、「強引ノヨビカケ」とそれによる「引キトメ」とに始まったいまだ観念であったものの、詩篇が応える結果であり表示行為である。同時に「形而上学」に予感する「内部震駭」（詩法④）でもあった。すなわち詩人の言う「韻律」であり、鷲巣繁男が手中にした「詩法」だった。

7 未完の読詩

わずかに一節を読んだだけである。先は長い。待ち受ける多くのフレーズが連なっている。再びの起立に備えている。振り返りを求め再読を要請してやまない一行も彼処に潜在している。循環を希いその都度拡大していく詩的言語空間に投げ込まれた者は、「幻《マーヤ》ハ変現スルデアラウ、一ツノ現実！」のフレーズを追体験するだけでなく、「詩法」としても追体験しなければならない。あるいは読み解かなければならない。そのためには、詩人がサン＝ジョン・ペルスの詩から受けたという衝撃にも言及しなければならない。*なすべきことは多いにせよ、今は、章を閉じるにあたって最終節を掲げ、未完の読詩の欠を補っておきたい。

4

実に、をののく非在の底から、不断に打出される私。
漲る一切を己れとし、一切となつて漲る無よりの炎。
悪に撃たれ、悪に目覚め、悪を鞭うち、刻々に死し、寸々に成る私。
わたしを塗れ　智慧の蜜。わたしを養へ　めぐる大流蜜！
かなた　陽に充てる野の生命の樹々。

山毛欅《ぶな》よ、柏《かしは》よ、科《しな》よ、千の蕊。万の蜂群。
無限の浸潤。無辺の拡大。万の陣痛へ。
そして燃える蜜よ、アルペンの羊へ。
殺到する縞馬の蹄へ。疾駆する獅子の鬣へ！

お丶　めぐれ、蜜。
死せる神々の傷口より甦る緑のやうに、
言葉よ、死の底より自らの蜜を分泌せよ。
流れる蜜の、その大循環に養はれ、暗黒の中に輝く星々よ。
寂寥の中の無尽の発光体、交換する億万の自我。
滅びたのちも輝く　証明の愛よ。

＊ペルスに触れた鷲巣繁男の文章から本章に直接的に関係するのは次の二篇である。一節を添えて挙げておきたい。「詩は決意であり、時を止まらしめる意志である。それは時の秩序づけを意味するが、時間的空間の秩序でなければならず仮相の静止的コスモスではない。故に詩は常に変形の中にある。その動的活力を言語に与へること、それが詩の制作であり、ペルスはその大なる具現者であつて、しかもその詩の外観に拘わらず「私はエキゾティシズムを好まぬ」と彼が人に語つたことは最も興味あることではな

からうか。」（「サン＝ジョン・ペルス讃　一九六〇年・ノーベル賞の誉れの祝ひに」一九六〇、『呪法と變容』竹内書店、一九七二。後に増補改訂版として牧神社、一九七六、二四六頁）。そして、「サン＝ジョン・ペルスの詩との出会いは、詩を作り始めてゐたわたしには一事件であつた」、「二十年近く前のわたしの長詩「大流蜜期」とそれに続く『神人序説』の各篇が、ペルス的鼓吹の中で形成されたことだけは言ひそへなければならない」。（「風騒遺韻──わたしと現代フランスの詩──回想風に」『ユリイカ』一九七二。後に『詩の榮譽』思潮社、一九七四、二八一頁、二八五頁）。

おわりに──「普通」の詩人

本章を終えるにあたって一言しておきたいのは、鷲巣繁男がなんら普通の詩人と変わらなかったことである。本書は、後年の一大伽藍ともいうべき超俗的な詩篇の起点となる第六詩集『夜の果への旅』がいかに成ったかを記述の大きな流れとして、初期詩篇に遡って詩的表現や詩体の採用、さらには詩想の掲げ方・保ち方や詩法の確立過程をいくつかの詩篇に拠りながら辿ってきた。次章でその帰結点である『夜の果への旅』をあらためて繙くことになるが、このまま移行してしまうと、超越的な詩人像の唐突な出現に再びたじろぎかねない羽目に陥る。本人も輪をかけて言う、「わが書の扉は固く　多くを拒む」（『定本鷲巣繁男詩集』「わが心の中のカテドラル」〈著者自らのためのエピグラムマ〉冒頭一行）と。かくして、世間一般で思い描かれている形而上的宗教詩人像の、当初からの大きな影に我々は呑み込まれてしまうことになる。

最初は普通の詩人であったとは、ここまで見てきたような試行錯誤が、通有の詩人一般が経る過程であるだけでなく、試行錯誤の在り方もつとめてノーマルであったということである。その指摘のためではなかったとしても、ここまで辿ってきた経過が無言のうちに語るのは、紛う方なき一種の平準化である。大事なことは、これが同時代詩的な類の試行錯誤でしかなかったこと、それにもかかわらず結果として非同時代詩的な詩篇に結実してしまったことの落差であり、その意味である。

それだけに、「始まり」が同じだったことの意義は、繰り返し問い直されてよい。戦争に向かい合うにおいては、批判的精神の厳しさを含めて『荒地』となんら変わるところがなく、また思念的な詩行が目立つとはいえ、観念的な詩想と一線を画するにおいては『列島』の視角に通じるところがなくはなく、また「ことば」によって生を切り開く「祝祭の世代」（大岡信）の内向的詩意性とも特段違和を生じているわけではない。しかし、現代詩があらゆる意味においてラディカルと化していくそれ以降（六〇年代以降）、両者間には互いを繋ぐ「ことば」も「詩想」も「詩論」もなく、そのために予告なくいきなり立ち現れたら戸惑いのなかでまるで別な個体となって、挙句の果ては、ことあるごとに語られるように疎外感をもって迎えられてしまう。

果たして分岐点はどこにあったのか。当然あったにしても、そういう問い方が果たして妥当なのか、問い方それ自体が先行的な問題となる。同じ意味で戦争体験を共にした人との間に生じる問題もある。

なかでも同じ中国戦線を長く体験した吉岡実。あるいは過酷なシベリア抑留を長期体験した石原吉郎。二人との分岐点ならぬ相違点も問われる。

吉岡実の場合、戦争体験は表面的には吉岡の詩を創っていない。装っているとも思えない。吉岡実の詩的表現がつくる鷲巣繁男との顕著な違いは、それだけでも鷲巣繁男詩を戦争体験の詩的意味として相対化してやまない。体験差を考慮しなければならないにしても（前線であったか否か）、同時代証人としての意義は大きい。

石原吉郎の場合は、単純に戦争体験者とは言えない。抑留体験が際立ちすぎているからである。自らを侵略者として回顧するか被害者として記憶するか、決定的に違う。局限的な生の中でいかに自分と向かい合っていたかも問われる。いろいろに考えられる。しかしそもそも個人体験とは何か。その意味の大きさを考えると、局面は様々に異なっていても、戦争なしには語りえない個人体験である。やはり同時代証人としての意義には重いものがある。

その上での鷲巣繁男の特異性である。本章までの辿った道からはいずれもすぐには見えてこない問題である。また、現代詩における鷲巣繁男の現在をテーマとする本書第二部とも視点が少し違う。いまは、この間の記述の裏に浮かび上がる同時代的問題として指摘するだけで十分ながら、それでもあらためて思う、なぜ鷲巣繁男は違うのか。決して「始まり」をご破算にするような形ではなく、むしろ一連の過程を踏むにおいて連続的かつ逐次的でさえあったのにである。

第4章　『夜の果への旅』の「楽式」

――鷲巣繁男論への一視座

はじめに

改めて本書を振り返る。序章は出会いの回想を通じて詩人の世界を展望したもの。第1章は、第4章の前段を成すとともに俳句から詩に転じた初期詩篇の分析を通じて、詩人の成立とダニール・ワシリースキーによる詩集の誕生までを大きく辿ったもの。第2章は、詩的営為を詩人の生涯の宿命ともいうべき北方流謫から説いたもの。第3章は、詩論的な視座から鷲巣繁男の詩の骨格を論じたもの。初出時は各々異なるものの、いずれの際も後に控えた鷲巣繁男論を念頭に置いて臨んだものである。本章では一部の詩篇への言及にとどまっていた第1章のダニール・ワシリースキーの書・第壱『夜の果への旅』を改めて詩集一冊として読み直し、その不足を補うのを起筆の動機としている。

ところで同「書・第壱」の詩集以降、鷲巣繁男は、「日本詩」（前章「覚書」）に孤絶的にして奇観ともいうべき一大詩篇の塔を打ち立てていくことになる。孤絶性は、それがかえって七〇年代から八〇年代前半にかけての時代的ブーム（ただしブームといっても一般的なものではない）を呼び起こす超然性となったが、時間の移ろいのなかで忘却を余儀なくされていく。それも孤絶性（超然性）が胚胎していたものである。

筆者が鷲巣繁男を取り上げるのは、かつてのファンの一人で晩年に受けた知遇が加算されるからという単なる懐旧的な想いに発するものではない。ブームが何に拠っていたのかを含めて、詩作品としての孤絶性が日本詩の相対化を促す詩論的意味を有するからである。同時に促しが忘却の淵に追いやられていることを現代詩の「財産」としても惜しむからである。

鷲巣繁男が日本詩（とりわけ現代詩）にいかに位置づけられるのか、その立場によっていかに日本詩を相対化するのか、見出される視点は少なくない（詳しくは第二部）。本書は、一義的には詩人を忘却の淵から呼び起こすことを主な目的としているが、呼び起こしがもたらす日本詩論への批判的精神の喚起を暗に望んだ上に筆を執っている。本章副題の「楽式」に見出せる視点もまた同様の企図を補完するものである。さらなる論点によって詩史的課題への切込みも見込まれなくない。しかしここでは第二部以下の詩論的位置づけを問うためにも、作品論（ただし成立まで）の最終章として前章までを念頭に置きながらまとめておかなければならない。

一　第一部の「楽式」

1　緒論

(1)　マーラー・ブームと詩人

詩に対して「楽式」とはなんとも奇を衒ったような章題である。断っておかねばならないが、単なる思いつきではない。最初から一つの楽曲が頭に浮かんでいたのである。グスタフ・マーラーの交響曲第七番である。なぜ同曲かといえば、同交響曲の第二・第四楽章には「夜の歌」の標題が付されているからである。習慣的に同標題によって交響曲を呼び習わしている日本では、第七番といえば「夜の歌」となる。一方、鷲巣繁男にも詩集『夜の果への旅』に同題の「夜の歌」の一章がある。なにか関連があるのか。偶然の一致かもしれないが、マーラーのカンタータ『嘆きの歌』に対し、後年の詩集『嘆きの歌』がある。以上に加え筆者の個人的感想がある。鷲巣繁男の詩は、どこかマーラーのようだと前々から感じていたからである。たしかにいきなり〈楽式〉を詩法の別名としてしまったのでは唐突感を否めないが、それでも今回に関する限り自然な発想だったのである。

実際、詩人の所蔵レコードの中にはマーラーがあった。点数も少なくなかったのではないかと思う。

といっても、詩集とマーラーとの間になにか特別な関係があったのかは知らない。なかったのではないかと思う。それというのも、詩集が成ったのは一九六六年だからである。日本に関する限り一大マーラー・ブームはその後に訪れる。したがって詩集刊行年との間には若干時間的な開きがある。それに次に見出せる詩人自身による弁も、むしろ影響は間接的だったことを物語っている。詩集刊行後の第一評論集（試論集）『呪法と變容』（一九七二）のなかの関連記述（「日日凶日」）である。なお掲出箇所の出典を示す「　月　日」は最初から日付が空欄のままである。

近くに住む娘の亭主が当分の間とステレオを貸してくれた。ふと思い立つてマーラーのレコードを大宮まで買ひに行き、交響曲第二と第七を求め得て帰る。懐しい曲だ。もう十五年も聞いてゐない。金管楽器は憧れに充ち、木管楽器は思慕に満たされてゐる。マーラーの曲に憧れと思慕が深いのは管楽器の多用から来るのだらう。そしてそれはワグナーの「トリスタン」の夜の思想から来てゐる。（「　月　日」）

マーラーの第七「夜の歌」を聞いてゐて、ふとニイチェの『ツァラトウストラ』の「夜の歌」を憶ひ出す。そして、その韻律法に、ポール・ツェーランの「死のフーガ」が似てゐるのに気付く。これは大変傷ましいアイロニイだ。「夜の歌」の憧れが、「死のフーガ」の憧れに変容する、——これは戦慄すべきゲルマニックなトーンだ。（「　月　日」）

日本におけるマーラーのＬＰレコードの初見は、一大ブームとなった七〇年代以前の一九六四年から六九年にかけてである。発売されたのはバーンスタインのマーラー全集だった（後掲・柴田、一九八四）。直接的な関係があるなら、詩集発刊年（一九六六）をそのなかに含む一大ブーム直前に聴いていなければならないが、「もう十五年も聞いてゐない」とある。直結ではなかったと言える。それでも「日誌」を真似た掲出記事のくだりは、クラシック音楽鑑賞にも余念のなかった在札幌時代の詩人を日常風景のなかに偲ばせるものであり、早い段階から古典音楽と深い精神的交流を果たしていた精神生活の一端が知られる。それだけに「夜の歌」にしても、問題は、命名の経緯ではなく、結果として同題となっていることを、改めて詩人のマーラー的体質として捉えるところにある。「日誌」内詩人からも異存なく賛同してもらえるはずである。

今回、マーラーの楽曲を通じて鷲巣詩に思うのは、主に次の二つの点である。一つは詩集の構成面、一つは詩行の立ち上げ方である。二点とも少なからずマーラーの音楽を思わせるところがある。「楽式」（「音楽形式」）について音楽辞典では次のように説明する。「楽曲の全体構成、ないし諸部分の配置およびそれらの相互関係にかかわる原理」（『新編音楽小辞典』音楽之友社、二〇〇四）であると。つまり「楽曲」を「詩集」に置き換えれば、「楽曲の全体構成」は「詩集の全体構成」としてそのまま詩論の一テーマに置き換えられることになる。それに「諸部分の配置およびそれらの相互関係」も作曲法であるとともに作詩法でもある。牽強付会であろうか。そんなことはない。鷲巣繁男に限らず詩人たちの頭の中には、始終「音」が鳴っていたはずである。

（2） 詩集の外形

詩集は、全体を貫くテーマをもって詩篇を一巻に編む。テーマをいかに立体的に組み上げるかが問題となる。たとえば章立て。しかし、実際にはあまり深くとらわれないで、似た内容を寄せ集めて済ましてしまう（編集してしまう）ことも少なくない。その際、作詩時期は、一定期間のなかで書かれた場合、内容的に近いものを生み出すから寄せ集めの指標となる。そのまま章立てへと繋がっていくのが自然な成り行きである。

たとえば萩原朔太郎の『月に吠える』の「詩集例言」ではこう語られている。「詩篇の排列順序は必ずしも正確な創作年順を追つては居ない。けれども大體に於いては舊稿から始めて新作に終わつて居る」と。例言に先立つ「序」では詩の表現の目的についてさらにこう語っている。制作年代の近さが章になる原理であると。すなわち「にほひ」が根底をなすというのである。「にほひ」は、時間が近ければ自然と同じ香りが辺りに立ち上がるからである。そしてかく言う、「すべてのよい叙情詩には、理屈や言葉で説明することの出来ない一種の美感が伴ふ。これを詩のにほひといふ。（人によつては気韻とか気稟とかいふ）にほひは詩の主眼とする陶酔的気分の要素である」と。

したがって近い時期に生まれる詩とは、同じ陶酔的気分（にほひ）のなかにあり、かつ気分を深めることに作詩の促しがあり、連作を生んでいくことになる。かくして自ずと章の成立となって、その先に一巻の詩集を編むに至る。道理である。

これは一人朔太郎に限らない。朔太郎をもその一人とする抒情詩が、詩集を編む上での大枠とする「詩の原理」である。音楽的にみれば、ここにはリートは生まれても交響曲は生まれない。* この点で鷲巣繁男の『夜の果への旅』の「詩篇の排列順序」は、反抒情詩的であり、最初から交響曲的排列を指向していたと言える。鷲巣繁男の詩篇が、章立てという外形上に見せる、視覚的にも日本詩に対峙的な在り方である。しかも外形だけではない。以下述べるように内容的にも交響曲的である。

＊リートと言えば、マーラーもリート作曲家である。しかしマーラーのリートは、交響曲『大地の歌』が象徴的に物語っているように、単なる随伴的伴奏に終わらない管弦楽との強い和声的融合を心にとめ置きながら作られたものである。

2　詩集の楽式的構成感

（1）　詩集の「楽章」

楽曲構成ならぬ詩集構成として見ると、『夜の果への旅』は、大きく三楽章からなる。三楽章制は初期交響曲に特徴的な楽章編成である。ただし三楽章制となると、マーラーとは時間的にも大きくかけ離れてしまう。その点、『夜の果への旅』は、実は三楽章制ではなく三部構成として読み換えられるのである。第一部「夜の歌」、第二部「インテルメッツォ」、第三部「ゲッセマネ」のようにである。そして全三部構成として見直すと、これはマーラーに通有の交響曲の楽曲構成となることが分かる。マーラーは、半数以上の交響曲で古典派以降の一般的な四楽章構成を踏襲せずに五～七楽章の多楽章形式を果敢に採用するが（四楽章制に拠った場合でも逸脱が多く、また第八番では最初から部制＝二部構成）、いくつかのまとまりで各楽章を部に立て直すのである。それが時に二部構成となり、時に三部構成となる。三部構成では前例のない大曲が生み出されることになる。いつも尊敬の念を抱いていた同時代の先輩作曲家ブルックナーを除いては。ただしブルックナーは伝統的な四楽章制を踏襲する。

それはともかく、そのとき、第二部をつくるのが「スケルツォ」である。五楽章からなる第五交響曲の三部構成について柴田南雄は次のように述べる。「第一部と第三部とはともに《緩―急》の図式で表され、第二部にはスケルツォ楽章だけを置き、全体の中間点、転回点としたのである。このようにスケルツォを全体の中央に配置するのは、マーラーの基本的な構想の一つである」（柴田南雄『グスタフ・マーラー　―現代音楽への道―』岩波新書、一九八四、一〇四頁）と。あらためて教えられるのは、スケルツォの楽曲的意義である。

鷲巣繁男の第二部「インテルメッツォ」は、意図的に排列した「中間点」ないし「転回点」である。明らかに音楽に倣った配置である。「インテルメッツォ」は、元来、間奏曲ないしオペラ・セリアにおける幕間劇の謂いだからである。しかも「インテルメッツォ」中には、より直接的に「スケルツォ」の詩篇も用意されている（「Scherzo Contemporaneo」）。すなわち「同時代的諧謔曲」である。ただし同時代といっても鷲巣繁男が詩学的に獲得した時制のなかのそれである。この独自の「時制」を中間点と措定して前後の転回を図る。しかもそれにとどまらず時制によって詩想までもが生み出されることになる。ここにあるのは、「にほひの詩学」とは別な発想に生まれるものである。

（2）《緩》の導入

さらに詩章として実現しているものに柴田が言う《緩―急》がある。意識的な読み方が必要であるものの、詩章間にはテンポの違いが十分に看取される。そういう点からも音楽的であるとの指摘が可能である。ここではそれを第一楽章たる第一章「夜の旅」に確かめてみよう。《緩》楽章である。

起句たる巻頭詩をまさに「夜の果への道」として立ち上げて方向性を定め、付属的・補足的な詩篇（「夏と預言者」）を介在させながら以下のように連結的に排列する展開には、主題（「夜」「旅」）の重畳化による悠然とした時間の流れが捉えられ、一つの詩章内をゆったりと満たしていく展開過程それ自体も一つの詩作となっている。すなわち、詩集の排列が排列として具体的に物語るところである。次は排列のとおり並べたものである（ただし、巻頭詩とその付属詩を除いたそれ以下の各篇）。

①「アンチゴネーの夜」②「オレステースの出発」③「オレステースの旅」④「オレステースの夜」⑤「テーセウスの夜」⑥「サムソンの夜」⑦「アッシリアの夜」⑧「ネストリウスの夜」

①〜⑧から固有名詞部分を外せば、「夜」→「出発」→「旅」→「夜」→「夜」→「夜」→「夜」→「夜」と、前半を除けば「夜」が並ぶ。このリフレインともいうべき「夜」の横並びが一冊の詩集の編成として語っているものはなにか。大枠としての時間的な流れに対する停滞感である。それを際立たせるための並び立てであり、あるいは連綴である。連綴感には急ぎ足の様子はないどころか、それぞれの「夜」にどっぷりと浸り、思いの丈を吐きだして「夜」を「夜」に接いでいく。同じ時間の流れを胚胎した「夜」の連結こそが、《緩》を生み出す仕掛けである。まさしく「楽式」の採用である。後半部の各「夜」から一部を掲げてみよう。

この重い夜の底へ死者達はくだつていく。
その上で金属どもは無意味な悲鳴をあげてゐる。
この「今」といふ疲れが絶えずおれを刻み、さいなみ、
しかし、おれは不死だ。苦悩の、再生のザグレウスなのだ。
おれの皮膚を犯し、おれの皮膚とならうとする不正に
おれは自らを裂きつづける。

（④「オレステースの夜」初連）

日は杳く　ヒッポリュトスの骸は　どこまで運ばれていつたか

この花園に　死せるパイドラーは　なほすすりなく
情慾の鳥よ　もはや来てはいけない
ここでは死よりも重く　生けるものが厳粛を学ぶ

（⑤「テーセウスの夜」初連）

砂漠の果によりそつてゐる生暖い都の上で、
夜はヒドラのやうに揺れてゐるのであらうか。
細やかに闇を組織する枝々に似た触覚が
水銀の睡りの底の群衆から立昇る無音の鼓動にをののきながら——
なほ傲然と聳えてゐる権力の太柱よ、
おまへは知らぬであらう、空しい風に舞ふ埃の祝福を。
自惚れた愛の笑ひがギシギシと軋みつつ瓦礫の底に埋れていく文明の重ね絵を。

（⑥「サムソンの夜」初連）

今朝、光を偸み鳥々は去つた。
遠い噴火。遥かなクウ・デタ。碧い湖を超える使信《メッセージ》。

（⑦「アッシリアの夜」）

わたしの眠りに海は遠く、夜はすべての襞を浸す。

年老いた石たちの記憶、神の亀裂。
人間の燥宴を象りつつ、やがて永遠の沈黙の中で、
それらは沙漠へ流れ去るであらう――
果しない苦悩を、純粋の神をも、運び去るであらう。
夢みてはならぬ脳髄よ、一切を。
危ふい映像のそそのかしを拒み、凡ゆる変相の中で唯一のロゴスを愛せよ。
だが、この闇を通して聞える戯れ女の嗄れた恋の唄は、頑なわたしの肉をさいなむ。

（⑧「ネストリウスの夜」）

結尾を飾る⑧で「夢みてはならぬ」「愛せよ」の断定形や命令形を使い、詩行に振幅感をもたせるが、それ以前のたとえば④⑤では終止形の多用によって起伏感は乏しくなる。⑥では疑問形や倒置形で余韻を生み出すが、並置の倒置形ではマンネリズムに失墜気味である。⑦は寡黙主義の上に詩行を立てている。いずれも⑧に向けた、ゆったりとした足取りである。《緩》を生まんとする意図的操作が読み取れる。古典派・ロマン派がつくる、通有の交響曲の第一楽章の速度感とは異なるものである。この点からもマーラー的と言える。

（3）　時制内時制

詩の内容については、詩篇に籠められた思いの丈を含めて、⑧をテクストに本書第1章で綴ったところである。ではなぜ古代を詠わねばならなかったのか、古代を詠うとはいかなることだったのか。すでに触れた点であるが、詩学的には鷲巣繁男が辿り着くべくして辿り着いた、すなわち「時制」のなかの同時性の獲得のためだった。そのとき古代はすでに古代ではなくなっている。時制が歴史的過去を過去として止揚しているからである。『夜の果への旅』ではそれを個別の詩篇としてではなく一巻の詩集として止揚している。

この点、「詩集の全体構成」が止揚に果たすところが実に大であり、ついには止揚にとどまらず、詩作の必然と自己実現とを結びつけた時制内時制の創出を経て、従来の日本詩とは異なる独自のエクリチュールを獲得するに至る。この「時制内時制」こそが、あたかもロマン派の系譜を逸脱し、自らを起点とするしかないグスタフ・マーラーの音楽の、独自な音の系列と成立事情を同じくするのである。

二　第三部の「楽式」

1　主要楽章の構成内容

（1）《急》の設定

それが第三部《ゲッセマネ》になると、《急》をもって一章を編むのである。しかるになにをもって《急》としうるかといえば、ここでも同様に詩題上にそれが確かめられるのである。まさに次のとおりに。

①「年代記」②「十字架降下」③「ユダ・イスカリオテの祈り」④「書信」⑤「ピラトゥスの日課」⑥「ゴルゴタを行くドン・キホーテ」⑦「主ヨ　ワレ深キ淵ヨリ」⑧「老人と鳥」⑨「花とセバスティアヌス」⑩「ダマスコスの酒場」⑪「レギオーン」⑫「告発者の影」⑬「マリアの本」⑭「ダニールの祈り」

①～⑭には、第一部に見られるような詩題間に膠着的な連結が用意されてない。詩題の排列は、詩集のサブタイトルである「ダニール・ワシリースキーの書・第壱」に沿わせて、第三部結尾の⑭「ダニールの祈り」に収斂する形をとっている。⑭を目指すことが目次（定本詩集巻末目次）として告知

されているのであるが、かりにそれを知らないでも（知らないほうが順当な読書態度が望めるが）、第一部との違いが察知される。第一部がフーガ的に同一主題を再生しながら展開していくのに対して、ここではオラトリオ的な散文的展開になっているからである。とくに②〜⑦は、場面によっては時間的入れ替えを伴っていたにせよ受難劇であることは読み進むだけで明らかである。ドラマチックな前のめりになった展開が期待され、実際にもそうなっているのである。

（２）二重存在としての主格設定

《急》の設定は、主格の立て方にも反映している。たとえば①の場合は、一章の語り出しであるとともに語り手の一章全体へ向けての予めの告知であり、かつ立場の表明である。自身であると同時に他者でありながら、相互作用的に自己否定を突きつける二重存在としての主格の設定である。第一部では結尾の詩篇を除けば、それも目論見のうちとはいえ、いまだ歴史的固有名詞がつくる主格のなかに偏向的でかつ埋没気味であった。その点から見ても意図的な主格設定だったと言える。以下に二重存在を胚胎した冒頭詩を掲げておく。

年代記

眠るがよい、けもののやうに、肉よ。

この重い疲れの底で、石さえも老いゆく夜に、
めつむりながら下つていく錨よ。

引裂かれた世界から逃れて来た時間の影達が、
互に罵りつつ　おまへらの上に折重なる。
悪魔は叫びながら　おまへらの中に入らうとする。

尊大な城門は絶えまなく闇を吐き、
おまへらの口から流れ出る涎は、
溶解された意識の恍惚。

おお　封印された夜。今醒めてゐる人は祈るしかない。
独り覚めてゐる人は祈るしかない。
そして、主よ、御身の祈りを聞きとつた者は一人もない故にこそ、
凡ゆる想像力の悲愴な痙攣がいつまでも、
そのとき見たといふ各々の夢魔の魅惑を、

荘厳に年代記の上にしるすのだ。（傍線引用者）

解説すれば、傍線部分に表出するのが二重存在である。「肉」「錨」は、二重存在を暗示するメタファである。「おまへら」は、他者の創出に向けた人称化の苦吟である。「今醒めてゐる人」ほか「各々」も同じ他者ながら自己を含意する点で「おまへら」とは異なる。二重存在の一方をなす他者たる存在者である。最終連は主体者を裏側に回りこませているが、この詩行の背後に潜む者（「独り覚めてゐる人」）こそが自身である。現在を生きる身でありながら同時代人としてキリストの受難を語る年代記の記者（架空記者）である。すなわち時制内時制を生きる覚醒者である。

（3）時空の創出

前章の繰り返しになるが、「年代記」に記すのは、詩人が生きた戦争（アジア・太平洋戦争）、とりわけ中国戦線での、一夜にして自己認否を突きつけられることになる体験であり記憶である。籠められた思いに拘れば、「年代記」であるとともに「戦争詩」である。普通に綴れば回想的な戦争詩になってしまう。それがまるで文脈を違えた新規なエクリチュールとなっているのは、自己体験の時制化に見出された詩学が、人がその時々につくる体験を歴史的記憶から解き放ち、同時性を今に甦らせているからにほかならない。鷲巣繁男の詩篇が目指す時空の創出である。

かくして「年代記」は、キリストの受難から使徒の受苦までを自己体験に組み込みながら、自らの血の記憶（流血の記憶）を年代記の「記者」のそれとすることで、「時」を冒すことをも厭わない。否、それこそが今を生きる意味となる。第一部がギリシア神話やギリシア悲劇あるいは古代オリエントを叙述するのは、自己体験の深淵を窺い知ろうとするための予めの遡行である。併せて絶対者キリストの再措定のための予備作業である。

2　詩篇の構成

（1）開始の調べ

いずれにしても、以上の時空創出によって詩人はキリストの十字架降下の現場に立ち会うのである。そして自らの声として呟くのである。読む側に向けては同時体験を迫るものとして。以下いくつかの詩篇を覗いてみたい。「楽式」を念頭に置きながら。

主は去りたもうた　そして主は来りたまふであらう
その二重の意味への確信を　わたしたちは語らうとしてなほ口ごもる
うちひしがれたおん母マリアの傍で……

（「十字架降下」初連最終三行）

次は「ユダ・イスカリオテの祈り」である。キリストを売った裏切者である。「わたしがあのひとを人間に売つたやうに、あのひとはわたしを人間に貸す。」（同詩篇一節第二連冒頭）かくしてかつての使徒（十二使徒）たる身の重みを今は裏切り者のそれとして背負い直す。逆説的ながらある意味生き直しである。筆者は、この一行にさえも詩人の戦争体験（同行前半部分）を読み、戦後の北海道開拓入植＝北方流謫（同行後半部分）を読まずにはいられないのである。「そして、わたしは凡ての罪を秤る。」（同二節第一連最終行）の一行に自己断罪に向かう呻吟の内声を聴き、その上で最後の二連を次のように引かずにはいられない。

わたしには終りはない。あのひとは完璧となるだらう。
だが、風に漂ふわたしにいりようなものをまことに知つてゐるのだらうか。
愛でもない。憎しみでもない。わたしがわたしをはつきり認めるための
ほんのひとつまみのわたしの重みについて……

ねがはくば、わたしを一箇の重みとなさしめたまへ。
銀よ、おまへのやうにすべての罪を秤るために。
ねがはくば、わたしを純粋な重みとなさしめたまへ。
星よ、御身のごとく、すべての存在を支へるために。

（「ユダ・イスカリオテの祈り」二節第三、四連）

詩篇を身近なものにする上に作者の経歴を知ることは不可欠である。「風に漂ふわたし」とは、開拓入植に失敗し札幌に出て様々な職業を転々としなければならなかった、不安に苛まれる日々の上に記された詩句である。「わたしの重み」とは直接的には「風に漂ふわたし」に対する反措定であり否定的措辞ながら、当時の厳しい現実を思えば、定職・定住化を含意した現実と無縁の「重み」とも思えないし、それが下地になっているからこそかえって流謫下での自己実現としての「わたしの重み」の意を強めずにはおかない。「わたしを純粋な重みとなさしめたまへ」の「純粋な重み」の意味の内情である。

（2）展開部の音楽的語法

いずれにしてもユダに詩題を求めるのは、流謫者ダニールとしての再認識のためであり、同時に再認識のための諸条件を取り揃えるためである。話を楽曲上の《急》に戻せば、ひたぶるな想いを前へ前へと推し進める必要がある。急かし気味になることで《急》を得るのである。排列が肝心となる。かくしてシモンの登場となる。その人のことは知らない、とキリストとの関係を否認したシモン（シモン・ペテロス）を、畳みかけるように次の裏切り者として登場させ、「書信」を詠わせるのである。音楽的には第一主題（「受難」）の展開部に相当する。

シモン、シモン、逃れていつたシモン！
おまへのあしあとは砂上に啜泣いてゐる。
今朝、見知らぬ商人は禿げた駱駝に鞭うつて発つた。
厲しい感動とくるめきを胸うちにたたみ、
夥しい兵士と汚れた群衆をくぐりぬけて――
魔術と祈禱、レプラやあしなへに充ちた聚落。
香料、没薬、綾布や金銅の交易の市。
それらが永遠であるやうに彼の道は果しない。
彼は再び見るだらうか。丘の上の処刑者を。
釘づけにされた盗賊、石で打たれる異教徒を。
更に間断ない地震。日蝕の豫言。
泣いてゐる女等の傍で充実した白日の野草の花。

（「書信」第二連）

（3）転調から再現・小結尾

次の一篇（「ピラトゥスの日課」）は転調のパッセージである。それもやはり《急》への備えである。アクセントをつけたのである。その時ピラトゥス（ローマ属州ユダヤの総督でイエスの審判の立会者にして最終裁定者）は、ただ立場によって威厳を身に纏うだけで、元来は一人の小心で善良な、しかも恐妻家でしかない。しかもそれは彼に限られない世の一般であるとして、世の中（総督が担う歴史的な世の中）を代表して詠ませるのである。

故に彼は、二重存在の外に置かれる。しかし、音楽的には楽曲の多様性・多元性を高め、続く第一主題（受難）の再現部「ゴルゴタを行くドン・キホーテ」からその展開であり一つの結尾の楽節である「主ヨ　ワレ深キ淵ヨリ」の詩篇に至る。

〈ピラトゥス、小心のピラトゥスよ。
日課は終つた。君のリポートはブランクだつた。
君はただ不幸な立会人だつた。誰よりも徒労な人生を知つてゐて、
しかもそれらの日々のために、いつも最善はつくして来たが、
おお、ピラトゥス、忠実なピラトゥス。
（略）
君の唯一の努力とは、君の妻の不安をなだめることだ〉
（「ピラトゥスの日課」第二連・二字下げ連）

わたしが泯び去つたと誰が言ふのか。
わたしの上でまあるく時間を支へてゐた天使を

見た者は、
今もわたしを見るだらう。
（「ゴルゴタを行くドン・キホーテ」初連）

うづたかい死は夜へなだれた。
柵を越えて逃げた男は砂の上にすすりなく。
灯をかかげて美少女は来る。
白毛を散らし希臘共通語《コイネー》の岩山をわたしは辿つた。

壁の裂目から小鳥は翔つた。密輸犯は纜を断ち、
屍衣を奪つた兵士らの　カルタのランプ。
今、嬰児らは産声をそろへて泣く。
《主ヨ《いず》、ワレ深《ぐるびにー》キ淵《うじわーゆ》ヨ《ふ》リ叫《てーべ》ビヌ《ごすばでぃ》》
（「主ヨ　ワレ深キ淵ヨリ」第二、三連）

（4）第二主題の展開

次は再転調パッセージの「老人と鳥」――「鳥たちは朝々に賢く、／ガラス戸の内側に／人々は過去の軸を廻つてゐる。」（同初連部分）。同詩行を挟んで、新たな主題の提示となるが、第一主題の発展形である「受苦」（第二主題）として殉教者セバスティアヌスが立てられる。二重存在たる殉教者

の登場である。

なんといふ内部の暗がりから光を放つのだらう、
形の中で絶えず自らと争つてゐる花々の重さは……。
そこから溢れるエネルギイが世界を悲壮劇へと駆りたてる。
歴史の幕あけを待つわたし達の匂ひは獣だ。
そして、この真昼は、炎える花園の故に、いよいよ闇を厚くする。

おお　セバスティアヌスの肉へ次々と刺さつていく矢よ、
流れ出る血は、あらゆる存在をひたしていく。
いきなり、天使たちの大きな剣が
一閃、異様な光を中空へ放つたのか――
わたしたちはめくらむ。

（「花とセバスティアヌス」第一、二連）

続く「ダマスコスの酒場」（掲載略）は、タイトルどおりのイメージで、楽曲的位置としても「エピソード」的ながら不用意な挿入がいささかスケルツォを彷彿させないでもない。それかあらぬか、「このダマスコスの酒場で　間断なく時を刻んでゐるジャズ」などの意表を衝いた凝った詩行が挿入される。最後は異端の烙印を押されたマルキオンを唐突に立て「マルキオン　御身を愛する」と語らしめ、第二主題を閉じる。閉じ方はいささか早急ながら、満を持してコーダを開始するためであることが分かる。マルキオンはそのための布石である。

（5）前半部コーダ1

「レギオーン」と「告発者の影」は、前半部のコーダ的な楽節として企図される。同時に第三部の前半部に弾みをつけ後半部に転換していく繋辞的役割を担う。まずは「レギオーン」であるが、重厚感を増すために「主題労作」に付加的な主題（「信仰」）を盛り込んだ、錯綜した複雑な対位法的書法が駆使される。なお意味的には「レギオーン」（軍団）こそは、詩人がかつて属していた大日本帝国陸軍にほかならない。一兵卒であった自身を念頭に詩人は記すのである。


移動する軍団《レギオーン》！　盲ひた力よ。無数の顔、無尽の足。わたしの青春の憶ひ出の戯画。

この帝国の夜の道に、わたしはおまへらとゆくりなくすれちがふ。

狂ほしいカラカラの手兵たち、わらふべきエラガバルスの親兵だつたもの。時空の中に変貌し、
この道の上を黙々と歩み、運命のなかに殺戮し、掠奪し、犯しゆくもの。

黒曜石の神も、ミトラも、そしてイエスよ御身すらも愚行の象徴にすぎないのか。

あらゆる情熱と欲望の旗印。軍団《レギオーン》！　おまへらは征き、わたしは帰る。

ともに沙漠の果へ向つて――。

（「レギオーン」第二連）

二行目「わたしはおまへらとゆくりなくすれちがふ」によって時制転換が企てられる。そのままカエサルに率いられるローマの軍団が、歴史時間の現在形に佇む。三行目の「カラカラの手兵」（カラカラはローマ帝国史の記録に残る暴君の一人）、「エラガバルスの親兵」（エラガバルスはローマ帝国史上最悪の暴君とされた人物）に擬らえるのは、常軌を逸した戦争が普通の人々にもたらす狂騒であり嘲りであり、その繰り返しである。本来の過去（古典的過去）の掲示によって現在のそれが時制的転換の下で再強調されたのである。

愚かしさは軍団にとどまらない。異端を巡る宗教論争をも論わないわけにはいかない。多声をもってする対位法的書法を連ねる。

わたしは思ひ出す。きのふの茶番劇の終幕を。陰謀と詐術に満ちた会議の結末を。
慌てふためいて駈けつけたアンティオキアの坊主達。傲慢な教長の髯。怒りに膨れた長老の耳。
ビザンチウムとアレクサンドレイアのどすぐろい嫉みと憎しみ。
すべての打算と利害、まやかしの坩堝の余熱。権力と血と阿諛と哀願。
あゝ　その中で、わたしの孤独に何の栄光があつたらう。
わたしには、あの熱狂した殉教者すら　もはや無縁だ。

（同第三連より）

「わたし」とは、前段「エピソード」（「ダマスコスの酒場」）の「マルキオン」をその身辺に感じながら、あるいは身体から伸びる影としながら、現世の流謫者である詩人自身の身をも重ねる、一人称ながらも「二重存在」たる「三人称」的存在（話者）である。かつ三人称たる話者が空しく覗き込むところの公会議批判によって時制的普遍性を手中にした、詩行に屹立する超越的「わたし」でもある。なお「マルキオン」は、後に一冊の詩集（書・第弐）として結実する。

やがて虚無感は、絶望的な慨嘆に「わたし」を陥れる。いまや主題の「受難」や「受苦」にさえ背を向けかねない。「イエスよ、御身が十字架の上で幻であらうとも、神の子であらうとも、生身の人間であつたとしても、／それらは、つまりどうでもよいことなのだ。」（同第四連部分）。あたかも音楽的「反行（反進行）」を聴くがごとき下行音階的な響き具合であるが、それも次の最終連（第五連）を聴くことで、到達点を高く響かせる前置きかつ見せかけの調べであったことが分かる。「もはや、わたしにとつていりようなのは、御身が偉大な魔術師であることのみ。」（同第四連終行）。この尊大な態度を露わにして吐き出される以下の詩行に、しかし最大級のイロニー（「豚」）が籠められていたのを知る。戦後生まれの身にはただ胸苦しいばかりのイロニーの響きである。

されば、御身の呪詛がなお力あらむことを。
移動する軍団《レギオーン》！

主よ、御身のひとことによつて彼等が豚となつて走らむことを。
死と滅びの淵へまつしぐらに――。

（同最終連）

（6）前半部コーダ2

「告発者の影」は「わたし」のドミナントである「おまえ」を話者（奏者）として冒頭コーダを重く引きずる。

いささかのためらひのあとでおまへに絡む夜へ
樹よ　おまへの中に囲はれた　いま一つの夜が溶け入るとき、
記憶の中の太陽が深淵の愛をまさぐつてゐるとき、
おまへを養ひ　おまへを聳てしめた死者たちの囁きと
夜を盈たすべき苦悩の歌が、
巨大な告発者に　おまへを仕立てていつた。

（「告発者の影」初連前半部）

やがて第三部終曲部に向けて前方にかすかな光を見出していく。その前に結語しておかなければならない、かつての自分でもあった若い兵士たちのために。罪の意味とさらなる重みについて。

そして、いつの日か、ユダの縄は朽ち、彼は顚落していくであらう。
そして樹よ、おまへも言葉なく朽ちていくであらう。
裏切られた愛と、裏切られた怨みの、とりとめのない風の中で、
おまへの影だけが巨大に佇ちつくすであらう。
この帝国の道を進む若い兵士たちの　いぶかしげな眸のまへに。

（同第三連）

3　終曲部の書法

（1）　終曲部前半

a　聖母（生母）マリア

後半部（終曲部）を構成するのは、二篇（二曲）ながら、詩篇数は五篇＋五篇で全体とすると長篇である。最初は「マリアの本」である。なぜマリアなのかといえば、同詩篇のエピグラフに真相を知ることができる。

そこに在るといふことの貴さを、そこに在るといふことの恵みをひとが感じるとき、彼はその母の思ひを彼の深淵から汲む。／おとづれの衝撃。そして充足。未知なるものに包まれてある故の

存在の輝き。

（「マリアの本」巻頭詩「告知」エピグラフ）

ここにあるのは、詩人のなかのもう一つの二重存在、言い換えれば詩人の立場を一旦離れたもう一つのそれである。生母の存在である。生母は、関東大震災で倒壊した家屋から幼い詩人兄弟を庇って命を落としたのである。その生母が一方に置かれた二重存在である。「彼はその母の思ひを彼の深淵から汲む。」生かされて在ることの深淵からである。しかしあからさまに聖母マリアに重ねることはできない。本篇では通奏低音として忍ばせている。想いの丈の激発を抑えたのである。

それでも今まで使われなかった「年老いたぼく」（「告知」に続く詩篇「エジプトへの道」中の一詩句）なる人称形が前触れもなく立ち現れる。あたかもマーラーの楽音に突然鳴り響く鈴（カウベル）の音を甘く聴く思いである。自然、読み手側としては、「生母」の姿を遠くに浮かべながら読み進めることになる。時には身近に。

マリアよ、あなたの疲れた眸が、ふと水際の折芦を見た。
ひとり離れて、けんめいに、僅かな光を文へてゐるのを……。
マリアよ、あなたを呼ぶ声は、そこから聞えてゐたのだらうか。
それとも、おん母よ、あなたのそれが似姿なのだらうか。

（「マリアの本」のうち「芦辺のマリア」最終連）

もうこれでは――「折芦」などと聞かされるのでは――倒壊した家屋の下で兄弟を庇う母性の壮絶な姿に痛々しく直面するばかりである。でも、これ以上は歌わない。悲歌に沈みこむ想いを断ち切ってただちに次篇を起こしていく。曰く「ピエタ」としてである。「悲しみの聖母像」である。響きも一変する。上行音階を駆けあがって高止まりし、絶唱気味に一篇を走り抜ける。

ピエタ

その胸の小さな傷口から地平へ拡がる亀裂に、
暗黒の昼を　たえまなく稲妻が注いでゐる。
この大きな「不在」の中心に曝されてゐる裸身の上に、
マリアよ、おんみのみが現身《うつしみ》を確かめる。

なんといふときあかしが強ひられるのであらう。
喪はれたものが還つてくるよろこびは、悲しみの極みにあると。
これぞ、おんみの時。再び喪ふであらう予感の中で、
おんみの涙は洗ふ。形を、形を蔽つてゐる死を。

ひそやかなあこがれ、のぞみ、肉の時劫を、
ある日まつすぐに一つの言葉は来た。
光がはじめておんみを射たときの　はぢらひ、めまひ、
荒廃の世界《よ》の頂で、それらはおんみから放電する。

おお　絶対の喪失者よ、母の中の母、
悲しみの中に聖化されていくおんみの肉よ、
今はただ　素朴な頬ずりのみが識るであらう。
涙が洗う形を、形を蔽つてゐる一切の死の意味を。

詩行数も意図的な定型である。同じ四行四連を踏襲することで、前後の違い（響きの違い）を際立たせるのである。続く「マリア被昇天」も四行四連である。調性としては前二篇の融合である。

マリア被昇天

誰がわたしに言ふのだらうか。何故に御身は選ばれたのかと。

何ゆゑ聖霊《みたま》が宿りたまうたのかと。
おもひがけなかつたもろもろに養はれきて、
不可思議ないのちよ、わたしは今それを終らうとする。

（第二、三連省略）

見上げてゐる聖なる人々よ、さやうなら。
とりわけトマスよ、不信の愚かなトマス、
わたしの帯に触れ、確かめてゐる者よ。
わたしはおまへに送るのだ、最も親しい最後のまなざしを――。

b　不信者トマス

前掲詩篇中の「不信の愚かなトマス」は、詩人に立ち戻った鷲巣繁男が措定する二重存在の一人である。疑い深いトマス（十二使徒の一人）は、人々が墓から蘇ったイエスに会った（「主にお目にかかった」）と言っても、「わたしはその手に釘の跡を見なければ、わたしの指をその釘の場所に差し込まなければ、手をその脇腹に差し込まなければ、決して信じない」と最後までイエスに帰依しなかった。そこにある日（八日の後）、いずこからともなく現れたイエスが、トマスに語る。その指で釘跡を確かめるがよい。その手を脇腹に差し込むがよいと。そして「不信仰をやめて、信ずる者らしくしなさい」と。言われたトマスは「わたしの主よ、わたしの神よ!」(以上、塚本虎二訳『新約聖書 福音書』「ヨハネ福音書」二十・二十四-二十八)と答える。

本詩集がダニール・ワシリースキーを冠した第一の書(「書・第壱」)であるとは、キリスト(ハリストス)への帰依を自ら標榜したに等しい行為である。時に詩人の齢はと問えば五十一。いまだ壮年ながら長年の疲れを溜めこんだ身に加えて、いくつもの宿痾を抱える身体でもあった。初老の兆しを目尻に浮かべていたとしてもおかしくない。

詩人の身は、明治以来の正教の家系を襲う者としてある。いかにも遅まきながらの帰依を表明しようとしたのである。ただし未だ著書内(詩集内)にとどまる。教会に足を運ぶようになったのは翌年(一九六七)からのようである。「継母の死をきっかけとして、札幌ハリストス正教会の日比義夫神父を尋ねるようになる」(前掲・神谷『詩のカテドラル——鷲巣繁男とその周辺——』「年譜」)とあるからである(さらには同著「詩人と宗教」一二九頁)。それも前年の詩集がもとになっていたとすれば、日常的にも帰依を表明することになったということであろうか。いずれにしても、「わたしはおまへに送るのだ、最も親しい最後のまなざしを——。」は、自分の犠牲となって死んでいった生母が事切れる間際に自分に送った「最後のまなざし」にも読めるが、わが子の帰依とその行先を見守るそれにも読みとれる。

かくしてすべては整う。不信者トマスを立て彼をいっぱし生きることで、不信仰者は、いまや聖名

（ダニール）に還ろうとするのである。大曲たる「書・第壱」の詩集は、それに見合う大終曲部を奏すべく、「ダニールの祈り」のスコアをいままさに開かんとする。

（2） 終曲部後半

a 書法とテンポ感

音楽的観点から前稿（第1章）で触れえなかった点を挙げれば、「ダニールのための夜の歌」である。同詩篇は、五篇（「狼」「果実と傷口」「ダニールのための夜の歌」「冬の一夜」「ダニールのための朝の歌」）からなる「ダニールの祈り」の中核となる詩篇で、排列的には五篇中の中間部をなしている。量的にも最大だが、最も特徴的なのは、書法の多様さである。まずは長行化である。改行すれば三〜五行となるのを一行仕立てに組み替えてしまっている。例示すれば、

おゝ　くらがりの中で片意地な記憶の核が、新しいいのちを分泌するのだらうか。おぼろな「私」といふ輪郭を夢み。その核が夢みる無数のわたし。それを殺しつつ日々のわたしは、祈りを真似るのか。

（「ダニールのための夜の歌」初連部分）

あるいは、

レプラと共に光の中を歩むとき、残酷な時をいかに弾劾すべきか。おお、魔術師のやうに倨傲に歩むのか。イエスのやうに悲しみの裳裾をひくか。日の下に、瞬時にして蒼ざめる文字よ。霧散する歴史！

（同第三連部分）


見計らったようなテンポ感である。小刻みでありながら次々に発話を繰りだし、瞬時にして響きを詩行中に定着させてしまう。それが計三十二行を費やして間断ないのである。譜面に擬えれば、弦楽器のパート譜である。それも弦と弦の応酬と総奏を繰り返しながらの長丁場を緊密な響きで埋め尽くしていかねばならない。トゥッティで弾き切った後には、高らかに響く高音階の金管が待ち構えている。問いを発するためである。それが二度にわたって奏でられるのである。山括弧は弦による応答部である。


主よ、どのやうに死は叫ぶのでせうか。

死はどのやうな創口から飛び出すのでせうか。

〈おゝ、ゼウスの頭から一声叫んで飛び出すアテネ。その時諸神は褶伏した〉

そのやうに、死の前に万物はひれ伏すのです。主よ、しかし、あなたの光が私に触れるとき、わたしは祈るでせう。

〈死は風景です。私の中の記念碑です。闇の中の、自ら光を放つ塔なのです。

やがて私の中の神話なのです。〉（同第四連部分）

応答後は再び弦パートの合奏に戻されるが、再現部で調性を長調にとって、しかも内容もエピソード的でかつ抒情的である。まさにマーラーのような変化に富んだ音調の切り換え方である。

轆轤は廻つてゐた。幼いわたしたちはみつめてゐるのだつた。一つの形を夢みつつ削られてゐる
　粘土を。芯棒をつたはつて神様が下りてくるのを。
そのとき、小さな明り窓から、ふしぎな光が差してゐた。幼いわたしは思ふのだつた。物の中で
　挫折する或る魂を。光に沿つて逃れていく見えない或るものを。（同第四連部分）

b　オーケストレーション

この直後、「書法」も改行形から一続きの散文形に姿を変える。しかし、定量化されたパッセージは固定的で、連続性が途切れないために変化後も同量的な小節で詠われていく。凝縮した散文形でアフォリズム化し、同時にリズミカルな響きをもろともに得ようとしているのである。全体への目配せが行き届いているからである。マーラーがそうだったように、その時の詩人は大指揮者として指揮棒を振っているのである。細部の詩法化が全体のそれと応じているのもその結果である。

叙事詩は、詩人にとってまさに一つの交響曲であった。故にオーケストレーション抜きには詩篇は

編めない。

陽気な獄吏は鍵を鳴らして歩む。庭の木は忽ち夜をまとふであらう。われらは見る。死の速度を。物達がひそかにまじはる卑俗な時間を。壁はめぐつてゐる。壁は増殖する。果しない罅割れには、売られた歌がうたつてゐる。

（同第五連部分）

あるいは、次連冒頭がつくる次のくだり。

風は厲しく打つてゐる。髭の中の汚れた思想を。独裁者の不眠の鼓動を。古びた死者達は地球をめぐつてゐる。人工衛星のやうに。引裂かれた新しい死は拡がるであらう。探鉱の技師たちがたどつて行く渓間の黄昏を。孵化場の夥しい銀の昧爽を。

（同第六連部分）

最後（最終連）は短行の改行詩に立ち戻って二連を立て、再度異なる響きを聴かせるが、切り換えは「木管」に担わせる。断絶的な鋭い音を上げずに、あたかも柔らかいソロ・クラリネットを奏でる感じだからである。別の木管が横並びに被さった後、打楽器の一打で膨らませて、一打の響きが消えないうちに木管アルトでやわらかく閉じ、結尾を俟って静まる。弦に惹起された結尾は、結尾をあえて飾らずに打楽器の再打（一打）で後続を断ち切ったように終える。このあと変奏部を挟みながら終曲「ダニールのための朝の歌」に至ることになる。

背《そびら》の書割は風を孕んでゐる。
運河の上にしつらへられたサーカス小屋の藁臭い舞台の中で、
私は、にはかづくりの手品師なのだ。
——神よ、御身は何と遅いのか！
観客は皆、小さな口をあけて待つてゐる。
奇蹟が起るのを。

私は待つてゐる。しかし、
——神よ、それは御身ではないかもしれない。
地平に現はれるレオニダースの使者！

（同最終連）

終曲「ダニールのための朝の歌」については、それが中原中也の「朝の歌」と同じ意味合いを帯びていたことは第1章で記した。詩集名『夜の果への旅』も、結局、詩集巻末の一篇「ダニールのための朝の歌」を得るためでもあった。ここではそれを「楽式」として辿り直したことになるが、あらためて詩集全体が交響曲的な楽曲であることを知り、実際にも楽式的配慮がきめ細かく働いていた痕跡を此処彼処に認めることになった。しかもマーラー的書法のなかで。

三　第二部の「楽式」

1　多彩な楽曲的詩篇

(1)　スケルツォの意義

遡って取り上げるのは「インテルメッツォ」である。ただ単に中間点や転回点を目論んだ編成上の構成的意識だけでなく、詩の内容及び書法からも、ここではさらにマーラー的であるのを知ることになる。

マーラーのスケルツォの響きは、曲によっては前後の楽章との連続を殊更断つようにして実に錯綜的である。また独創的な曲想は、時におどけを演じては逸脱気味である。しかし諧謔が時に思いがけない哀しみと背中合わせであるように、アダージョやアンダンテを相対化する多彩かつ異質な調べの質は詩的で、しばしば「重いスケルツォ」(上掲・柴田、一一九頁)となる所以である。このスケルツォの響きや書法の先に再び音楽としての「インテルメッツォ」の詩篇を「読む」ことが可能となる。

（2）構成の特徴

第二部たる第二章「インテルメッツォ」は、次の六篇からなる。詩題を掲げる。

①「死者たちへの手帖」②「Scherzo Contemporaneo」③「奇怪な夕暮」④「霾」⑤「死者の庭で」⑥「インテルメッツォ」

詩形式から掲げ直すと次のとおりである。

①長篇改行詩─②枝篇改行詩─③短文散文詩─④単連改行詩─⑤長文散文詩─⑥散文的改行詩

一見して明らかなように、実に変化に富んでいる。枝篇改行詩とは一篇中にさらに小さな詩篇を入れ子状態で複数有することである。ここでは三篇（「窓がある午後のスケルツォ」「亀裂と映像」「物憂いエレクトーン」）からなっている。こうした改行詩一つをとっても、同楽章を中間部とし転換部とするための、手法的にもかなり斬新なリズムが採られていることが分かる。実に変幻自在である。書法的にもマーラー的独創を地で行く感がある。

①〜⑥の特徴は、二重存在を介在する前後の楽章（詩章）に対して、一人称主語によって直接的に対峙していることである。ここには時制変換や同化を介さないで、そのまま現在形に呼び戻された戦

争体験がある。戦争体験のリアリズムに生まれる直截性であり、その為せるところである。しかしそれだけに主語が主語として機能しなくなりかねないのも戦争体験である。

エピグラフに大きな役割が託されるのはこんな時でもある。これまで見てきたようにエピグラフは鷲巣詩篇の特徴の一つであるが、ここでは単純に意味的重層化あるいは複合化のためだけでなく、それ以上に意味の拡張化を一義的目的として用立てられる。異なる支点間に生じる緊張感は、たしかに現在形一人称への埋没的没入に対して抑制的である。確かめてみよう。

（3）　事例分析1

まずは全体に対する前置きとして使われたのが、二十世紀イタリアを代表する詩人の一人サルヴァトーレ・クァジモドの「不滅の死」である。すでにエピグラフの題名自体が第二部に対する諧謔を物語っている。しかも引かれた一節（原文）は、

「ワレラノ談話ハウツリカハリ、今ハ不条理モ条理トナル。」　（鷲巣繁男訳）

である。開始するに当たって最初から念頭に浮かべていたのは、戦争とその戦争をいかに語るかの語り（「談話」）であった。そして一行を開けて第二部の巻頭詩（①）となる。戦後も傍らにとどめ置き、事あるごと開いていたに違いない『軍隊手帖』を指す「手帖」である（「コラム1」）。①は計二十連か

らなる。以下はその冒頭部分である。

草たちの陰謀の中へ蜥蜴が入つていくとき
神の憐れみは小さな尾へ注いでゐる。
若者たちを見送つた丘に立つと、
港の眩しさに、私は忽ち老いる。
崩れた土くれに永代借地の鉄線は朽ちたまま　なほ続いてゐる。
（「死者たちへの手帖」初連）

中国戦線に征く「若者」を「見送った」出航風景であるが、おそらくは見送られたと受身形にして読むべきだろう。したがって「忽ち老いる」も、当時を一人称現在形として生きている者の、我が身を省みる悲嘆の呟きとして受け止める必要がある。以下、「手帖」に記されていた内容が発想源となっているのだろうか、エピソードが陸続と押し寄せるように打ち続く。二三掲げる。

海峡は膨らむ。死者たちは花粉を放つ。
渡つていく孤独な蜜蜂師の背中に今も貼りついてゐる戦闘《コンバット》。
《声をあげたきり　居なくなつた　おまへ！
《声をあげたきり　振り向かなかつたのか、おまへも！

この崖《きりぎし》、晴れた白い道は渇いて尽きる。

（同第三連）

言ってみれば死ぬための渡海である。戦場の声を現在形で聴いているのである。聴いているのは、続くことのない（できない）「声」である。死の襲来である。ために二重山括弧は完結しない、しえないでいる。戦友たちの死を後ろに残して形だけの「征旅」に向けた道が、当て所なく定めないままに結局先を塞いだ「崖」に辿り着くしかない。ただ虚しさにのみ向かって続く道である。

今、春婦が飲んでゐるカプセルは秘められた宇宙飛行士のやうに溶解する。
ひきつつた戦争からはじかれた帰休兵は、
酒をあふりながら、彼方の夥しい死者の談笑に属してゐる。
やがて果樹園を吹き抜けた夜が、伽藍の空洞に
化石になるのを待つてゐる天使らを包むとき、
蜥蜴の夢だけが、この世の連帯の虹色をステンドグラスに燃やすだらう。

（同第六連）

詩人は病を発して傷病兵として一時「帰休兵」となる。負傷兵が横たわる病院での思い出だろうか。療養中にも想いは戦場の戦友たちに向かう。彼らの死に新たに重なる死を思いめぐらすのである。前線を離れていても彼らの死と一つになる、ならざるをえない。蜥蜴にこそ実存主義を謳うべきとする

のはなぜか。これは詩ではない。真実だからである。また違う意味でシベリア抑留詩がそうであったように。

雲たちが絵具を煉つてゐる隠微なホリゾントの彼方。
若い兵士が倒れてから無量の時間が流れた。
鳥が生まれ、私のカンバスに死ぬ。
影は去り、啼き声だけが鋭く「今」を裂く。
兵士の吐息は最後の生を密林の中で試みるだらう。

（同第十五連）

戦争が終わり「若い兵士」との間には長い時間が流れている。カンバスの日々（「今」）の最中に立てかけられている。かつて鳥籠の中で啼き声を聞かせてくれた鳥（小鳥）も死んだ。いまは死者の魂を運ぶ啼き声となって彼の声を今に甦らせる。玉砕に立ち向かう声。忘れえようか。私の「今」は絶えず引き裂かれる。死者を生きる。生きようとすればするほど、でもこの現実との間に生まれる大きな亀裂。すでに詩行は次の連に跨っている。そして呟く、「この亀裂は大地の稲妻のやうだ」（第十八連起句）と。

死者を生きてもすでに一人称現在形の「今」にしか留まれない詩人は、亀裂に生を引き裂かれねばならない。死者を生きるのが亀裂なら、そのようにしか生きられない不条理は人の定めにほかならない。故に「くちづけ」するしかない。詩人が「手帖」に記す最終連である。

だが、やがて亀裂はこの世界を締めつけるだろう。
その中で私たちは、ただくちづけをするしかない。
冷たい金の十字架の両側から……
愛の堅さ、死の堅さ、苦痛の胸、主よ、御身の不条理への叫びの上に！
（同最終連）

今一度エピグラフを引いてみよう。「ワレラノ談話ハウツリカハリ、今ハ不条理モ条理トナル。」最終連を得て、その先に「二重存在」たる自己存在を再措定し、時制を生き直さんとするのである。かくして前後楽章との内的連繫が果たされていく。

（4）事例分析2

次のエピグラフは、④「霾」に使われた「詩経」である。巻末の「エピグラフ自注」には以下のように注記されている。「「詩経・邶風の中の第二聯」風のうへにほこり　吹きまはし次第。行き来もせずに　心はわびしい（魚坂善雄氏訳による）」と。「霾」は、辞典によれば、「つちふる。大風が土砂を空に巻き上げて降らす」（『角川漢和中辞典』）とある。*
戦場を往く、今の詩人である若い兵士が、行軍の傍らに目にしたのであろう大地の異変。広大な中国大陸の上に演じられる大自然のドラマチックな光景。霾のなかに霞む中国三千年の詩文の趣に通じる、人文的な景観である。詩人は中国古典に若年より親しんでいた。なぜ侵略しなければならなかったのか。詩人となった今の寂寞とした大地への思いが昔日の光景を甦らせるのである。

霾

終風且霾　恵然肯来　莫往莫来　悠悠我思
〈詩　経・邶　風〉

満目の
あふれ拡ごり　音もない喪の幕《とばり》
腕を組んだ老爺には　腕を組んだ女が続き
腕を組んだ少年がつづきます
そして　その無言の列は
もう一万年も動きません
（二行略）
動いてゐるのは
あれは凶兆　地平です
あふれ拡ごり　音もない喪の幕です

あめ色の売られゆく日輪です
土が降ります　歴史のやうに
自らを捲きおこし　自ら舞ひ　沈みます
（以下六行略）

歌謡調になにか胸を締めつけられる想いを抱くのは、予め詩人が目論んでいたシュールな言語感覚に素早く反応したことを意味する。ベースで低く開始しておいて、突然、冒頭で我に返ったかのように弦のトゥッティで思わせ気味に「満目の／あふれ拡ごり　音もない喪の幕」と厚めに響かせながらわずか三小節で休止してしまい、以下最後まで弓を下ろしたまま、奏者たちが耳にするのは、木管ソロの淡々とした応答のみである。マーラーのスケルツォのいくつかのパッセージに聴くような変幻自在な書法と言わねばならない。

＊あまり使われない漢字だが、三好達治の『春の岬』（一九三九）に収める未刊詩篇（追補詩篇）の総題及び集中の一篇に「霾」が使われている。そして「つちけむり」と振っている（ただし新潮社版『日本詩人全集』21）。また俳句の季語（春）としても使われる。それぞれの年代からすると、少年期から漢詩に造詣が深く実作者でもあった詩人にとっては、一義的には漢詩の知識がもとになっていたのであろう。

（5） 事例分析3

最後は第二部の巻末を担う⑥「インテルメッツォ」のエピグラフ（詩篇中では原文）である。

「カクノ如キ欲望ノ、カクノ如キ愛ノ、苦悩ヲ御身ラハ曽テ聞カザリシヨ。（トマ「トリスタンとイズー」）」（『夜の果への旅』「エピグラフ自注」による本人訳より）

敗戦後の日々を懊悩の内に生きる詩人が、かつて自身を囚えた確信（天皇崇拝＝古代天皇崇拝）を、死によっても絶ちえない永遠の確信（恋愛論）に自己の存否を量るかのようにして引いたのである。あるいは「確信」を支える矛盾が、果たして意味のあることであったのかと、トリスタンとイズーが誤って飲んでしまった「愛の秘薬」にすぎなかったのではないかと、自己否定の批判精神に晒し続けるためである。やがて思い至った愚かさを、遠くゲッセマネのイエスの祈りのもとに及ぼすのである。そして人こそ愚かなりと新たに深まりゆく苦悩を一つのリフレインに託すのである――「イエスが祈つてゐたそのひととき／寝込んでしまつたおまへの疲れは／この夜が果てしないやうに深いのだらう」（「インテルメッツォ」初連字下げ三行部分）と。夜を夜に重ね、明けようとしない時間に響き渡る声。声に声を重ねる敗戦後の生。宿命。以下は最終連である。

だが、それにしても、この痛さ、この切なさ、これこそ現実《うつつ》なのだと、ぼくの踵は主張する。ぼくの恋人は来ないのだらうか。

ぼくの珈琲は乾からび果てた。満載する奴隷。輝いてゐる象牙海岸。着飾つた商人の女房たち。

ぼくは不実のキュンティアをかいまみた。

ぼくは女陰を太陽と化す錬金秘儀に身をすりへらし、またブルトンの騎士と顔蒼ざめた。

ああ、魂の幕間に、無敵艦隊《アルマダ》の報らせ！

そしてすべてはイエスの傍の
怠惰な肉から起き上がつた
影たちの見る夢だらうか

（「インテルメッツォ」最終連）

2 厚い和声

かくして第三部「ゲッセマネ」にバトンタッチされる。繋がれていくのである。「イエスが祈つていたそのひととき」のリフレインは「主題予示」のそれである。音楽的に読もうとすれば、第二部を司る「インテルメッツォ」からは、工夫を凝らした旋律、リズムあるいは和声を随所に聴き取ることができる。だからといって特別なわけでも鷲巣繁男の独壇場であるわけでもない。もともと定型詩の定型性や押韻指向も、一律に音楽的効果を狙ったものである。自由詩ではさらに自由奔放な音楽性が追求される。言わずと知れたことである。

とりわけ和声の追求は、戦後詩を牽引する大きな音楽的要素である。前にも触れた入沢康夫の「わが出雲」（『わが出雲・わが鎮魂』）には、詩作上に練られた壮大な和声学を見る（聴く）思いである。比べて鷲巣繁男の和声的手法は、比較的ノーマルで穏やかなほどである。それが殊更に音楽的に捉えられ、しかも交響曲的に聴こえるのはなぜか。詩の内側に厚い和声を聴きとれるからにほかならない。

そもそも長大な交響曲に捉えられる日本詩の数は、きわめて限定的である。多くは独奏曲であり室内楽であり、より規模が大きくなっても合奏協奏曲を思わせる程度である。日本詩の内的構造がそうさせるからである。それが鷲巣繁男にあっては交響曲であるだけでなく、同じ交響曲でもより長大で重厚なマーラー的に聴こえるのである。やはり従来になかった日本詩として喧伝されるべきである。

おわりに――異端の宿命

しかし、異端は異端である。異端が正統を越えて大きな宇宙を作るのは困難である。小宇宙に留まるのが普通である。このままでは容れられない。相変わらず「世間」との接触を作品が自らの言辞によって拒んでいるからである。言い換えれば、日本詩への位置づけを孤高性によって自ら断っているのである。ならば読み手によって作品を日本詩上に問い、詩論的位置づけを試みなければならない。

しかし、それはそれで膨大な準備が必要である。しかも作品を離れてはなしえないのである。

第1章以降ここまでの記述は、もっぱら作品分析に終始したものである。それを好しとし現下の方法論としているのである。本章もまた同様である。まだ言及すべき作品は数多く残っている。先は見通せない。課題は先送りされる。しかし作品のなかにしか道はない。それがいつか一点突破の詩論に立ち上がることを信じるしかない。

ただし、書・第弐以降には膨大な予備知識が必要である。鷲巣繁男を深く理解していた井上輝夫は、書・第弐『マルキオン』の分析のくだりで、詩篇から受けた刺激に向け、「私はこの作品はかならず後世、校訂本をつくる人が出現すると信じる」（井上、一九七五。後掲「エピローグ」）と語る。稀代の一大宗教評論『イコンの在る世界』（一九七九）に至っては、その書評を依頼されたロシア文学者の川崎浹の口を衝いてこう語られる。「私にこの偉大な書を評価する資格などない。また、じじつ、日本では一、二の例外を除いて、評価できる有識者はいないのではなかろうか」（「イコンの在る世界」『歴程』鷲巣繁男追悼、一九八二年十二月号）と。

その上でいかに読み進めていくべきか。すでに次元を異にした問題が待ち受けているのは承知しているが、日本語が日本語を拒むとは思えない。少なくともここまでは「日本語」として読んできた。論じる点もその中に生まれ、生まれた課題は課題で「日本詩」の問いとして受け止めてきた。「我が書の扉は固く」などはほとんど嘯きである、とは読み手側が詩人に向かって断固として上げるべき糾問の声だとも信じている。

とまれ、筆者の筆は一旦本章の上に留め置かれる。さらに筆者が語りうるとしたなら、詩人を現在に問う、再考への期待をこめた一文である。第二部開扉の把手に手を伸ばそう。

〈コラム4〉 詩人によって聴かれたマーラー

執筆経緯　ここにコラム4を設けるのは、本章中で繰り返しマーラーとかマーラー的だとか言いながらも、マーラーの音楽的特徴に特に深くは触れないまま終始してしまったからである。補っておくとしても、もちろん専門家でもない者の補足（自由な発言）である。それに範囲としても鷲巣繁男論の補足を超えない。

詩人の知遇を得た頃から——その頃我々は、我々を詩人のもとに導いてくれたH・K氏を筆頭に*ブルックナーを頻りに聴いていたのであるが（「エピローグ」参照）——常々思っていたのは、本文でも記したように鷲巣さんの詩とマーラーの音楽のことであった。ブルックナーと比較するようにして聴き比べると、なおさらマーラーは詩人に似つかわしいと思われてしまう。一篇の詩の域を超えない程度でしかなかった当初の印象は、鷲巣詩を深く知るにつれ、マーラーが西洋音楽史に対するアンチテーゼであったが故に、同じように対現代詩的な詩論に深めたいとする思いに高まる。以上は本章に関する執筆経緯の再述であるが、同時にコラムのためのそれである。

*筆頭にと言うのは、彼は日本で最初のブルックナー協会である「浦和ブルックナー協会」（一九七四年創立）の創立会長（初代会長）だったから。因みに同協会は機関誌『原始霧』を四号（一九八〇年）まで

刊行し、その後自然休会（解散）。

1　マーラー論

メタ・ポエムとしてのマーラー　そこでマーラーの音楽についてである。作曲家の眼をもって論じた柴田南雄のマーラー論に「マーラーを理解することの意味」という一項がある。ここから入っていきたい。

マーラーの音楽は、われわれに管弦楽とは何か、交響曲とは何だったのか、と語りかける。ソナタ形式という枠組の意味も、じつはベートーヴェンのような典型的なものだけを見ていたのでは分からない。マーラーを鑑賞し、観察することで、古典におけるそれらのあり方が分かって来るし、古典音楽の構造そのものの意味も明らかになって来る。マーラーの理解と鑑賞は、だから、古典とは何か、何だったかを問う行為でもあり、音楽史を新たな視座から見直すことでもある。マーラーの音楽は、それ自体まさにメタ・ミュージックである。（柴田前掲書、三–四頁）

文中の「音楽」を「詩」に、「古典」を「近代詩」に、「音楽史」を「詩史」に置き換えれば、最後の一行は「鷲巣繁男の詩は、それ自体まさにメタ・ポエムである」になる。ではなにがマーラーをそのような音楽としているのか、柴田は全交響曲を一曲ごと分析している。実作者から見たマーラー音楽の特徴をいくつか掲げてみよう。ただしその分析は、新書版とはいえ専門的知識を前提としたものである。要約するにも自ずと限度がある。それを承知で箇条書き風に掲げてみたい。

1　「主題」の扱い方である。動機（＝主題分解されたモチーフ）の連鎖や組合せからクライマックスに導く古典派的技法に対して、マーラーでは主題の旋律線の変容（メタモルフォーズ）をもとにそのニュアンスの多様化で行なっている点（「第一主題の変形」七九頁）。↓メタモルフォーシス化

2　交響詩と交響曲という従来峻別されていた二つのジャンルを融通無碍に融合して拡大的に一つのものとしたこと。何をどう表現するかという表現上の問題として従来の作曲技法ではすでに受皿たり得なくなっていたこと。しかしそれが、「古典派＝ロマン派」を同時代的前提としていた人々から受け容れられない大きな要因の一つになっていたこと（「交響曲の枠組の拡大」八二―三頁）。↓新しい「器」の獲得

3　マーラーの交響曲の頂点をなす第九番から導き出せるのが「メビウスの輪」であること。ともすれば非西洋的な音を響かせていた第九番以前に対して、第九番は、「西洋の音による思考が全篇

を貫いて」(「交響曲の頂点」一六三頁)いて、それが原点回帰ではなく、さらなる深い自己回帰に仕向けられていたこと、すなわち「ここへ来てマーラーは、いよいよ古典派＝ロマン派の交響曲の世界の背後へ、さらにはメビウスの輪のように自己の創造して来た世界の裏側へ、廻りこんで行った」のであること(「背後の世界」一七三頁)。↓自己の在り処への旋回

結局、3が挙げられることで、マーラーからそれ以前の交響曲やそれを成り立たせているソナタ形式を1や2をもとに根底から問い直せることになる。シェーンベルクではできない。

マーラー論の知見　マーラー研究に三十年を費やしてマーラー伝の大著(各一千二百頁からなる三巻の伝記)を著わしたアンリ＝ルイ・ド・ラグランジュは、別に講演のための原稿をもとに十章からなるマーラー論を著わした(船山隆・井上さつき訳『グスタフ・マーラー　失われた無限を求めて』草思社、一九九三)。柴田1〜3を念頭に置きながら同著書によりマーラーの特徴をいくつか挙げてみたい。「↓」は柴田論との対応関係を示す。

a　音楽は宇宙のように絶え間なく生成を続ける無限のようなものでなければならないとする考えから、「無限なるものの小片」の導入という手法により、交響曲的に叙事詩的広がりや宇宙的響きを与えかつ二十世紀的な人間の豊かさと内的複雑を盛りこむことに成功していること(「失われた無

限を求めて」二二一頁）。↓「2」

b　民衆的な響きをはじめ多彩な響きを採り入れて「ロマン派の根本概念のひとつである主題のオリジナル性を否定」する楽想を体系的に定着したこと（「マーラーとシェーンベルク」一一四頁）。↓「1」

c　古典的手法である変奏のさらなる発展・拡大を企図して、価値に乏しい旋律的な常套的書法（伴奏部）からの退去とともに、反復や再現、後戻りからの離反（「非可逆行性《ニヒト・ウムケールバールカイト》」（アドルノ））によって、諸主題を「言説《ディスクール》にそって動きまわる」ような、エピソードの惹起性や遊動・躍動性と一体化し（「マーラーとシェーンベルク」一二九頁）、ときには「スコアをはさみで断ち切ったような」「文脈に関係ない音楽を挿入」し（「交響曲第七番の謎」一五二頁）、「小説風交響曲」（「マーラーとシェーンベルク」一二九頁）を創生したこと。↓「1」

もう一ヵ所掲げておく（今度は全文引用形で）。以上のような従前との相違点から浮かび上がる独自性についてである。交響曲第七番フィナーレのオプティミズム――楽曲中唯一の「肯定」を音楽的に支えたもの――に潜む真理（フロイト的真理）として書かれたくだりである。

彼は当時（交響曲第七番作曲時、引用者註）、自分自身の矛盾から生じるはずのもの（フロイト的真理のこと、引用者註）を、予想もしていなかったのではないだろうか。つまり、急激な変化や、音域の変更や、あらかじめ定められた統一性と、力に満ちた総合《ジンテーゼ》を拒否することが、やがて、きわめて明晰な瞬間として、世界の限りない多様性の非常にアクチュアルな証明として、予言として、すなわち彼の全作品のもっとも独創的でもっとも現代的な特性として出現することを。（「交響曲第七番の謎」一五四頁）↓「3」

マーラーを聴くものなら多くが肯う、マーラー音楽の核心が縷々記されている。同時にマーラー交響曲が、古典・ロマン派から自身を差別的に再編する音楽的特徴と終始一体であること、その特徴がベルリオーズを例外（同「マーラーとベルリオーズ」）として前代の作曲家たちとの間につくる非系譜性の源をなしていること。いずれもそのまま了知される。

マーラー的なもの　以上において「↓」を付して標題風に短くまとめたのは、そのままでは対比しづらい音楽と詩とを繋げるためである。鷲巣繁男のマーラー的な部分とは、結局、「メタモルフォーシス化」「新しい「器」の獲得」「自己の在り処への旋回」の言い回しで示されるような、「1」～「3」／「a」～「c」に読み換えられる詩学である。本文ではそれを〈楽式〉として提示したことになる。

序に補っておけば（本文補足でもある）、本コラムの先に求められるのは、そのように「読み換えられる詩学」を、今度は一つ一つ丹念に日本近代詩にまで遡って対比的に読み換えていくことである。まずは対象となる詩篇を求めることにはじまるだろうが、聴えてくる楽の音を〈楽式〉として確かめる詩史探索とするなら心弾む読詩体験となるに違いない。現代詩を読むスタンスとしてもかまわないはずである。

2　回想としてのマーラー体験と詩人生誕一〇〇年

詩人のレコードライブラリー　マーラーに鷲巣繁男論を立てる契機があったとすれば、筆者がマーラーを聴く契機は鷲巣さんにあった。時期的には、詩人が武州与野円阿弥から同大宮南中丸八幡（ともに現さいたま市）に越してきてからだったと思う。したがって一九七七年以降である。それまではもっぱらブルックナーをより深く理解するためとしてＦＭ放送中心で聴いていたマーラーを、詩人のレコードライブラリーにマーラーがあるのを知ってからは、図書館（旧浦和市立図書館＝現さいたま市立北浦和図書館）から借り出して聴いたり（一九七四年開館の同図書館は、旧浦和市の中央図書館として書籍だけでなくレコードライブラリーも充実していた）、実際にコンサート会場に足を運んで生の音に触れるようになったりしたのである。関心の高まり方は急激だった。序に当時のマーラー体験をコンサートから拾っておく。

コンサート体験　演奏会でのマーラー体験は、手もとに残っている演奏会プログラムの範囲内では一九七九年十一月十九日が最初だった。日フィル第三一七回定演（東京文化会館）で、プログラムはなんと前半が「さすらう若人の歌」、後半が「交響曲第九番ニ長調」という極め付きの選曲である。プログラムだけではない。前半の歌手は、アルトの世界的名歌手のヴィエラ・ソウクポヴァ、そして指揮者は、フランクフルト放送交響楽団を世界的オーケストラに引きあげたかのエリアフ・インバルである。後年、彼は我々にブルックナーの初期作品や原典版で新しいブルックナーを聴かせることになる。公演時の年齢も脂の乗り切った四十三歳だった。

次は一九八〇年七月二十八日の朝比奈隆／大フィル（第十九回東京公演、東京文化会館）による交響曲第五番嬰ハ短調。以下は一九八一年七月二十八日の同じ朝比奈隆／大フィルで交響曲第七番ホ短調「夜の歌」と同年九月二十八日のガリー・ベルティーニ／都響で交響曲第六番イ短調「悲劇的」。それ以前にも定期会員としてさまざまに足を運ぶ中で（以前から複数の定期会員になっていたので）、取り上げられやすい交響曲第一番《巨人》や第四番は聴いていたのではないかと思うが、同じ定期でもマーラーを目当てに足を運んだのは上記からである。時代としては日本でマーラー・ブームが本格化し、盛んに演奏曲目に採りこまれるようになってからである。

対談の中のマーラー・ブーム　今回、マーラーを調べる過程で次の対談記事に接した。なるほどたしかにそうだったのかもしれないと思わされたのは、中沢新一と吉松隆の対談の一くだりである。中沢は早く六〇年代後半からマーラー・ファンであったようで、七〇年に入っても関心を持続していく。それが途中、研究テーマの関係からマーラーを離れることになる。関心がチベットやインドに移ったためである。現地調査にも赴く。自ずと、音楽ももっぱら民族音楽になり、西洋音楽は聴いたとしてもプログレッシヴばかりになる。それが帰国すると、思いがけなく世の中はマーラー・ブームになっていたと言うのである。以下はそのくだり。

吉松　音楽もあっちの方を。

中沢　ヨーロッパのものってほとんど聴かなかったし、あとはプログレッシヴばかり聴いていたんですね。日本に戻って来たら異様なマーラー・ブームが始まりかけていて。

吉松　いつですか、それは。

中沢　七八、九年かな。これは、やはり危険な言葉ですが、仮にまあポスト・モダンっていう、そういう時代が日本にも来始めているのだなあ、という感じを受けたっていうことですね。（以下略）

（「対談　新しいマーラー像に向けて」『マーラー　没後一〇〇年記念総特集』文藝別冊、河出書房新社、二〇一一）

生誕一〇〇年　「異様なマーラー・ブーム」と言われればたしかにそうだったかもしれない。「異常な」が妥当なブルックナーの時とは違っていた。いずれにしても時代の違いだろう、今の世に「異常な」を含め「異様な」とされるものの内容があまりに違いすぎる。インターネットである。

この二十一世紀一〇年代の現在に「時制内時制」は創れるのだろうか。ブログもフェイスブックもツイッターも知らなかった鷲巣繁男である。詩人のメタモルフォーシスはネットを内在化しうるであろうか。

現在（コラム執筆時の二〇一五年）齢八十五を数える、映画界の巨匠にして奇（鬼）才の監督アレハンドロ・ホドロフスキーは、「異常かつ異様なツイッターファン」である。「ツイッターは二十一世紀の芸術装置だ」とも。十五ツイート／正午〜午後一時を日課としているという（映画パンフレット「リアリティのダンス」アップリンク、二〇一四）。詩人鷲巣繁男もホドロフスキーばりの精神構造である。マーラーとはまた別な意味で通じ合う世界が少なくない。してみるとSNSに関心を示さないでもない。手にしていたなら、以前のように「フォロワー」を多数獲得できたであろうか。しかし存命であるとしても今年（二〇一五年）で百歳である。それに手紙といえば、「鷲巣繁男氏からいただくお手紙は、漢詩の挿入された墨痕鮮やかな巻紙のお手紙であったり」（澁澤龍彦「形而上学のカテドラルのために……」『定本鷲巣繁男詩集』附録）と、まさしく硬派な戦前派文人を身をもって体現した人である。容易にパソコンに向かう姿もケイタイやスマホの画面に見入る姿も浮かび上がらない。想像するだけでも失礼かもしれない。

そういえばＣＤもなかった時代である。まさにアナログ一辺倒。しかし書架の最下段からレコード・ケースを引き出す姿がＣＤのそれに代わるのではなにか侘しい。いつも和服姿*の鷲巣さんには黒々としたレコード盤がお似合いである。ましてやマーラーとなればなおさらである。アナログ録音（音源）にイカレきっていた我々でもある。時代乖離を深めようがどうしようが、生誕一〇〇年も、なおさらに同趣向で臨むべきだ。今宵、なにをかけるべきか。言うまでもないことである。

＊与野時代、一度だけツナギ姿のことがあったが（また別に大宮への引っ越し時）、それはそれで様になっていた。

第二部　鷲巣繁男の現在

第5章　二つの討議のなかの鷲巣繁男

――現代詩のなかの鷲巣繁男

はじめに

このように鷲巣繁男論を綴ってきて、後、残されている課題と言えば、現代詩から見た鷲巣繁男である。最初から中央詩壇とは一線を画した詩作は、歴程賞を受賞しなければ、そのまま部外者（地方の一詩人）のそれとして地方にとどまり、世に広く知られることはなかったに違いない。それが一時、一部に留まるとはいえ、鷲巣ブームとも言える賑わいを呼び起こす。もしその様を秤るのに「現代詩文庫」を目安とするなら、同文庫の一冊となるのが歴程賞受賞と同年の一九七二年だったことは、ブームがいかに火急的であったかを物語っている。また詩文庫の通巻番号が「51」であることにも意味がある。ある種の「席順」が読み取れるからである。

一九八二年に亡くなるまでの十年間、矢継ぎ早の著書刊行もあって、ブームが下降線を辿ることはなかった。むしろ高まる。没年の一年前に刊行した詩集（『行爲の歌』）の高見順賞受賞（一九八二年一月）は、たまたま受賞が没年に重なってしまったとはいえ、まだまだ続く詩的営為のさらなる展開を期する賞の授与だったとしても、別段、一人の詩人の晩年を意識した、これまでの詩業の顕彰を兼ねた功労賞としての授与だったわけではない。事実、贈呈式挨拶（同年二月）では今後に触れた部分でこう語ってみせる。「長く中断していたピンダロス＝ペルス風の詩を綴るのが、これからの私の念願です」（「高見順文学振興会会報」一号、一九八二）と。それだけではない。「計画している幾つかの文学的営為に力を注がねばと、心に誓ってゐる次第です」ともある。

しかし、その約五ヵ月後、詩人はこの世を去る。一九八二年七月二十七日である。長年の宿痾を抱えていたとはいえ、六十七歳のまだこの先の旺盛な文学活動が惜しまれる死だった。いくつかの追悼号（『現代詩手帖』『歴程』『饗宴』『えうゐ』）が編まれる。鷲巣自身が同人の一員であった『饗宴』の追悼号が刊行された一九八三年六月及び八月に刊行された遺稿集『神聖空間』（一九八三年八月）が収載する「遺稿集に寄せて」（多田智満子「この空間を支えるもの」、高橋睦郎「詩人のいる空間」）を境に、十月に詩人の周囲にあった人々によって編まれていた北海道のロシア文学・思想関連誌『えうゐ』での追悼号を除くと、鷲巣繁男へ向けられる言葉は一気に途絶えていってしまう。*

なぜ途絶えたのか。ブームは何であったのか。人の死とともに潰える、それがいかに大人であっても免れえない人の世の習わしとして処するべきことなのか。ならブームとはなんであったのか。表層的な薄く実質に乏しいものにすぎなかったのか。以下の章ではそれを含めて詩篇から現代詩における鷲巣繁男の存在を探ることになる。しかしまずはそれが容易ではないことを記さなければならない。章題とした「二つの討議のなかの鷲巣繁男」とは、その上での発想である。

＊例外といえば、後出以外で予め特記しておきたいのは、小平武との共訳詩集A．ブローク『薔薇と十字架』の再刊（平凡社ライブラリー、一九九五）に載る「解説――舞台に立つ詩人」（中村健之助）である。人柄を記してほしいという編集者の要請を受けて著した一文である。ロシア文学者でニコライ研究者でも知られている同氏は、在道時代日常的に詩人と交流を重ねてきた一人である。思い出をエピソード風に綴ったものであるが、周辺にあった者の一文にしては異色な、時に批判色を滲ませた「人柄」への文学的言及である。興味深いのは、かりにそうであったとしても（必ずしも深い博識ぶりでなかったとしても）その上で詩人としての価値と栄誉を、「人柄」を超えて唯一のものと記すくだりである。「鷲巣さんはことばの使い手としてまぎれもなく非凡な才能を持っていた。そのことはいかに鷲巣さんに反発を覚える人でも認めざるをえない事実である」。詩人性の高い顕示についての同氏のこの一言が信頼に足るものであるのは、先に発せられた、『歴程』No.290追悼号（一九八二年十二月号）の追悼文「札幌のお宅」中での同様の発言が証するところである。詩を措いてほかに自己実現する道はなかった。中村健之助の回想（「解説」）はそう語っている。その他没後の状況については、神谷光信前掲書の「年譜」に詳しく、また同書諸篇は、『評伝』と合わせて鷲巣繁男論の基本文献である。

一　鷲巣繁男評瞥見

たしかに途絶えたと言えば途絶えた。しかし一部の人の心にはその記憶は変わることなく鮮明に残っている。然るべき機会さえあれば取り上げられるし言及もされる。たとえば次のような一文――「自らをMarcion《マルキオン》と位置づけ、壮麗な愛と信仰の形而上詩のカテドラルを築くために言葉の煉瓦を一つ一つ積み重ねていった、孤高な日本のダンテの魂の内なる対話詩《ダイアロゴス》である」。鷲巣繁男の世界を一言に凝縮したような金言ともいうべき名評言が、没後十四年段階（一九九六年）で発せられているのである。『日本名詩集成』（學燈社、一九九六）中の「鷲巣繁男」として取り上げられた三篇の一篇（「エジプトの聖マリア」、未刊詩集『わが心の中のカテドラル』、『定本鷲巣繁男詩集』所収）に付せられた解説文中の一行である。同集成で興味深いのは、三篇の最初の一篇（「地上の顔」）が初期詩篇（『末裔の旗』一九五二）から採られている点である。もう一篇は「十字架降下」。あたかも集成三篇によって全詩集を総括せんとするかのような意気込みを漂わせたアンソロジーである。各解説でも限られた紙面をフルに使って新たな魅力を引き出そうと試みる。まさに玉稿である。

担当者は在道文学者の千葉宣一。なお編集委員七名の中には、後述の大岡信がいる。まさに大岡の期待に十二分に応える仕事ぶりであった。

身辺者からの発信も途絶えたわけではない。生前、真正面から取り上げられる機会の少なかった漢詩作品への言及がなされている。示唆的な視角を提示している点が特筆される。

取り上げたのは、鷲巣繁男にとってはほとんど運命的出会いだったと言ってよい高橋睦郎である。実際、その存在なしには上京後の活躍も、また遺稿集ほかの没後刊行物も思うように進まなかったはずである。同時になによりも心の支えであった。鷲巣本人が当初から強く自覚するところであった（試論集『呪法と變容』「あとがき」、一九七一）。その公私にわたって鷲巣を支えた高橋睦郎は、鷲巣繁男とはまた違った内面性から東西の古典を深く自分のものとしていた。それだけではなくその魅力を世に広く知らしめるために幾冊もの著作を公にした。その一冊に『漢詩百首』（中公新書、二〇〇七）があった。中国詩人から六十首、日本詩人から四十首、合わせて百首からなる漢詩アンソロジーである。同書の最後の百首目に高橋が選んだのが鷲巣繁男だった。

「地涯　白雪を呼び、青夜　孤狼を発す。幻化　星暦を司り、詩魂老いて八荒。」（「地涯呼白雪　青夜発孤狼　幻化司星暦　詩魂老八荒」）

同書は全首高橋の読み下しをテクストとして各首ごとに掲詩と解説を二頁見開きとしている。鷲巣繁男の頁の末行には、終わりを引き締めるように「旧漢詩文世代最後の総合的詩才といえよう」の至言が置かれている。氏によってはじめて能く言いえるだけでなく、氏が口にすることでより意義を深める一文である。文脈から今も変わらぬ詩人への高い評価を世人に説いて聞かせようとしているとも読める。後述（第8章）との関わりからも注目したいのは、「古今東西にわたる該博な知を踏まえたスケール大きい詩風で注目を集めたが、その骨格をなすのは、少年期以来熱中した漢詩ではあるまいか」のくだりである。同書巻末には「漢詩への感謝」という演題で行われた、古代以来の日本文学に与えた漢語漢文とりわけ漢詩の決定的な影響力について、我がこととして語る中国講演録が収載されている。併せて読むと、「その骨格をなすのは」と説く評言の詩論的重みが倍加して知られる。さらに掘り下げて然るべき鷲巣詩篇への基層的視角である。

漢詩序に紹介しておけば、鷲巣繁男と漢詩の意味について、ボードレールやヴィリエ・ド・リラダンに名訳を遺すフランス文学の碩学齋藤磯雄におけるそれ（漢詩）との比較から論じた神谷光信の論がある。題して「礎石としての漢詩文　齋藤磯雄と鷲巣繁男」（前掲書『詩のカテドラル—鷲巣繁男とその周辺—』、初出一九九九）。高橋睦郎が言う「その骨格をなすのは（略）漢詩」と見解を同じくする漢詩文から見た鷲巣繁男観であるが、ただし着地点は、詩的営為上以上に〝人的営為〟上に重きを見出そうとしている点で視点は異なる。

磯雄の場合、漢文はあくまで礎石であり、人の目に触れぬ地下でしっかりと彼の文業を支えていた。それは阿藤伯海（齋藤磯雄の漢詩文の師、引用者註）から学んだ「隠君子」的生き方と渾然一体のものであった。つまり、人生の礎石でもあったということである。

繁男の場合も同じようなことがいえよう。しかし、繁男にとって漢文の世界は、礎石であると同時に、否、それ以上に、人を遠ざける城壁としても機能していた。それは、単に繁男が反時代的な文学形式である漢詩文をよくし、折に触れそれらを作ったということにとどまらない。かつて士大夫の世界において、読者は著者と同じ教養が要求された。典拠おびただしい古典を読むためには、博大なる教養が必須だった。その精神を、繁男はそのまま現代詩の世界で展開しようとしたということである。（神谷同著、一〇二頁）

たしかに確信犯だった。「城壁」が意味するところは、人的側面だけでなく、高橋睦郎が示唆するところと合わせて、鷲巣詩篇の詩作における自己実現との関りからも多層・多元的であったが、同時に回帰的な原点であった。

それにしても諸氏の鷲巣繁男評をあらためて一瞥して思うのは、神谷光信のような心酔者を輩出したことである。なんと言っても一驚に値するのは、本書でも随時引照してきた『評伝』（『評伝　鷲巣繁男』小沢書店、一九九八）である。しかも生前邂逅の機会を持ちえなかった状態でである。否、それ故になおと考えることもできる。それにしても質量ともに尋常ではない。やはりとり憑かれたのである。詩人の魂に。

氏はその経緯をこう綴る。「（略）鷲巣繁男の詩歌逍遥游三部作『記憶の泉』『聖なるものとその變容』『ポエーシスの途』と出会ったことは、二十歳のわたしにとって、心臓を鷲摑みにされたような衝撃的な出来事であった。鷲巣はそこで、東西古今の詩集の数々を、必ず原典を附して筆のおもむくままに引用していた。一読してわたしは、光輝く豪華な錦繡のごとき散文の魅力に参ってしまった。

どの頁も光り輝くようであった。こうしてこの端倪すべからざる詩人と巡り会うこととなった」（上掲書「鷲巣繁男の初期詩集を求めて」）。また、「手紙一つ書いたわけでもなかった。詩人の博学に眩暈を覚え、手紙を出す勇気など、当時のわたしにはなかったのである」（同）ともある。

筆者にしても思いは同じである。たまたま隣町に住んでいたこと、〝恐れを知らぬ〟友人（序章、コラム4及びエピローグ）が近くにいたこととの偶然が重なっただけである。それでもなにかがあった。それだけは間違いない。未だ二十歳の文学青年をしてかくまで囚われの身としてしまうことが、巷だけの事件で済むはずがない。歴程賞以来の矢継ぎ早の諸書刊行だった。中央詩壇にもなにかリアクションがあって然るべきだった。

詩人の没年に至るまで、詩人の知遇を受けていることに満足しきって、筆者の関心が詩壇的動向へ熱心に向かうことはなかった。それに詩文庫には我々若い鷲巣ファンを十分満足させてくる優れた鷲巣繁男論が収載されている。渋沢孝輔の「由緒正しいロゴス」（後に『海』一九七二年八月号に発表の「変容の秘儀―鷲巣繁男小論―」と併せ「鷲巣繁男―変容の秘儀」として『極の誘い　渋沢孝輔詩論集』晶文社、一九七三に収載）と高橋睦郎の「流謫の人」の二篇である。言ってみればそれで十分だった。ただし今から思うと、それも詩人の中に深く分け入っていけなかった、文字の前で止まっている高い壁が、それを見上げるだけで終わらせていたのである。

結局この壁は、読者層だけではなく詩壇の前に立ち塞がる大きな壁となってリアクションを限定的な範囲にとどめ、とりわけ作品論が一部に制約された閉塞的な状況を生み出すことになる。ジャーナリズムや商業詩誌によって取り上げられた記録を時事録的に丹念に辿る『評伝』は、その詳細を知見として具に伝えてくれる。多くは書誌欄的な記述（おそらく好意的であろう紹介）の範囲に留まっている。それを在道時代から本格的に論じ遣り取りも頻繁だった澤村光博（鷲巣と同じ『灣』同人。神谷上掲書に詳しい）を例外とすれば、上京後の活躍段階に至っても知る限り詩論らしい詩論は数えるしかない。問題は、なぜ反応が限られていたかを、当時の詩的状況（その前後を含む七〇年代）として捉え、「壁」にいかなる意味があったのかと併せて、詩論的に問い直すことである。ただそれが大問題である。

筆者の中には昨日のことのように当時の時代状況が詩的体験として生きている。なぜ鷲巣繁男が我々を魅了したのかも、単なる衒学的趣味などではなく内面的なものであったのかも、当時の若者の内省的な想いとして回想的に再体験できる。彼らが手にしていた文学書への熱い想いも蘇る。こと詩に限って言えば、なによりも日常との詩的対峙のなかで再生産され続けていた、路上詩を含む多数の詩誌の存在が思い返される。沸き立っていた詩界の動向も少しは承知している。時代的高揚のなかで著された戦後詩論や各種総括討議にも相応の関心を寄せなかったわけではない。

手許にも各種の書誌がある。対外的には大規模なシンポジウム形式から内輪には個人間の先鋭的な討議形式に至るまで、現代詩を問うためのパースペクティブかつ再生産的な詩史的・詩論的総括は、主に一九六〇年代後半以降、機会あるごとに行われてきたことがよく分かる。手を替え品を替えで試みられてきた選詩特集も半ば定期的である。成果は膨大である。その量に圧倒され安易には手を出し難いことも確かである。しかし予想していたこととはいえ、改めて呆然とした思いにさせられるのは、鷲巣繁男の位置が見出せないことである。詩人の佇む地平線を前にして回路は伸びていかない。たとえば次のような提示があったとしても。

『現代詩手帖』恒例の「現代詩年鑑」の一九七五年十二月号で行われた「現代詩今年度の成果」の座談会で、出席者の一人高橋睦郎は、その年が戦後三十年に当たっていたこともあり、「ぼくは恥かしげもなく、まともなことを言わせていただきます」と切り出して、「日常性べったり」の現実（現代詩のことでもある）を前にして意を強めるように「永遠性志向の希薄さ」に言い及び、詩論を含む現状打破に対する意欲的な提案（進言）を挿んで最後にこう締めくくる。「そうした日常性べったりの中で相当あからさまなかたちで、永遠性を志向した珍しい例として鷲巣繁男の『記憶の書』（思潮社）と、これは今年の仕事というわけじゃないけれど『澤村光博全詩集』（土曜美術社）。特にそのなかのいちばん最後にある「磔刑」という詩に注目したいと思います」と。発言は座談会の開始に当たっての言わば皮切り部分で、「まず大雑把にこの一年をふりかえっての感想をみなさん話していただいて」という編集部の求めに各人（天沢退二郎・岡田隆彦・清水哲男・鈴木志郎康・高橋睦郎・吉増剛造）が応じたなかでのフリートークだった。だから必ずしも出席者に向けられた提言・提示であったわけではない。実際、その場で打ち切りになる。

しかし結局はそういうことだったのである。かりに議論の誘発を求めて提示されていたとしてもその先の展開は思うようには切り開かれない。たとえ心ある詩人たちが参集していたとしてもである。

「日常性べったり」とは、次から次へと量産される詩に目移りしてばかりで、それが見かけの詩的緊張感になっている現状への、警句的かつ自戒的なレッテルを兼ねている。確かに個人の詩的営為は目前の課題設定と共にある。切実である。それが実作者にとっての詩的緊張感の正直なところであるかもしれない。詩論風に言えば、それが「ことば」であり、ことばと関わらねばならない詩人の定め（業）である。問題はそれを、つまり「詩的緊張感の正直なところ」を、実際は「見かけの詩的緊張感」と容易に入れ替えてしまう自己実現の欺瞞性と連れ立ったものであるにもかかわらず、一方にのみ高くとって詩的営為とともに在る自己としてしまう、あるいは自己存在の全てとして読み換えてしまう、「業」の自作自演ぶりにある。「日常性べったり」とは、したがってそうした安直な存在感と一体的になった詩人の在り方そのものを言う。すなわち自己欺瞞に瞑目的なことをである。

最初から浮き上がってしまっている。在り方からである。在り方から生み出される詩論や議論の前に空しく垂れ下がる「永遠性志向」を見上げながら、切り口を見出せないもどかしさを味わうのは、なんとも言えない疎外感である。上から目線であろうか。釈明ではないが、言い得るとしたなら、読者故であるという点に尽きる。実作を持たない読者は、持たないが故に詩人を「自己実作」とする。特別の近さも生まれる。決して上から目線などではない。あえて言えば、〃内から目線〃である。以下の討議もそのようにして読むとはいえ、読み進めるうちに自分なりの視点を見出すことになった点では、単なる傍観者で終わらない、さらに一歩進んで議論の渦中に引き入れられたもう一人の参加者とも言える。いずれにしても鷲巣繁男論への入り口となる討議の一コマである。

二　二つの討議のなかの鷲巣繁男

(1)「戦後詩一〇〇選」の場合——無言の意味

事の発端は、その位置(鷲巣繁男の現代詩的位置)を漠然と思い巡らせていた時であった。アンソロジー的な名詩選や戦後詩討議などに取り上げられた詩人の顔ぶれを眺めているうちにはたと思い当たったのである。それが『現代詩読本　現代詩の展望——戦後詩再読』(思潮社、一九八六)中に収められた「戦後詩一〇〇選」だった。

討議には前段・後段があるが、手がかりとなるくだりを見出すのは、一〇〇選を選び出す討議のなかであった。現代詩にあって鷲巣繁男とはいかなる存在であったのか、問題のくだりは分量にすれば数行に終わってしまうものの、いろいろに深読みを可能にする。とり方によっては戦後詩の深層の一断面を露呈していると解れなくもない。でも別に論ずべきことである。一〇〇選に入ったものの、それはたまたま一人の選者が陣容の一角を占めていたから故であって、そうでなければ鷲巣繁男の存在は討議以前で終わっていた。討議以前で終わっていたとは、事前の選定からも漏れていたの謂いであるが、問題はここから始まる。

一〇〇選討議について詳しく記す。選者は計三名にすぎないが、陣容の一角を占めていたのが、鷲巣繁男を選内に押し上げた大岡信だった。一〇〇選に限って言えば大岡が選者を務めていたことがすべてであった。ほかの顔触れは、鮎川信夫と北川透の二人。持ち寄ってきた事前選定のなかに予め鷲巣繁男が入っていたのは大岡信のみである。ただし事前選定と言ってもその場で配布されたものではなく、成り行き次第ではお披露目することなく役目を終えてしまう、手控えともいうべきメモ（「予備」）としてだった。

どのような過程を経て選ばれていったのか、予め「戦後詩一〇〇選」の選詩の進め方を編集部の要請段階から紹介しておこう。次のとおりである。

——一応あらかじめ鮎川さん、大岡さん、北川さんにそれぞれ五〇篇程の詩の作品を選んでいただきましたが、「戦後詩一〇〇選」ということで、選んでこられた作品をこの場で討議して一〇〇篇に絞っていただきたく思います。その際一人の詩人に一篇の代表作ということではなくて、詩人の詩風や詩史のバランスを考えて二篇もしくは三篇になっても構わないと思います。（思潮社編集部）

単純に計算すれば五十篇×三人であるから予め百五十篇を持ち寄っていたことになる。数量としては当然相当数の重複が見込まれることになる。具体的には、最初が「北川リスト」、次が鮎川、そして大岡のリストのもとで行われる。後日刊行の当日の討議記録を見ると、大きく「討議・戦後詩一〇

○選（1）」と「同（2）」に分かれている。「討議（1）」では、概ね、北川リストから四十九人（篇）、鮎川リストから九人（篇）、大岡リストから七人（篇）が選ばれていることが分かる。小計六十五人（篇）となる。まだ三十五篇が足りない。

討議記録が、「討議（2）」として別項になっているのは、不足三十五篇分の討議として別立て扱いにしているからだが、その際の資料が何をもとにしているのかは文面からだけでは捉え切れない。選者リストとは別に編集部から別リストが用意されていたのか、予めそれぞれにその時のための「手控え」の用意があったのか、いずれかが想定されるが、前述のとおり少なくとも大岡信には手控えの用意があった。そのためにもさらに細かく見ることになるが（肝心なところなので）、「討議（2）」は、進行の上で、大きく三工程に分かれていて、三工程目に関して言えば、「大岡手控え」で「選了」となる。そこで大岡信に限って言えば「予備」の存在が見込まれることになる。

以上のような状況で討議は先に進む。「工程一」によって、新たに十人十篇が追加される。これで小計七十五人（篇）となる。鷲巣繁男はいまだ名前さえ上がらない。選外状態である。

残り二十五篇については、差し当たって既選出詩人から二作目を選ぶというダブル方式で進められる。一人谷川俊太郎だけが計三作として例外的に取り扱われ、計二十一篇の追加となる。これで締めて九十六篇である。ここまでが「工程二」である。

いよいよ残り四篇となる。「工程三」の幕開けである。ここに来て思い立ったような大岡の発言となる。このまま同方式で進められてしまうと、「意中の人たち」が漏れてしまうことになると危ぶんだのか、大岡信がやおら口を開く。「ぼくは自分のリストに用意していた人に鷲巣繁男とか嶋岡晨とか高田敏子とかがあるんです。それぞれずいぶん違っている人たちですがね」と、鷲巣繁男を含む三名を挙げたのである。いよいよ本題突入である。いくぶん虚を衝かれたためか、それともそれを隠すためか、一人の選者からそれならと、大岡提案とは別の一人の名が挙げられる。結局、大岡提案の鷲巣繁男を含む三人(篇)と合わせて、遂に百篇となる。

この遣り取り(「工程三」)で興味深いのは、他の二選者の反応である。起こされた文字の範囲内でしか察知できないにせよ、文字面から読み取れるのは、両者の「無反応」である。否、見事というほかない無言という反応である。筆者をして筆を執らしめるに至った場面(局面)がこれである。問題部分を、その直前部分から引いておく。

鮎川　中桐雅夫をもう一つ増やそうか。初期の作品から「ちいさな遺書」といういい詩があるね。

大岡　ぼくは自分のリスト(「予備」、引用者註)に用意していた人に鷲巣繁男とか嶋岡晨とか高田敏子とかがあるんです。それぞれずいぶん違っている人たちですがね。

鮎川　高田敏子さんは巧い詩人ですよ。でもどういうわけかこういうアンソロジーに入らないんだよね。諏訪優もいないとおかしいよ。

北川　そうですね。諏訪優さんなんかを入れないと中上哲夫なんかを落としているからアメリカのビート派的な人がちょっといなくなっちゃうんでね。でも『谷中草紙』あたりから入れるというわけにもいかないでしょうね。
鮎川　いや『谷中草紙』だっていいよ。以前はあまりいい詩だとは思わなかったが。いちばん安定した力を持ってきたのが『谷中草紙』あたりだよね。
北川　『谷中草紙』では「坂」という詩がいいですね。
大岡　高田敏子さんはぼくは「小さな靴」という詩がいいと思うんです。嶋岡晨さんは「夢幻家族」というのが中期のものとしては代表的なものだと思います。鷲巣さんのはみんな長い詩なんだけれど、「聖なる門」というのは珍しく短いけどかちっとしている作品ですね。いい詩だと思います。

この大岡発言で討議は打ち止めとなり、討議記録は「これでほぼ百篇そろいました」（編集部）として章が改められる。あえて「解説」すれば、大岡信の切り出しが流れ（「ダブリ方式」）を止める形で発議されたものであることが、直前の鮎川の発言（中桐提案）によって分かる。因みに中桐雅夫は討議年である一九八六年の三年前に没している（鷲巣繁男はその一年前）。鮎川の発言には同氏を偲ぶメモリアルな響きが伝わってくるが、それというのも中桐は、鮎川に横並ぶ『荒地』の創立メンバーの一人である。臆測を逞しくすれば、このままでは残り四篇もメモリアル路線で決められかねない。今しかない、と大岡は意を強くすることになる。
これが（こうした読み取り方が）、かならずしも深読みでないのは、大岡の切り出しを承けた他の二人の遣り取りが、その場の雰囲気を微妙に語っているところである。とくに鮎川の一言――「高田敏子さんは巧い詩人ですよ」のくだり。再びの深読みかもしれないが、ここに読み取れるのは、大岡発議へ向けた承認であるよりも、「諏訪優もいないとおかしいよ」という諏訪優を提示（再発議）するための前置きに聞こえることである。滲み出るのは、大岡の「予備（リスト）」への無言の不満である。そして討議は、不満を引き受ける形でビート詩談義となる。それも大岡の加わらない二人だけの、聞き方によっては話を逸らそうとしているかのような口調である。この大岡発議を横に置いたままの流れに大岡信は、致し方なく「自己解説」をもって応じることになる。それが討議巻末を締め括る大岡発言となる。

しかも注目すべき点は、このくだりでは発議時とは挙げられ方の順番が逆になって鷲巣繁男が最後になっていることである。順番の入れ替えが二人の選者への配慮（気遣い）だとすれば、「不満」の中身は鷲巣繁男にあったことになる。北川透はいざ知らず、鮎川信夫の本心としては入れたくなかったのである。それが分かっているだけに念を押すようにして大岡信は、「いい詩だと思います」と、（おそらく少し語気を強めに）言う。

（2）「現代の詩にもの申す」の場合――戦後詩人にとっての鷲巣繁男観

鮎川信夫の「無反応」は、戦後詩の中心をなす人々にとって鷲巣繁男がどのように受け止められていたかを物語る象徴的な一場面である。無反応のなかにいかなる「拒絶」が抱え込まれていたのか、次の座談会（「現代の詩にもの申す」一九七九）はその一端を遡及的に教える。「もの申す」だけあって、最近の新人たちに対する遠慮容赦ない口ぶりは時に辛辣を極める。鷲巣繁男は年齢からいっても、実績からいっても新人ではないが、十把一絡げの感じで言及部分も昨今の「新人」（「『青空』・『気狂いフルート』と二十代の詩人たち」の項目）に組みこまれている。上記「一〇〇選」ではないが、ここでもその名が口にされるのは討議（放談）の最後である。話の途中から引く。

飯島　いや、この頃の新人たちは、みずみずしさみたいなものに甘え切ってる。おれは若くてみずみずしいんだっていうね、全員がそのイヤらしさに漬かっているような不健康さがある。
長谷川　荒川洋治の詩集の題名で『あたらしいぞわたしは』というのがあったが。（笑）
北村　そういう一種のジャーナリスティックなうたい文句かなんか作るのはうまいんですよ、彼らは。それは表面ふざけてるつもりかもしれないけど、けっこう本気で大事なもんだと思ってんじゃないのかとも思う。
飯島　なんか一生懸命、そういう新鮮らしきものを探して全員がやっているんだけどね、要するにどうも敬意を払えないんだな。詩は下手でも敬意を払える人っているじゃないか。
北村　一時期のね、清水昶みたいなさ。（笑）いまは違うけど、昔の清水昶って、そんなにうまくなかったけど、やっぱり敬意を払うべきものがあったよ。
飯島　軽々に扱えないようなね。ところが連中は、小才は利いているけども、敬意を払う気になららない。
北村　だから、そういう脅威というか、プラス・アルファってものが、本当にないのかね。
飯島　鷲巣繁男とか、詩は下手糞じゃないの。だけども、ちょっと軽々に扱えない。
北村　そうかなあ。ぼくは鷲巣って人はぜんぜん……軽々に扱うね、ああいう重々しい詩を書く人は、まったく軽々に扱うね、ぼくは。
飯島　弱ったな。いや鷲巣繁男をぼくは、ちょっと尊敬しているんだ。あれはちょっとね、ふつうの日本人ではない。
北村　そりゃそうだよ。ヘブライ語かなんか知らないけどさ、そのほか日本人がやらないようなことばかり選んでやってんだから、そりゃ日本人離れもしましょうよ。でもモノがよくなきゃしょうがない。詩自身が、よくないですよ。
飯島　まあ下手糞だけど、しかし鷲巣氏とこの新人たちと引き替えにはできねえや。（笑）
北村　そうか。

飯島耕一、北村太郎、ほかに長谷川龍生が加わった「現在の詩にもの申す」（『ユリイカ』臨時増刊「現代詩の実験」、一九七九）のもとに行われた座談会である。タイトルどおりのまさに荒っぽい口調を其処彼処に聞かされることになるが、北村太郎の詩風（ただし『荒地』以後）からすれば、ありうべき辛辣ぶりである。神谷光信は、『評伝』中で座談会のくだりに付言してこう語る。「当時、繁男にそそがれていた詩壇の冷眼の一端がうかがわれるやりとりである」（三七二頁）と。この「冷眼」――といっても座談会中にもすでにその一端が現れているように飯島耕一は同列には扱えないが――は、言い換えれば「拒絶」であり、鮎川たちの討議では「無反応」という形をとることになったと推測できるが、それが鷲巣繁男詩の宿命であるのは鷲巣繁男側に立つ一人によって当初より予感されていたことを思うと、諸氏（詩壇）の反応は怪しむに足らない。語ったのは種村季弘であった。

その荘重にして晦渋な語法、詩形の高らかに天空を突くカテドラルを思わせる構築性、荘厳な祭具や装飾を燦然と鏤ばめたビザンチン教会内陣のような絢爛たる玻璃質のメタファー、すべてが花鳥諷詠の抒情に自足している大方の温湿な詩的感性には、異和感にみちた焦立たしい拒否反応を惹起させるにちがいない。

（「自然と純粋　鷲巣繁男『呪法と變容』」『現代詩手帖』一九七三年一月号）

一文は、鷲巣繁男の処女評論『呪法と變容』の「書評」の冒頭に枕部分として掲げられた、『定本鷲巣繁男詩集』（一九七一）に対する顕彰を、予想される世間の拒絶を見越した上で認めたものである。まさに然りだった。北村太郎の「ヘブライ語かなんか知らないけどさ」は、言ってみれば〃正直すぎる〃捨て台詞だったことになる。なお、発言のない（控えていた）長谷川龍生は、「小沢書店から出ている『狂気と竪琴』という書物は、いま、私の座右の書になっている」（「日本ハリストス教会堂の棺の中」(『歴程』前掲書)と追悼文に綴る鷲巣シンパである。

以上の二つの座談会中の鷲巣詩に相反する態度で応ずる二人の詩人——大岡信と飯島耕一を俎上に載せ、以下の各章で、それぞれの詩篇や詩論を通じてなぜかかる相反する評価に至るのか、まずは両詩人の問題(内なる問題)として論ずる。

第6章　大岡信のなかの鷲巣繁男

――「一つの回答」としての詩篇

一　「解説」に見る鷲巣繁男評

まずは大岡信である。その大岡は、当時の詩壇の空気を含めてすべて了解していた。故に亡くなって四年が経った後でも、遠慮するように控えのメモを取り出したのである。もしも、矢継ぎ早に詩集や評論を出していた存命中の一九七九年当時の上掲ユリイカ座談会に参加していたとしたなら、どのような姿勢で臨むことになったのだろうか。北村太郎に遠慮して、飯島のように「弱ったな」と、ほくそ笑んでみせたのだろうか。それとも軽口を窘めるように、「そうですか」とすこし気色ばむようにして、「重々しいから駄目なんでしょうか」と反語的な口ぶりで応じることになったのだろうか。要らぬ遣り取り（争い）は避けたに違いない。たとえ反論したところで簡単に分かってもらえるとも思っていない。それが鷲巣繁男であり、鷲巣繁男を理解するとはそういうこと、つまり端からの拒絶を容れることを含めてである。しかしそれだけに、機会を得て大岡信が綴る一文——といっても管見の範囲内では「討議」を含めて四件——には思いの丈が込められる。その一つが、『日本現代詩大系』第十二巻（河出書房新社）の「解説」（一九七六）に記された一文である。大系中に収めた鷲巣詩篇の一篇「アポクリファ」への解説は、一篇ごとに加えた個別解説というよりは大岡の関心あるテーマに沿ってなされたものである。戦後詩と「死」の在り方をめぐる問題だった。それを諸詩篇に尋ねるなかで、その一例として取り上げたのが鷲巣繁男の詩であり、それに伴う解説だった。引用された詩篇とともにそのまま引く（ただし論の途中から）。

こういう味の濃いユモリストの作品（天野忠「あーあ」、引用者註）がある一方で、鷲巣繁男の重厚な、しかしまた甘美、壮麗でもある次のような死のメタフィジックもある。

たとへば、ぼくは訪れた。夕暮の発熱する立葵を。
ぼくは訪れた。少年の透明な反世界への旅立ちの駅を。
賢い魚を飼ふ老人の稲妻の夜を。
おそらく、ぼくは見た。砂金の沢の空を翔りゆく鶴を。
ぼくは見た。蚯蚓《みみず》達の輝く会話を。太陽の下に焦げる虫の涙を。

故もなく去つて行つた少女のうしろ姿を。
巴旦杏《はたんきやう》の木を揺する、見知らぬ幼神《をさながみ》の眸を。
ぼくは過ぎたのだ。一つの村を。射抜かれた神々を。
焼かれた嬰児《みどりご》を。紙よりも薄い死者たちを敷きつめた道を。
ぼくは過ぎた。その上にかかる虹を。鵲《かささぎ》らのむさぼる腐肉の丘の夕陽の祭りを。
果しない黄土の奥で、一枚の味醂《みりん》乾しをしやぶり、
ぼくは、永遠に漂ふ海藻のやうに揺れてゐた。

ぼくの中で、遂に自らの所有《もの》にならなかつた、それら凡ての非連続な風景は、
その散りぢりの断片は、しかし確実に、ぼくの中に入りこまうとする。
ぼくの前に聳える蒼ざめた経文よりも、
ぼくの周《まは》りに起る不意の詠唱よりも、主よ、御身をもさへぎり、
それらは、ぼくの死の中心に、新しい核をつくらうと身構へる。
ぼくの死を成就する、迷路にみちた聖域となるかのやうに。

（「アポクリファ」より）

鷲巣氏が信仰するロシア正教について私はまったく無知なので、その点ではこの種の詩の読み手

としての能力に欠けるところがあるだろうが、私に理解しうる範囲でいえば、「ぼくの中で、遂に自らの所有《もの》にならなかつた、それら凡ての非連続な風景」が、にもかかわらず、主をさえもさえぎって「ぼくの死の中心に、新しい核をつくらうと身構へ」、「ぼくの死を成就する」に至る過程は、ひとり鷲巣繁男にとってのみならず、死について思考するすべての人間にとっても関心をひくところだし、とりわけ詩人たちにとってはそうであろうと思う。鷲巣氏の詩句は、その意味で、広く宗教的・哲学的関心をかきたてるものだが、同時に、右の引用の前半でもうかがえるように、この詩人のある種の詩にあっては、ナイーヴに保たれた感性の敏感な働きが、ときにうっとりさせられるほど官能的な詩句を出現させ、かの「詩における全体性の回復を」という呼び声に対するひとつのすぐれた回答にもなっていると思われるのだ。（『日本現代詩大系』第十二巻「解説」、傍線引用者）

同大系の戦後期編は、第十一〜十三巻の三巻分からなる。三巻とも大岡信解説（兼編集）である。一巻のための概要だけで終わるようなありきたりの解説ではなく、三巻を跨いだ体系的な戦後詩論である。上引中の傍線部も「解説」を貫く命題に関わるくだり（とりわけ「詩における全体性の回復」）を強調したものである。

皮切りとなる第十一巻で戦後詩とはなにかを「戦後詩」という用語の成立状況から問い直し、『荒地』の詩史的意味を戦前からだけではなく、戦中を兵士として引き受けねばならない者たちの、抑圧された感性や精神の在り方から再検討する。その上で前世代から隔絶した内面（幻滅的感情・心情）

の顕現となり、それが詩の要求ともなり内容ともなっていく必然の様を、内面のリアリズムとして詠い上げる鮎川信夫、田村隆一などの戦後詩の代名詞のような詩人で辿る。『荒地』による反モダニズム精神の由って来るところの出処進退を、乗り越えがたい世代間の確執として捉え直してもみせる。そのほか『列島』と『荒地』との詩想の違いや、一九五〇年以降の時代的特徴である「日常」とその立ち現れ方への言及。以上をひっくるめた同時代における「抒情」の捉え直しなど、次巻（第十二巻）へと繋がっていく詩史論の展開に余念がない。

その十二巻中のキーワードとなるのが、傍線部の「詩における全体性の回復」のフレーズだった。条件となるのは「言葉」だった。「「ひとつの言葉」とは何か。そう開き直って問われれば、詩人はなんと答えるのだろうか」と語り始められた、詩史や詩学・詩論を超えて詩の前提となる「ひとつの言葉」への問いである。「言葉」とは、「現実に私たちが用いている道具としての言葉のどれか一語というようなもの」などでなく、「一切の言葉を包みこんで、われわれの存在全体を根源から刷新してしまうようなある力」であり、そういうものとして在るものこそまさに「ひとつの言葉」だった。

こうした言葉も、固有の感情・心情の彷徨に収斂していく時代的精神（第十一巻）を前提にしているが、それが実際の詩の上でいかなる形をとることになったのか、少なくとも敗戦を経た戦後期の詩と詩的行為にあっては、「古典的な完成美を詩の中に追求する態度とは正反対」な言語活動となったのであり、そもそも詩それ自体としての在り方が問われることになったのである。かくして説く、「重要なことは、一篇の詩を完成させることではなく、むしろ詩という、呼びかけそのものの形式をいわば暗号として、存在の意味を問いつづけることにあった」と。この場合、「存在の意味を問いつづけること」とは、言わば「存在の回復」を目指すことにほかならなかったが、「詩における全体性の回復」とは「存在の回復」をも含む回復であった（以上は大岡著『蕩児の家系』「戦後詩概観」に基づく）。

大岡信が鷲巣繁男詩に見た、「かの「詩における全体性の回復」という呼び声に対するひとつのすぐれた回答」とはなんであったのか。「この詩人のある種の詩にあっては、ナイーヴに保たれた感性の敏感な働きが、ときにうっとりさせられるほど官能的な詩句を出現させ」とは、「存在の回復」を含む「全体性の回復」の上で大岡信の詩精神の核に対していかなる詩的刺激として受け止められていたのか。そもそも大岡信は、「中央詩壇」としてなぜ鷲巣繁男に関心を示すのか。すべてを「理解」できるといささか揶揄的に評される詩人（「批評家詩人」）である。しかし、鷲巣繁男への関心は、たんなる「理解」の延長だったのか。それとも世間から疎まれるものに自然と親和感を抱くという生来の性質に発するにすぎなかったのか。

いずれでもない。鷲巣評を大岡信の中で特別なものにしているのは、「ときにうっとりさせられるほど官能的な詩句」という、「戦後詩概観」段階（一九六六–六七年）には見出せない、一九七六年段階のこのくだりに尽きる。おそらく大岡の各種言説の中でも鷲巣評に特徴的に用いられた言い回しであって、没後まで保たれた高い評価の基底に横たわるものであったに違いない。しかも他の詩人から際立つ鷲巣繁男のそれ（言葉遣い）が、戦後詩の自己証明である「詩における全体性の回復」と一つに重なるのを痛感するに及んで、揺るがしがたい「詩論」となる。

とはいえ、官能的な詩句ならいくらでもある。珍しくない。でもそれが「うっとりさせられる」となると、詩人大岡の「ナイーヴな感性」はにわかに動揺してやまない。それも自身一人の動揺だけでは収まらず、「感受性の祝祭の時代」の名称を冠する、大岡自身を含む「五〇年代詩人」をも相対化しかねない勢いだった。

大岡は、鷲巣繁男に特別な詩人性を見ていた。それが上記第十二巻「解説」となって現れ、同時にアンソロジーを編ませる際の選評眼となる。大岡によって選ばれた鷲巣アンソロジーから「ときにうっとりさせられるほど官能的な詩句」のいくつかを、目に留まるまま引いてみよう。

愚かな汗を祭り、隈なく虚しさで飾つた夏。
飛び上る一匹の魚は錆びる。媾合する銀の風の中、
文明の仮睡のひとときに。老いはその毒液で
世紀を浸し、翳りの中で時ははためく。

（「夜の果への旅」より）

眠る修道士は火の夢に包まれて寂かだ。
蜥蜴の敏捷なたましひが光の中でまぶたを閉ぢてゐる。
眠る修道士は蛮族の火矢に狙はれてゐる。

蜥蜴の夢は羊歯族の呪文に囲まれて燃える。
（「聖なるもの」のうち「聖なる時」より）

わたしの門に門は無く、無限の門。歩みゆく微かな眩暈。
過ぎ去つた人々の手摺れの時禱書を、
今、わたしは負の連帯の上にしづかに置く。
年老いた薔薇――そこには夕暮が見知らぬ魂を憩はせてゐる。
わたしは眩暈の中でわたしに逢ふ。
なべて不可知、新鮮な未知に同化するかのやうに。
（同「聖なる門」より）

切り開かれた幼い肉色の襞うつ時間に、黄金の港。
打ち鳴らす聖鐘を恋ひ慕ひ、湧く水母《くらげ》族。
林立する帆柱に縛められた母たちの髪が青空になびき、
未来をくちよせする老婆の傍に、立つたまま虹を吐く少年。
甲冑輝く十字軍。日に向ひ熟み割れた唐黍の顔。
夥しい蝗《アポルオン》の王の詰まつた、その時間の傷口。
（「アポクリファ」より）

これらの詩行が、「かの「詩における全体性の回復を」という呼び声に対するひとつのすぐれた回答」と見做されるなら、全体性の回復としてどのように読み取ればよいのか。それは評言者当人の大本にある詩人性をいかに読み取るべきかの問題とほとんど同じである。すなわち自らの詩的感性から自ずからに発せられたのなら、その自ずからの必然を確かめる。必然の過程を辿る。遡って試行錯誤を追体験する。その上に冒頭の鷲巣繁男評への脈絡を辿る。

要は本稿が採らんとするところの個人に借りた鷲巣繁男論の立案である。ただ問題は相手が大岡信であることとである。容易ではない。しかし、逆にそれはより深く鷲巣繁男に届く可能性を示唆することでもあり、事実期待もされる〝謀〟である。故に「全体性の回復」の問題も、まずは大岡信の上に問題を立てることから始められる。そのとき大岡が最初に向かい合うのが谷川俊太郎であった。

二「批評詩人」の眼

なぜ谷川俊太郎の名が挙がるのか。大岡信にとって「全体性の回復」の上で最初に出会った詩人だったからである。否、彼の詩篇に出会ったが故に命題としての「全体性の回復」を構想するに至ったと言うべきである。特別な詩人、それが谷川俊太郎だった。自分にとってだけではなかった。自身を含む一九五〇年代の詩人観の集約的存在でもあった。そして自身をもその一員とする「感受性の祝祭」の名を冠した一九五〇年代詩人たちへの問いは、大岡批評の原点だった。

五〇年代詩人たちの意識の底には共通して「戦後詩」からの離脱あるいは乗り越えへの思いが隠されていた。同じ戦後詩であってもそれ以前とは詩の向き合い方が異なることに詩的命題を見出し、見出したことへは自負心をもって応じる。いずれも「詩における全体性の回復」を命題化しうる自分たちの詩への確信的な自負心であった。それを谷川俊太郎に見るとき大岡信の五〇年代意識はより高まり、また彼の詩篇によって自覚を深める。そしてかく語られる。

一九五〇年代の詩は、何よりもまず主題の時代であった「荒地」派や「列島」派に対するアンチ・テーゼとして出現した。（略）さきにあげた「櫂」「氾」「今日」その他の詩人たちから、一九五〇年代末期の「鰐」に至る、この時代の一群の詩人たちは、感受性そのものを、手段であると同時に目的とする詩、言いかえると、言葉の世界への一層深い潜入ということが詩の目的そのものでありうることを、彼らの詩そのものによって語っているような、そんな詩を書きつづけてきた。（大岡信『蕩児の系譜』思潮社、一九七五、二二四―五頁。初出一九六六―六七）

そして実例として掲げたのが、谷川俊太郎の詩（『62のソネット』・31番）だった。「このような詩は、日本の近代詩において、かつてほとんど気付かれたことのない方法によって書かれているのである。つまりそれは、感受性そのものの祝祭としての詩なのであって、この詩のリアリティは、かかってその一点にある」と説く。かく「詩における全体性の回復」にとって谷川の「リアリティ」は特別なものだった。

大岡信のなかでの谷川俊太郎は、はじめから（谷川の出現当初から）「詩としての全体性の回復」の最先端を行く詩人であった。谷川をしてそうさせているのは、その詩が、「かつてほとんど気付かれたことのない方法によって書かれている」からであり、詩篇が浮かびあげる「リアリティ」（詩的実在）も「かかってその一点」に、つまりその方法に拠っているからであった。この大岡評は、鷲巣繁男と谷川俊太郎の二人の詩人が対極的な言葉遣いに拠って実作しているだけに、大岡信が対極性になにを見ていたのか、特段言及があるわけではないが、逆にそれを好いことに議論を拡大的に広げてみるのも無益ではない。

大岡が「このような詩」と言った谷川俊太郎の詩篇を掲げておく。

世界の中の用意された椅子に坐ると
急に私がいなくなる
私は大声をあげる
すると言葉だけが生き残る

神が天に嘘の絵の具をぶちまけた
天の色を真似ようとすると

絵も人も死んでしまう
樹だけが天に向かってたくましい

私は祭りの中で証ししようとする
私が歌い続けていると
幸せが私の背丈を計りにくる

私は時間の本を読む
すべてが書いてあるので何も書いてない
私は昨日を質問攻めにする

（谷川俊太郎『62のソネット』・31番）

詩篇中に見える「神」「天」「死」「祭り」「時間」などは鷲巣繁男に頻出する詩語であるが、語感の違いは「別の惑星」に棲み続ける者同士の言葉遣いというしかないほどの違いで、鷲巣・谷川両者から「詩における全体性の回復」を再考する機会が見出せるとしても、やはり大岡信を間に立てない限り、両者を同じ地平に置くことはできない。なんと言っても仲介者の立場を跳び越えて直接話法にしてしまえるのは大岡信だからである。

ところで、その大岡信であるが、大岡に関しては「なんでも理解できてしまう」といういささか反意性を滲ませた、批判ともとれる見方がある。しかしこれを詩人としての資質とともに稀に見る理解力を身につけた批評家として捉え直す時——あらためて指摘するまでもなく誰でもがそう思っているわけで、その在り方を単独に高く評価すべきものと見直せば、それだけでも従前の捉え方とは些か違った姿になる、そのことを言おうとしているのだが——、そこに浮かび上がる姿に「批評詩人」という在り方を措定することができる。必ずしも「批評家詩人」ではない。両者は呼び方だけではなく性格も違う。

鷲巣と谷川の二詩人の対極性を「全体性」のなかに捉え返すのも、かかる存在形態に備わった感性のなせる業であるに違いなく、感性を感受性に置き換えるなら、谷川俊太郎の「リアリティ（詩的実在）」もまた鷲巣繁男の「うっとりさせられる（詩句）」も、単体の詩人であるより複合体ともいうべき「批評詩人」のそれによってより内実的に察知されたものであったことになる。

ただし、こうした二つの才能の融合をみる見方はなにも目新しいものではなく、大岡信の感性の幅広さを「これが大岡信の幅広さ」*として詩の世界の幅広さに捉え返す見方もあれば、相手との同一化を容易に果たしてしまう才能を「対象との同一化」**の能力として詩人の資質の大本とする捉え方もある。まさに「批評詩人」という批評と詩との関係が一人の個人の中で高く実現されている、大岡信に特異な存在形態を積極的に評価したものであり、いずれも大岡信論の核心に迫る見方である。

そのためにも以下では、「批評詩人」が命題化した「感受性の祝祭」、「詩としての全体性の回復」をあらためて大岡自身の詩篇に辿り直す。実作こそはなによりも自己批判の縮図である。やがて「批評詩人」の眼に映る鷲巣繁男像が、現代詩として捉え返せるのも、詩論以上にかかる実作への自己批判が仲介するからである。なお、前もって断っておけば、本稿では、後段、「批評詩人」を「詩人内詩人」と呼び換えることになる。結果として大岡信による鷲巣繁男の現代詩的意味は、より高い次元に置き換えられるだろう。

＊野村喜和夫「大岡信における想像力と批評」菅野昭正編『大岡信の詩と真実』岩波書店、二〇一六。
＊＊三浦雅士「ある愛の果実」『自選大岡信詩集』「解説」、岩波文庫、二〇一六。

三　自己批判としての詩歴

長い詩歴は概観するだけでも容易でない。ただ本格的な大岡信論を企てるわけではない。詩を辿ると言っても必要な範囲でしかない。幸い本人による自作詩集に関するコメントがある。詩歴上のターニングポイントに関する一言である。

（略）増補版を出すからには、ある種の区切りがついたところで出したいというのが私の気持ちだった。何となく日延べしているうちに、『透視図法―夏のための』（書肆山田刊）、『砂の嘴・まわる液体』（青地社刊）、『遊星の寝返りの下で』（書肆山田刊）、『悲歌と祝禱』（青土社刊）の四冊の詩集が出来上っていた。『悲歌と祝禱』をまとめることになったとき、自分なりの感じ方にすぎないが、ある種の区切りがついたように思われたので、この増補版綜合詩集を出してもらうことに決めたのである。これから出す新しい詩集は、少しは変ったものになるだろうと思っている（少なくも、そう願っている）。（後略）（『大岡信詩集［綜合詩集増補版］』「増補新版へのあとがき」、一九七六、傍線引用者）

ここにある「ある種の区切りがついた」とはなにか。大岡詩篇に馴染んでいる者は、相応に肯くであろう。深く画期を見る向きも少なくないはずである。大岡自身にしても口調だけは「あとがき」風の感想程度であっても、事実はこれまでの詩作の歩みを十分意識した上での際どい、過去の詩歴に否定的にさえ立ち向かおうとしているかのような自己批評であった。同詩集『悲歌と祝禱』の内容が、ほとんど一篇一篇として無言に語るところであるし、その後の詩の遍歴もそれを証している。

ではなにが「区切り」であったのか。一言で言えば——本当はそう簡単にいくものではないのだがい思いの総量であり総体であるところの意識だった。最初の詩集『記憶と現在』（一九五六）から『悲歌と祝禱』（一九七六）までの二十年間の詩の歩みを歩みとして一篇一篇に代弁させている、その意識だった。

——、「意識」である。意識に区切りがついたのである。詩を作りたいとする、作らずにはいられな人に詩を書かせる内発力、それは大岡の場合で言えば、詩心から詩意識への旋回力あるいは揚力として発動していた。シュルレアリスムへの関心もそうだった。関心を超えて自己テーマ化していたとはいえ、『悲歌と祝禱』から振り返れば、詩意識に近づくための一時の喘ぎであった。詩篇としてもそう読める。詩心から離れる。つまり詩から心を分離する、そのための補助具だった。自分から自分を遠ざけねばならなかったのである。厳密に辿り直せば初期詩集に遡る企てでもあった。

すでに詩論集『現代詩試論』でぼくの詩に対する考え方の原型ともいうべきものはある程度明らかにできたと思っているが、ぼく自身が今一つの転換点に立っているように思う。一言でいえば、ぼくが意識的、無意識的に作ってきたぼく自身の枠を、どのようにして打ち破るべきかということが、ぼくの現在の問題なのだ。この詩集が一つの転機になることをぼくは願っている。（大岡信『記憶と現在』「あとがき」より、書肆ユリイカ、一九五六）

ここで語られている言葉を使うなら、自分から自分を遠ざけなければならないとは、「意識的、無意識的に作つてきたぼく自身の枠を、どのようにして打ち破るべきかという」自己打破への希求に合わせて筆者の文脈で言い換えた説明用の一文句にすぎないが、同じ文脈でいくなら実作にしても、次の詩作にその結果（打破の程度）を待つ詩作——言ってみれば日常的に「未稿」部分を抱えこむものだったことになる。さらに「この詩集が一つの転機になることを僕は願っている」のくだりに言及するなら、「転機」とは、終戦直後の詩篇から受け継がれてきた、抒情性を貯めこんだ詩心の清算だった。そのときエリュアール論に始まるシュルレアリスムへの関心は、ひとまず自分を自分から遠ざける契機となって詩作を促す。恩恵も受ける。しかし術（方法）にとどまってそれ以上には深まらない。戦後詩の特徴の一つともいえる、方法が即詩作になるという、その方法にとどまる。「方法」を方法として超えなければならない。

誰でもが拘る「ことば」であるが、大岡の場合は、とりわけ「ことば」への思い入れが人一倍強かった。一語一語への拘りだけではない。それだけだとむしろ結局詩心に回収されかねないので、詩意識への旋回を自分に促すためにも、かつて意識化されることがなかった、ことばを手段とも目的ともするのではなく、「方法としてのことば」とする——といっても実際には実作としてしか説明できないことだが——その詩法化の試みだった。

詩心から詩意識へ、それは表向きには詩から心をとることを意味する。実際、いかに達成されていったのか（されようとしたのか）、全体が見渡せるよう少し遡って、初期詩篇（一九四六）から『透視図法―夏のための』（一九七二）までを横並べに掲げてみよう（ただし各篇とも一部）。末尾番号は筆者。

朝は　白い服を着た少女である
朝は
谷間から

泉から
大空の雲から
野末のささやかな流れから
朽ちた木橋のたもとから
その純白の姿を
風に匂はせながら静かに現れる

（「朝の頌歌《ほめうた》」第一連、一九四七・一一・六）①

空を渡れ　錨をあげる星座の船団
灯火は地球に絶えた　悲愁は冷たく迅《すみ》やかだ
湖水の風に羽を洗う鳥たちは　むなしく探す
昨日の空にはためいていた見えない河原を

（「方舟」一九五一）②

砂丘にまどろむ春を掘りおこし
おまえはそれで髪を飾る　おまえは笑う
波紋のように空に散る笑いの泡立ち
海は静かに草色の陽を温めている

（『記憶と現在』「春のために」第一連、一九五六）③

おれはものうく夕暮をすくいとっては、窓のようにくれてゆく、てのひらの上に光を流して眺めていた。波音の絶えた脳の浜辺で、もう計画もあらかた枯れた。坂の上から夕陽を浴びておりながら、生え出た尻尾を気にしていたお嬢さんにはまだ計画があった。もう計画は出つくした。水をゆっくりかきわけるほどの、身じろぐ自由があるばかりだ。

（三連略）

おれは内部に悪い汗をしたたらせていた。

（同「Présence」第一歌から）

隣のベッド
熱が細った手をのばし
一本の樹をつかもうと
五千の指をゆらめかしている
（二連略）

（同第二歌から）

梢のさきで
どうしてもわたしが燃えていなければ
ならなかったので

波の上で
どうしても彼女がわたしと出会わなければ
ならなかったので
わたしは生きていなければ
ならなかった
ああ　そのころ
わたしはいのちを刺したかった
そして死ぬのをやめたかった

（同第三歌から）

これは笑いと悲しみに満ちた地獄だ。

街は海だ。空は死んで、底抜けに青い。おれは茶色い海草をわけて歩いてゆく。澱んだ海。いつでも澱んだ海だ。おれの腕の筋肉に一瞬雲が流れる。おれは巨人になって通りを下ってゆく。

五〇年代。これはばかげた笑いに満ちた地獄だ。

（同第四歌から）

（以上『記憶と現在』一九五六）④

今宵わたしの銀河は
まったく不規則に動いている
海の底を
あおい種子　女の影が歩きまわっているだけなのに
わたしの銀河はバウンドし
炎をひいて滑走する

（「転調するラヴ・ソング」初連、一九五四―五九）⑤

冬の静物は傾き　まぶたを深くとざしている
ぼくは壁の前で今日も海をひろげるが
突堤から匍いあがる十八歳のずぶ濡れの思想を
静物の眼でみつめる成熟は　まだ来ない

（『わが詩と真実』「静物」一九六二）⑥

訪問者は問う
礫《（ママ）》死体の在りかはどの海かと
太陽は白亜の円形劇場のうしろ　藁屋根の中にあり

一匹のハイエナの磨滅した歯が回想する
弦は匍匐運動を繰返し
古典的な唸り声が美声を深める

ささの葉さあらさら　夏の氷の欲うしさよ

みごとな落石は氷河を薫らす
旗よ　血よ　城よ　したたれ

（『透視図法―夏のための』「告知」より冒頭三連、一九七二）⑦

①から③までは、詩心の保ち方には別評価で臨むべきだが、体系的に捉えるといまだ「心」が詩から離れない段階の実作である。心に巣食うのは少年の純真さである。それがもっぱら恋心に姿を変え、同じ目線で恋心の修飾語となる自然を捉える。②には詩意識への接近があるが、自覚的な詩意識で書かれるには④の複合詩篇（第一歌〜第四歌）を待つ必要があった。「心」は一人称主語を強く求めるが、④の「わたし」（第三歌）は、一篇の主語がつくる発話力としては一人称の前面感から後退気味である。冒頭の「俺」（第一歌）の人称も一篇を支配するわけではない。むしろ話法上に一役を受け持つにとどまる。意識的な人称的統一を欠いた詩行の繰り出しである。

ここには然るべくして「心」がない。欠落である。欠落に生まれるのが詩意識である。断っておかねばならないのは、詩意識で書いたのではなく、書いたところに詩意識が生まれたことである。同様に「方法としてのことば」で書いたのではなく、書いたところに「方法としてのことば」が結果としてあったことである。詭弁めくが、あったことを知ったのである。その間の認知関係として問えば後づけだった。ただし同じ後づけでもかなり意識的だった。なにかが起こるだろうという予感に気持ちを募らせていたからである。故に知る、すべての前後関係が後付けから組み直されることを。最初から始まるものはなにもない。これも「方法としてのことば」の範囲内だった。

④を契機として、始まっていかない叙法による詩篇が倦まず生み出されていく（⑤）。始まっていかないとは「心」を始めていかないことである。かくして新たな調べを基調トーンとした抒情詩篇が詩人の前に訪れる。意識的な停滞感を詩行に沈めたその詩篇は、新規な叙法を確約する（しようとしていた）（⑥）。詩意識のなせる業だった。⑦までの十年間を生き、かつ生かされる自意識の源となるそれであった。

それでも十年間は詩にとっては長丁場である。自意識だけではもたない。「方法としてのことば」は、「方法としての」をとったそれだけで機能する、本来の自律的な「ことば」に生まれ変わらねばならない。あらためて自分のことばにする必要があった。かくしてことばとの関わりそれ自体があらたな詩作となる十年となる。「次々に生起しては消えてゆくイメジの流れと一体化した言葉の流れを定着したいという欲求」⑦（後掲書）もそうしたなかの日々の葛藤と苦吟から生まれたものである。

ちなみに詩法化の試みの十年間とは、『記憶と現在』以後――厳密には四編構成からなる同詩集の最後の「記憶と現在」の以後、区切りとなる『悲歌と祝禱』までの間をいうが、この期間中の後半に位置する詩集『透視図法―夏のための』(一九七二)の一篇への自己解説(「「告知」へのノート」)中に見出される上掲文言――「次々に生起しては消えてゆくイメジの流れと一体化した言葉の流れを定着したいという欲求」こそは、そのまま詩意識更新の目論見のなかで日々生起し続けた、「方法としてのことば」が詩法として突きつける、単体の言葉の定着ではなくして「言葉の流れの定着」を全編にわたって企図する詩的葛藤であり、辿り着いた詩境だった

四　古典という時間体験

ことばとの関係だけが動機となる、詩意識に没我的な詩作が進む。そのときだった。思いがけない関係性が大岡信を待ち受けていた。古典だった。単なる待ち受けではない。画期となる関係性としてである。かく画期とはいつ起こるとも限らない。必ずしも自分の裡だけで起きるわけではない。時には偶発的なこともある。まさに大岡信の場合がそうだった。偶然の作用である。一つの依頼だった。舞い込んだのである。まさに自身の必然性とは直接関係のないその外にある契機だった。些か芝居がかっているが、それというのも結果の大きさを思うと、実際はそれ以上に劇的だったからである。その後の詩作も、その基となることばとの在り方も、その依頼を境にしてまったくと言っていいほどに

世界の在り方を根底から更新してしまう。その将来が待ち受けていたのである。結果として見れば、鷲巣繁男との接点もここにあって、後は振り返るだけだった。

　依頼とは紀貫之だった。「日本詩人選」（筑摩書房）の一冊だった。成ったのは、一般論的な歌人論を大きく超えて、実作者と評者をともに生きる、一人の中の「二人」を問いただした画期的な歌人論（存在論）であった。魅了されるに吝かでないとしても、断っておかなければならないのは中味ではない。今必要なのは、偶然だったとはいえ、依頼に始まる古典体験が、それ自体として詩人に及ぼした影響である。

　なぜかかる体験が画期を超えた大画期にまでなったのか。詳述が必要ながら詩的表現への影響に範囲を限定すれば、紀貫之に対する再評価が、古典世界を知るという単なる知見的な範囲から「知る」を超えた「生きる」の事態となる。それが甚大だったのは、定着感を保っていた⑦の位相――「イメジの流れと一体化した言葉の流れ」の定着の上に実践する詩法の相対化が招来したことである。おそらく予期しない事態だったはずである。「ことば」から「ことば」への展開、推進、定着。いずれも現在進行形のなかにあった。しかし、⑦（および次の『遊星の寝返りの下で』）からは、問題の『悲歌と祝禱』は生まれなかった。なぜか。なにかが必要であった。それが他者性に勝った誘引力だった。おそらく創作世界に固有の内因性の高い駆動力である。もたらされたのである。どこからともなく。古典体験たる時間体験の最中から。

　それでもこれだけでは漠然としていて何のことか分からない。時間体験とは具体的に何か。「時間」が何をもたらしたのか。本人が語ってみせてくれる。否、創ってみせてくれる。具体的には以下のとおりであるが、付言すれば鷲巣繁男への評言をも胚胎する実作化である。

事は、古典に対する挑戦を一篇の詩に実践する形で始められていく。古典とは『柿本人麻呂歌集』中の一首である。同歌を伝統的な本歌取りという形ではなく、同体と化していかに自作化するかという、表現効果を一段高い次元に求めるものだった。まさに実践的挑戦であった。まずはその歌。

玉津島磯の浦回の真砂にもにほひて行かな妹が触れけむ

（巻九・一七九九）

次は同体化を試みた一篇。

玉津島磯の浦回《うらみ》のまさごにも
にほひてゆかな妹がふれけむ
ボナール色の残照を浴び
浮桟橋《うきさんばし》の会話体　揺れはつづくが
さつきから空を黙読してゐる船は動じない
岩壁はひえびえとした弾道をつたひ
おのがじし熔岩《ようがん》流のみなもとにさかのぼる貌《かほ》

（「弧」初連）

ここでは古典の採り入れ方は問題にならない。採り入れたこと自体に意味がある。しかも採り入れがまさに同体化ともいうべき次元であって、引用・引照というよくある過去の作品の仮借に終わるようなものではなかったことである。

同体化のことを大岡は「唱和」と呼ぶ。詩の契機との新たな出会いを自分に言い聞かせるために講じられた用語・用法である。この言葉遣い一つをとってみても目指すところがはじめから「本歌取り」ではないことが一目瞭然である。それでも本歌取りあるいは類したものと言われるなら、本歌取りそのものを逆手にとって「詩の発端」に据え換えてしまう。「この歌を、ときに人がやるように、本歌取りふうな奥床しい扱い方によってではなく、そっくりそのまま詩の冒頭に据えたのは、いってみれば自分自身への挑戦にほかならなかった」（後掲書）と言うあたり。そして、それがまさに「挑戦」たるに相応しいのも、「一語もつけ加えることはできぬと感じられる歌を、強引に私の詩の発端に変えようとした」からであったが、それだけではない。より全体的な問題としても捉えられていた。

私は、この歌のうちに感じとる彎曲したもの、弧をえがく線を、自分の詩のなかで、ただし、まったく別の形でえがいてみたかった。詩の発端に人麻呂の歌をそっくりそのまま据えて、はい、それだけ、というのでは、あまりに曲がなさすぎるではないか。この歌の「解釈」をすることは問題にもならないが、この歌に奥深いところで「唱和」しつつ、表向きはまったく別の世界をつくりだすところまでいかなければ、かりにも人麻呂の秀歌を呼びこんだことの意味もないだろう。（大岡信「『万葉集』とわたし」『詩歌ことはじめ』講談社学術文庫、一九八五、一四四頁。初出一九七二）

まさに詩作全体にわたる「挑戦」にほかならなかった。さらに続くくだり――「人あるいは、現代詩とよばれるものは、いつでもそんなふうにしてつくられるものなのか、と問うかもしれない。他人のことは知らず、私の場合、これは決して普段のやり方ではない。ここには、たまたま人麻呂の歌にかかずらうことを選んだために起こった、ひどく意識的な方法の問題がある」という、この「意識的な方法の問題」とは、古典との関係そのものが詩であることの言明である。つまり方法が詩なのである。外形で始まることが同時に内側の開始にもなる。従前にない開始方法だった。

ことばとの対峙だけではない、むしろ最初にあるのが「方法」であり、方法自体が修辞法ともなる詩作。上述の「方法としてのことば」という言い方からすれば「方法としての方法」にほかならず、一次的にも「ことば」は表に出なくなる。むしろ「方法」に必ず出遅れるのである。出遅れることが詩をつくる。それを含めての「方法」である。ただし「出遅れ」は、前述した「詩意識」による発語に伴う「（心が）はじまっていかない」という既得の詩法の更新である。だから十年間は、決して無駄なわけではなかった。

かくしてはじめ批評家として接した古典体験は、いまや詩人としての大岡信の更新に大きく作用し、作用するだけでなく条件化していく。鷲巣繁男への評価も批評家であるより詩人大岡信が生み出したものである。その点極言すれば、批評でありながらも批評ではなかったことである。普通なら評価以前にとどまるところである。そもそも関心の射程として入ってこない。世界が違いすぎるのである。だから批評したのではない。共有したのである。「時間体験」をである。しかも質的には「唱和」に通じ合うものとして。まさに「時間」を体得し合うものの詩精神として邂逅したのである。さらに言えば、遇うこと自体に意味があった。それこそが詩にほかならなかったからである。しかも大事なのは、そのことに劇的に気がついたことである。

なお、上引詩は、一冊の詩集（『悲歌と祝禱』）にまとめられる際、次のように修正して登載される。これもさらなる「時間体験」が修正したものである。

玉津島磯の浦回《うらみ》の
まさごにも
アセビにも負けず映《にほ》うたであらう
いにしへの妹《いも》があそんだその磯の
ボナール色の残照を浴び
浮桟橋がにぎやかに話しかけるが
空を黙読してゐる船は動じない

（「光の弧」初連）

ひとつの区切りとされる『悲歌と祝禱』は、それ以降常用となる旧仮名遣いによっても表記上の前後を区切るが、言うまでもなく本質部分は詩の中味である。詩集に附された「あとがき」(『増補新版へのあとがき」一九七七)が再度注目されよう。当該詩集を繙けば、また意識的な読み方を心がけるなら、たんなる付けたりとしての「あとがき」ではないこと、それ以後に向けた未知の「まえがき」をも兼ねていること、また詩篇に立ち戻れば、「あとがき」に対して作品として自ら解説的であったことが理解できる。その上で同時代詩として読むとき、詩篇が自律的で同時代的な影響関係から外連味なく自由になっていること、まったく大岡信一人に個人的に帰属する独自性を強く帯びた詩篇になっていることの目覚ましさを痛感する。なら何が大岡を独自な自律性として生かし始めたのか。

影響関係を問えば、それ以前のシュルレアリスムに「ことば」を求めてきたような一時期の在り方とは違い、ここには他の影響から自由な発語主体が確保されている。まさしく「時間体験」がもたらしたものであって、「時間」の獲得から見れば、その他の影響関係などはなんら本質的なものではない。なぜなら「時間体験」は「同時代体験」との「唱和」にほかならなかったからである。

かかる体験の中で発語主体が手にしたもの、つまり事の本質として「時間」から入手したもの、それは唐突かつ飛躍的ながら「構造」であった。と言っても作品を介さないで具体的に言うのは容易でない。言えることとは、「構造」によって発想され、発語され、構文化され、さらに推敲され続けること、要は全てである。言い換えれば主体を主体ごと明け渡すことである。既述の一つの詩法としての「方法」は、その先行形態だったことになる。

その上で、詩心や詩意識にまで遡るなら、ここに至って、理屈上からも自己喪失を完璧に果たした表現現場との直面となる。一つの帰結点である。待ち構えているのは、非人称性とその失われた人称性の裡に育まれる表意性（意志）である。意志が生む意志という詩的営為は、詩人本人に立ち返って、「批評詩人」の更新的別名ともなるある詩人像を結ぶ。曰く「詩人内詩人」である。名称の連発は混乱を生むだけが、「詩人内詩人」という呼び方に意味があるのは、それによって大岡信の詩と批評がより高い次元での出会いを実現するからである。

再度問い質すなら、大岡のなかには「二人の自分」があった。しかも対立関係にあった。対立関係にあるとは一方を一方に回収する目途をもたないことである。そのとき詩作とは二人の自分から一人に還る回復行為だった。回復行為のなかに生まれたのが「批評詩人」だった。詩人であることは、少なくとも批評家では得られない自己を自己として確認する機会であった。それを大岡にもたらしたのが「批評詩人」だった。「詩人内詩人」は、さらに批評家自体を詩人の側に最初から回収してしまう。言ってみれば、対立関係も回復行為も要らない「一人」の内に再生することだった。

銘記すべきは、以上によって概ね予想がつくように、再生が一次的な詩才とは性格を異にする後出的（後天的）なものであったことである。生来のものとして理解するのではなく、後天的なものに捉えるのである。「詩的事件」として問うべきと考えるが、それがより大岡信の詩人としての独自性を高め、結果として鷲巣繁男への評言をより深く確かなものとする。とりわけ「全体性の回復」としての自己性に関して。

五　大岡信のなかの鷲巣繁男

一九八二年一月、鷲巣繁男は高見順賞を受賞する。久しぶりの邂逅を喜んでも同じ年の七月に逝去の知らせを受けるとは予想もしていなかった大岡信は、「あまりにも急、無念という以外に言葉がありません」と前置きして、二本の柱からなる「弔辞」を認める。うち一本では戦後詩における鷲巣繁男の位置に言及して次のように述べる。

鷲巣さん、あなたの詩人としてのお仕事は、近代以降の日本の詩の世界で、全く独自に屹立する高い塔のごときものです。あなたは多年、一種の自己流謫とも思われるようなきびしい生活の中で、驚異というほかないほどの質と量をもった詩篇と論考、あれら信仰と知識と感受性の結晶たる言葉の一大山塊をきずいてこられました。ダニール・ワシリースキー鷲巣繁男は、近代の日本語の世界がかつて持ちえなかった種類の、強壮な論理性と豊麗な言語の肉体を兼ね備えた宗教詩を次々に書いてこられました。それらの詩集は、すべて大いなる綜合的意図のもとに編まれていましたが、それ自体日本の詩の世界では類例を見ないものでした。ヨーロッパの歴史に照らしてキリスト教の教義、典礼の歴史に通暁していたあなたの、おのずから湧き出る抒情性に富んだ叙事詩的な作品のごときも、その構想の全容をつかみとるにはあまりに晦い私のような異教徒にも、心うたれる要素にみちたダイナミックな日本現代の詩作品でありました。（大岡信「弔辞」部分、一九八二・七・三〇、於ニコライ堂）

ここまでの大岡信の詩的思考を振り返れば、「あれら信仰と知識と感受性の結晶たる言葉の一大山塊」のとりわけ「感受性の結晶たる言葉の一大山塊」が、「この詩人のある種の詩にあっては、ナイーヴに保たれた感性の敏感な働きが、ときにうっとりさせられるほど官能的な詩句を出現させ」（前出）に基づき、「全く独自に屹立する高い塔のごときもの」が、「かの「詩における全体性の回復を」という呼び声に対するひとつのすぐれた回答」の別の言い回しであることから、「塔のごときもの」とは、「回答」のより高い次元での言い換えであったと言える。「変容」に言及する弔辞後半の、もう一つの柱も「弔辞」にありがちな通り一遍の讃辞を超えた、力強く定位された詩人論の確信に発するものだったと言える。

限られた言及とはいえ、また「弔辞」という特別な場面でのそれであったとはいえ、詩壇から敬遠されがちだった鷲巣繁男の戦後詩的位置も、かくして詩史的かつ詩論的に定位される。なんといってもそれが大岡信を通じてなされたこと、即ち「詩人内詩人」によって行われたことの意味を高く評価しなければならない。

大岡信を『蕩児の系譜』にまで辿るとは、一九六〇年代後半までの約二十年間の戦後の詩を辿ることである。この間の、「ことば」との対峙をことばに置き換える、ことばの中のことばともいうべき大岡の詩的思考や実践は、戦後の詩である現代詩にとってどのような意味を有しているのか。何を問題としていたのか。あるいは何を問い立てようとしていたのか。かかる問いの中にあって、大岡を介した鷲巣繁男の戦後詩的位置とは何か。何を物語るのか。さらに一般化して問うには次の登壇人物にバトンタッチしなければならない。

第7章　飯島耕一のなかの鷲巣繁男
――「ことば」と「文体」

一　「選評」と「文体」論

大岡信を承けるのは、「詩は下手糞」（上掲座談会）と腐す、大岡とは真逆の評価（正確を期すなら「ことば」の上での評価と限定しなければならないが）をとる飯島耕一である。腐すといっても、ほかの出席者（北村太郎）の、頭から毛嫌いするような捨て台詞とは違って自分の詩論に基づいた評言であった。座談会の雰囲気もあって些かアイロニカルなものになったにすぎない。それが分かるのは、高見順賞の選考時におけるコメントを目にしたときである。同賞を受賞した鷲巣繁男の詩篇を次のように問うたのである。今度は「腐す」ではない。同じ否定的態度でも正面切って発せられた選評である。次は「高見順文学振興会会報」一号（一九八二）による。いずれも一部。

鷲巣繁男のギリシア正教の信仰の詩は、その意図やスケールや構成力、その深い哲学的な思考と想像力はよくわかるのだが、詩的言語としていまだ乾きすぎていて、日本語としてもう少し工夫ができないものかとの思いを否定しかねる。朔太郎がついに『月に吠える』の日本語をつかんだように、キリストの教会への讃歌《コンタギオン》を日本語でする、その日本語にもう一つ、散文的でない、ふるえる戦慄的な音楽がほしいように思うのだ。（飯島耕一「難しかった選考」、傍線引用者）

この選評中の、「詩的言語としていまだ乾きすぎていて」とか「もう少し工夫ができないものかとの思いを否定しかねる」とか、さらには「散文的でない、ふるえる戦慄的な音楽がほしいように思うのだ」とかいう批判的言辞があって、前後関係は逆となるとはいえ、「詩は下手糞」のくだりになっていたことが分かる。飯島発言（談）の「真相」とは別に押さえておかねばならないのは、同じ選評でも真逆の評価が当日の別人によってなされていることである。篠田一士である。ここでは飯島耕一が抱く否定的な日本語感に対して最高の評価が与えられることになる。

内容は実に多岐にわたり、抒情、叙事、幻想詩、形而上詩、冥想詩、宗教詩、そして、ときには小説の一節、劇作品の台詞の一部のような詩篇もあって、詩人の技法の自在さは目を見張るばかりである。／鷲巣氏がギリシア正教の信者であることは、一応知っておいてもいいが、読者は、かならずしもそれにこだわる必要はない。いや、むしろ、忘れた方がいいのかもしれない。ぼく自身、その方面にこれといった素養もない人間で、ただ目のまえの日本語をそのまま受け取り、ときには激しい官能の蕩揺におびえ、ときにはマゾヒスティックとさえ見える自己呵責による救済への欲求を、半ば他人事と思いながら目をそむける。だが、鷲巣氏が達成したのは日本の新しい詩的言語の創造であり、とくにレトリック（修辞法）のめざましさは注目に値する。（篠田一士「新しい詩的言語の創造」、傍線引用者）

片や詩の日本語としては足りていないと否定的に見るのに対して、片やその日本語が「日本の新しい詩的言語の創造」であると評して最高級の讃辞を惜しもうとしない。追悼文でも「日本の詩における新しいレトリック」として詩業全体を念頭に同じ趣旨を述べている（篠田一士「鷲巣さんの宿題」、『饗宴』第十号、鷲巣繁男追悼号）。興味深いのは現代詩における鷲巣繁男の位置を見通した時、結果として目立った影響関係を今にとどめない現状が、早くから鷲巣繁男を評価する一人であった篠田や同じように鷲巣繁男にシンパシーを送っていた側とは立場を異にする、詩を低くにしか見ない飯島耕一の評価の延長にあったことである。

当初から危ぶまれていたような鷲巣繁男とその詩の宿命（前掲種村、一九七三）と言ってしまえばそれまでだが、没後のこの忘却の一途を辿っているかのような現状に思うのは、倦まず長篇詩を生み出し続ける姿だけではなく、代名詞ともなっている宗教詩人という現代詩に稀有な姿である。ここにあるのは、内容以前で締め出されてしまいかねない（事実そうなっている）現代詩におけるプロフィールである。時にはそれが熱烈なファンを呼びこむことになるが、その一方で「人のやらないことを」のような捨て台詞に象徴される毛嫌いの対象となって、しかもそれだけで事済まされてしまうことにもなる。

ただし飯島耕一の場合、「尊敬している」という、同時代の詩人同士としては余り使われない直言的な一言からも窺えるように、非現代詩的なプロフィールはなんら問題にならない。むしろプロフィールは、詩人の人間観を高めこそすれ軽んずるような低い扱いにならない。それ故に逆に上掲評も先入観に左右されない、純粋に作品として眺めた、問うに値する評価であったと言うべきことになる。ならその評価にはどの程度の客観性があったのか。たとえば将来の見通しを先取りするような、言語表現の本質を衝いたものであったのか。あらためて選評を、とりわけ「詩的言語としていまだ乾きすぎていて」の意味を検証してみなければならない。飯島耕一のことば観のなかにである。

因みに当該年の高見順賞の選考経過（前掲会報）によれば、最終候補に残ったのは三作であった。鷲巣繁男以外では、大岡信と鈴木志郎康であった。決着を見ないまま、二作に絞って再検討が加えられた挙句の鷲巣繁男となる。対抗馬は、奇しくも大岡信であった。『水府　みえないまち』（思潮社、一九八二）である。絵に描いたような、飯島耕一―鷲巣繁男―大岡信の三角形がつくるパラドキシカルなトライアングルである。しかも飯島―大岡の両者間は、早くから同じ研究会（「シュルレアリスム研究会」）の一員だけでなく詩誌『鰐』の仲間であるなど、揺るぎのない詩的信頼感で結ばれている。

それだけにパラドキシカルの意味合いがさらに際立つことになる。鷲巣の詩句・詩行を、詩における全体性にも達するナイーヴな感受性と解る大岡と、そうは見ない飯島耕一。後述するように飯島は『水府　みえないまち』を強く推すだけにさらに話は複雑である。

具体的に掘り下げてみたい。飯島にとって疑問視しなければならない鷲巣繁男の「詩的言語」をである。当該受賞作『行爲の歌』（小澤書店、一九八一）からいくつか拾う。なお詩集の構成は、大きく「序誦」（六篇）「聖人暦」（十一篇）「密誦」（十五篇）「讃歌」（四篇）「黙示」（十六篇）の五篇からなる。各篇から一篇ずつ引いてみよう（ただし一部）。

老いの翳がゆるやかな毒のやうに
肉體《にく》を気倦く浸してゐる
夏の葉蔭の睡りの底で、
わたしの血管は突然痙攣する。
すると、いたづらつぽい風が囁いていくであらう。
《いま一度、いざ、最後《いやはて》の旅立ちを》と。
（「序誦」のうち「出發」初連）①

オルペウスよ、夜の果より來れ、
天の四極より、樹樹の風より、

あらがねを秘めた巖根より、
黒い入江に寄せる水銀の小波《さざなみ》より、
傷ついて翔ぶ小鳥の青い翼より、
沈みゆく魚の謎めく言葉より、
死せる若者の傍にぬかづく獅子の涙より、
豺《やまいぬ》と牡牛の嘆きより、
引裂かれた御身の傷口と
引裂かれた雲雲のひそかな對話より
來れ。

（「聖人暦」のうち「吟遊者ダニエルの第一の歌」初連）②

寄り添ふ建物の互に交はす影も溶けて、
冷えていく《陽の記憶》は夕暮の石の鳥肌を captured
おお老いたる者の緩慢な動きと、吐息のやうな祈りよ、
おまへの上に時間は淀み、
その底で、孤獨な灯は羊皮紙の埃をなだめる。
涙のしみに似た歳月のかげりに沿つて、
流された血の記憶は今ひそやかにおまへとだけ居る。（「密誦」のうち「古い使信の歌」初連）③

ああ　なにゆゑに　かみをみごもりしや
くるしみとわづらひ　しげかりしひとよ
おんみのかたときも
もののけの　あらゆるちから
ゆめにまで　せめいりて
をさなごの　もてるちからを
よをすくひ　ひとをたすくる
いとおほいなる　ちからをそがんと
こころみしも　かひなかりけれ（「讃歌」のうち「マリアのねむりへのほめうた」「1」・第五連）④

犯しもせず、犯されもせず、
わたしはわたしを純粋の塔としたい。
わたしは堅固な實體として天の高みより、
地の底深く貫く一本の錐の如く輝きたい。

ああ、少年の日のわたしは希つたものだ。

そのやうな夢想——観念の武装の中で、
甘美な誘惑をわたし自身に課さうとした。
だが、時間は腐蝕し、行爲はわたしを
《犯すもの》に賣り、《犯されるもの》にも手渡す。
わたしは或る時、殺人者であり、
また、道行く旅人に縋る乞食《かたゐ》であつた。
わたしは高潔な修道者になり、また忽ちに淫獸となつた。
擧花火の夜空を背にうなだれて孤獨のねぐらへ戻る
奇怪な少年だつたわたしよ。

（「黙示」のうち「エピロゴス　Ⅱ」第一、二連）⑤

まとめて引いたとはいえ、詩集一冊の紹介や分析のためではない。飯島の選評の真意を確かめるためである。それ以前に問われるのは、飯島発言に沿った的を射た引用になっているかである。しかし思うに、いずれの個所というよりは全体を捉えてそう言おうとしている。そうだとすればどこを引いても構わない。

では「詩的言語としていまだ乾きすぎていて」の「乾きすぎていて」とはなにか。言葉の艶に欠けることか。詩句に抒情性が乏しすぎることか。確かにここには掲げていないが、語りかけ風な詩行も少なくない。そこだけ取り出すなら（本来は前後関係のなかでしか正しく評しえないが）「詩的言語」として味気ないと言えば味気ない。でも違う。詩行以前に読み方が問われる。鷲巣詩篇は、全体で語る詩篇であり、全体に向かっていく流れをもう一つの詩的空間とし詩行間の連携とする。その流れを汲みとることなく一部分だけで読んだなら、なるほど「乾きすぎていて」となるかもしれない。

でもそれだけであろうか。「老いの翳がゆるやかな毒のやうに／肉體を気倦く浸してゐる／夏の葉蔭の睡りの底で、／わたしの血管は突然痙攣する。」（①）とか、「寄り添ふ建物の互に交はす影も溶けて、／冷えていく《陽の記憶》は夕暮の石の鳥肌を觸ふ。」（③）とか、前章の大岡信ではないが「うっとりさせられるフレーズ」に本詩集も事欠かない。「工夫」もないわけではない。「來れ」という簡潔な促しで掉尾を挟んで「より」のリフレインを九回繰り返すあたり（②）。修辞上の「工夫」であるとしても終結行の「來れ」は、「日本語としての」言葉としての結束度をいや増しに高めている。鷲巣繁男にしては珍しい平仮名詩篇④も、運び方は万葉集長歌風の切れ味を備えている。実際、「もののけの　あらゆるちから」以下に五七調が畳句風に駆使されているあたり、詩人本人としても現代日本語に長歌で挑んでいるのは明らかである。「散文的でない、ふるえる戦慄的な音楽がほしい」と言うが、ここに歌われた「長歌」には、「ふるえる戦慄的な音楽」は聴きとれないのだろうか。そんなことはないはずである。⑤については付け足すことはない。あるのは純粋詩である。飯島も認めるはずである。

なにかが違う。いささか偏向気味である。どうも最初からである。そのためにもう一つ見ておかなければならない詩篇がある。時系列でいくと遡りである。実はこれが、飯島耕一が最初に出会った鷲巣繁男の詩篇だった。一九六七年にまで遡る。一年間担当した詩集月評のその最初の月である。眼にしたのが、ダニール・ワシリースキーの書・第壱と銘打たれる『夜の果への旅』（一九六六・九）。その際、評者を一番強く惹きつけたのは、詩作品ではなく、巻末の「覚書」だった。詩篇への評価は高くなかった。むしろ低かった。もし「覚書」が付いていなかったなら選外になっていただろう。いずれにしてもその低さが、十五年後の高見順賞にまで持ち越されることになる。それを語っているのである。

月評を見てみよう。次のとおりである。挙げられた詩篇「アッシリアの夜」とともに掲げる。

（略）鷲巣氏の思想、鷲巣氏の文体は、日本人の発想、日本語の現状では、定着がきわめて困難なものなのだ。事実、この詩集にあってもなお、鷲巣氏のことばは充分な粘着性をもっていない。誰だったか、砂のような日本語ということを誰かの批評に用いていたが、鷲巣氏の日本語はまさに砂のようにサラサラしている。その日本語でたとえば氏は次のように書く。（アッシリアの夜）

今朝、光を偸み鳥々は去った。
遠い噴火。遥かなクウ・デタ。碧い湖を超える使信《メッセージ》。
今朝、吹雪の街道でぼくが見た、いざりの犬、その目がしらの凍った涙。

そして、つっ走っていった火薬車の列。
その時、過ぎていった巡礼の影。彼らは歌っていった。
暗い大地、匍い廻る悪竜。ポリスの簒奪、その苦悩。
忠実な夜よ。破廉恥な夜よ。おまえは又しても来るだろう――
有刺鉄線をめぐらした聖母子像に。

…………………………

(『現代詩手帖』一九六七・一。後に、飯島耕一『詩について』。傍線引用者)

なるほど最初からだったのである。それにしても「砂のようにサラサラしている」とはいかなることか。どのように読みとったならそうなるのであろうか。たしかに論旨としては趣旨一貫している。サラサラしていたなら「充分な粘着性をもっていない」ことになる。それはそれで理に適っている。たとえば「遠い噴火。遥かなクウ・デタ。碧い湖を超える使信。」「暗い大地、匍い廻る悪竜。ポリスの簒奪、その苦悩。」などは読み方次第ではぶつ切りに見えるかもしれない。故に「サラサラ」でなくするために、たとえば「今朝、吹雪の街道でぼくが見た、いざりの犬、その目がしらの凍った涙。」の詩行では「ぼくが見たいざりの犬。」のように一句として切り上げた方がいいと言われるかもしれない。

かりにそうだとしても(といっても飯島評にあえて寄り添わせてみただけだが)、上掲詩篇の詩句詩行があくまでもそうとしか読めないのだとしたなら、やはり何かを疑うことになる。前後関係や詩篇全体として読み通せば、粘着性という言葉を使うのが適切なのかそれ自体が疑問だし、「岩石のようにゴツゴツ」していると解れても「砂のようにサラサラ」していると思えない。それ故に全体を貫く、ゴツゴツ故の武骨なまでの意志性はかえって高められる。そう読めるはずである。

同じスタートラインに立っているとは思えなくなる。「日本語」までもが違ってみえる。一体これはどうしたことなのか。根本的な違いを突きつけられた思いである。

答えの一端は、当時（一九五〇年代中頃～一九七〇年頃）、飯島耕一を捉えていた「教理」にある。シュルレアリスムである。それ以後、口を衝いてしばしば出る「文体」にしても然りである。「教理」の範疇に属する用語である。理論的にも飯島自身と一体になって揺るぎのない詩論となっているが、難しく捉えないでも、月評七月号で取り上げられた鈴木志郎康の詩篇に向かって言い放たれた、「彼は文体をたしかに発見した」のくだりだけで、詩論の大枠は十分理解可能である。「…………／以前私はプアプア／皺町中学校（註3）の体育館の落成式に集った三百枚の生きた処女膜だった／私の恥らいを理解してくれよう／歌っている口は円く光っていた／接吻されたことのない唇／誇りの唇／柔らかいプアプア／闇の中に迎えて／のんでますか（註4）／走れプアプアよ／純粋もも色の足のうらをひるがえせ／…………」（「続私小説的プアプア」より、（註）も原文註）。なるほど一読「文体を発見した」のとおりである。でも疑問に思うのは、なら現代詩は「文体」だらけになること、場合によっては「文体」でしか読めなくなることである。後年に至ってもこう述べているからである。

やはり詩は「文体」である。どれほど深遠な思想、哲学の持主でも、崇高な人格でも、博識多才でも、自己の詩的「文体」（白秋なら「香気」ある「文体」と言うだろう）にめぐり合うことのできなかった人を、われわれは詩人と呼ぶことはできない。（飯島耕一「いま詩の『文体』はどうなっているのか」、同著『定型論』風媒社、一九九一、三九頁。初出一九七七）

まだ終わらない。次は問題の「日本語」である。例の「サラサラしている」についてである。いずれにしてもそれを言うなら、それがそのまま「文体」をなしている鈴木志郎康の詩篇に向けられることがあったとしても、やはり鷲巣繁男には向かわないのではないか、再度そう思われてしまうことである。

飯島耕一が言う「日本語」とはいかなるものであるのか。一人飯島の問題だけではなく、「文体」と読み換えられながら広く現代詩を支える中核的な詩論にさえなっているのではないかと思うと、結果として鷲巣繁男との距離もこの「文体」に生まれ、鷲巣繁男評も「文体」が言わしめた苦言だったのではないかとの再認識に至る。なるほどそれなら通じ合わない。遣り合ったとしてもピントがずれた議論にしかならない。問題は「文体」である。もし「文体」が正しいのならやはり鷲巣繁男には浮かぶ瀬がない。忘れ去られるに任されてしまう。すべてが「文体」裡で終えられてしまう。でもそうだろうか。そんな簡単に済まされてしまうことなのか。「文体」自体を問わなければならない。

二　詩的契機と黙説法

飯島耕一は、いかにして「文体」を詩論とするようになったのか。その経緯は？　そう疑い気味に構えると、「めぐり合うことのできなかった人」なる上掲の否定的フレーズに目が留まる。実に象徴的な文言であるからである。いかにも飯島耕一の自負と一体となった言いぶりである。それ以上かもしれない。飯島個人を創っている、そう言っても差し支えない確信ぶりが見え隠れする。鷲巣繁男の言葉遣いへの抵抗感を生み出す大本にある確信（信念）である。どのようにして手に入れたのか。結果として否定的な鷲巣繁男評を生み出すに至る内因となったのはなにゆえか。

大岡信の飯島耕一論（「飯島耕一　詩のありか」、同書『現代の詩人たち〈下〉』青土社、一九八一、初出一九七八）がこの間の経緯を教えてくれる。第一詩集『他人の空』のもつ意味、とりわけ詩的飛躍を演じてみせた詩的営為への言及を通じてである。

同処女詩集が出たのが一九五三年である。第一詩集ながら飯島の代表詩集の一冊として今なお世評に高い詩集である。問題はその詩集が刊行される三年前に遡る。学生雑誌に掲載された詩篇の水準が問題になるからである。「どう見たってほめられた代物じゃない詩ばかりだ」（大岡信・同書）。三年後の劇的変化を紹介するために「悪趣味のようだが」と断りながら引いたものである。やはりここでも引かなければならない。

鉄色の陰鬱な雲がたれさがり
無慈悲な風は乾いた埃をまくしあげた
おれはひとり足にまかせて
その時街々をねり歩いていた
都会だ　東から西へ　西から東へ
むらがり　おしよせ　ちらばって行く人間たち

街並みはピラピラの紙と積木だ
色彩る絵具と安香料だ

（「群衆幻影」第一、二連、「カイエ」第一号、一九五〇）

「カイエ」とは自分たちで興した学生雑誌である。水準は大岡信の一言で事足りてしまうが、それだけに三年後の次の一作は、奇跡的ともいうべき詩的飛躍となって大岡信を驚かす。大岡はここに詩人誕生の秘密を見る。

鳥たちが帰って来た。
地の黒い割れ目をついばんだ。

見慣れない屋根の上を
上ったり下ったりした。
それは途方に暮れているように見えた。

空は石を食ったように頭をかかえている。
物思いにふけっている。
もう流れ出すこともなかったので、
血は空に
他人のようにめぐっている。

（「他人の空」、『他人の空』一九五三）

冒頭に置かれたタイトル・ポエムである。まさに詩題中の「他人」に相応しい、自身に対して至って冷やかで無関心をまとった冷めた気配で占められ、抑揚感に控えめな態度が詩の底辺に浸透気味である。しかし単なる寡黙さだけではない。「た」（第一連）と「る」（第二連）という動詞時制の意図した制約的な使い分けも手伝って、詩の上辺ではなく下辺で語ることばの創出を実現している。「カイエ」時代の詩とは真逆である。

すべては三年という月日のなかでなされる。大岡信が言わんとするのは、この歳月である。そして言う、「（略）「カイエ」時代の詩から『他人の空』の詩まで、わずか三年の間に、飯島は目の覚めるようなみごとな脱皮をとげた。これこそ、詩人の誕生という摩訶不思議な事件現場の三年間にほかならなかった」（前掲書）と。そして三年間の歩みを慮り、いかに一気呵成であったかを詩的達成の裡に嘆息する。「飯島はその三年のあいだに、おそらくさまざまな詩人を読み、さまざまな試みを重ねたにきまっているが、『他人の空』という薄っぺらな一冊の詩集をたずさえて登場したときには、すでに彼の詩の瞠目すべき特質である至難な単純さの達成ということを、やすやすとやってのけた面構《つら》えをしていた。いかにも妖精的な軽やかさがどの詩にもあって、それが彼の悲哀の表現にも結晶の輝きを与えていた」と。

肝心な点は、問題の歳月（三年間）が、個別の詩語・詩句を超えて詩を全体として実現していたこと、すなわち後に飯島が確信した「文体」という形での実現だったことである。しかも詩人としての在り方――人生と言い換えてもいい、色濃く身辺性を漂わせた在り方――を先取りしてしまった、即決的な言語空間の掌握であったことである。大岡の言う「至難な単純さの達成」とは、「文体」の内側を抉ったような言い回しであるが、それを含めてあらためて達成時間が問われる。やはり問題である、短期間であったことは。なにを物語るのか。関与する者の内側になにか秘匿されているものがあったのか。それとも単純に隠れていた才能の開花にすぎなかったのか。それなら話は終わってしまう。最終的にはそれも才能の内と言われるかもしれないが、才能以上に詩的契機が個別具体的に見出されたことだった。それを含めての詩的飛躍だった。

かく飯島の詩的飛躍に想定できるのは、詩才とは別な詩的契機であり、その契機が個人の詩才以上に詩を作ってみせる、個人的事情としてみても新たな事態の襲来である。すぐに思い出せるのは山村暮鳥である。同様の詩的契機が個人の中に見出せるが、一過性であることを考えると、いささか即断すぎるが、我々はここに日本近代詩の文脈からだけでは捉えきれない、個体を一気に総体に入れ替えてしまうような、アクロバット的な詩的契機の「現場」を見ることになる。

非近代詩的な在り方として捉え返せば、「詩人の誕生という摩訶不思議な事件現場の三年間」の、任意の主演かつ演出者という飯島耕一によって「現代詩」は新たに開始されていった、ということになる。* あくまでも「現代詩」である。「近代詩」とどこが違うのか、その違いは同時並行的に実践された同時代詩である「戦後詩」との違いを介在しながら指摘すれば、より詩史的な意義が明確になるが、その非連続性を踏まえれば、誇張ではなしに詩才とは別な契機が詩才以上に詩を作る新たな事態の襲来——約めて「詩才とは別な契機」は、より一般化して問うに値するテーマとなるはずである。

しかしここでは飯島耕一の個人的問題として問うだけで十分である。詩史云々もそれ以上ではない。そのためにももう少し理解しておかなければならないのは、「詩人の誕生という摩訶不思議な事件現場の三年間」の内部劇である。飯島耕一の言う「文体」についての次の言葉が注目できる。

（略）この「文体」はその人個人のものとも言えず、個人的努力でつかめるものでもない。いろいろな偶然の助けもあって、一つの詩の「文体」は浮びあがり、定着される。時代がその時代の詩の「文体」を要求するとさえ言える。個人の力はたかが知れたものとも言える。（飯島・上掲後続箇所）

そうなると問題の「三年間」にしても、その中身は「偶然の助け」を主たる因子としてしまう。謙譲の意味合いならともかく、そうではなかった。実際だったのである。前出シュルレアリスムである。出会い方を再確認しておく必要があるが、それは措くとして、その前にこの「出会い」がまさに「詩才とは別な契機」の範疇であるのは、「個人的努力でつかめるものでもない」「偶然の助け」に開始しているからだが、「偶然の助け」という出会い方に固執すれば、外面的にだけでなく内面的にも自分の外（詩才の外）にあることの詩論的意味合い――飯島耕一に沿わせればシュルレアリスム的意味合い――が深まるのを確認しておかねばならない。なお「詩才とは別な契機」とするのは、「文体」が「個人的努力」の外に求められるという発言を承けての言い換えである。

では「内部劇」ともいうべき「詩才とは別な契機」との出会いとはいかなるものであったのか。伝統的には、ことばは、途中経過を問わなければ個人を通じて生まれる。その個人とは、詩であれば詩才に保証される。しかるに詩才とはことばを生み出す力である。詩才の本義である。それが本義とは別のところに起承転結を有していたことに飯島にとっての出会いの意味があり、事の始まりがあった。

生み出すだけではなく結び付きに重きを置く、それが詩のことばの世界だった。それを結び付け方に極言化したのが、単純すぎるかもしれないが、シュルレアリスムとことばの関係だった。飯島を惹きつけたのは、それがモダニズム的な修辞力の延長に見いだされる、コトバのためのコトバという名辞的形態に終始してしまう結び付け方ではなかったことである。シュルレアリスム的在り方が重要だったのは、コトバのためのコトバ以上に行為のための行為であることだった。この場合、行為とは人の人生に行きわたる一つのリアリティであった。

両者（ことば―シュルレアリスムと、コトバ―モダニズム）の違いは、単なる契機の違いだけではなく、詩を書くことの意味に拡大していく。一方にあっては詩を止めること――それも書くことの一つの在り方として――も含まれるからである。シュルレアリスム側に専属される選択肢である。周知の詩人で言えば瀧口修造。これはモダニズム的なコトバの世界からは起こらない。言葉を追い求める上では同じでも、存在感に試す上では決定的に違う。拘ったのはまさにこの点だった。「人格主義的な精神主義の詩から可能なかぎり遠ざかること」（「詩のイメージ」、『飯島耕一・詩と散文』2、みすず書房、二〇〇一。初出一九六七）とは、飯島による瀧口修造論のエッセンスをなすくだりだが、「人格主義的な精神主義の詩」を自明なものとして疑わない「感動性」と一線を画す、存在の淵への下降を目論むことばの冷めた世界は、そのまま飯島のそれとなる。そして「文体」となる。ことばとの受動的な出会いこそが飯島を劇的に変える。彼における「詩才とは別な詩の契機」の内容証明書である。

だから呟く、後段のことながら「シュルレアリスムの明け方の海を知らなかったら、今（一九六九年、引用者註）、ぼくはどのような言語を内部に育てていたかと思うと、しんからゾッとする」（「ファタ・モルガナ」、同書、初出一九六九）とまで。始まりに遡る慨嘆であった。

なにが飯島をそこまで全身的に囚えたのか。単なることばとことばの結びつき方による詩的自覚だけではなかった。それ以上にことばを超える契機になっていたからである。それを飯島は、今度は

「黙説法」と言う。次の一文は、それを反黙説法の視点から小説を書く自分に向けて自己説得的に語ったものである。「黙説法」の解説としても解っても構わない。

詩的黙説法――ぼくも久しくその方法にたよってきた。いや、最近のぼくの詩も黙説法的であると言える。黙説法とは修辞学で言う「故意の言い落し」であり、少ない言葉数にたより、行間でこそ語る、飛躍を重んじる書き方である。小説を書き出したすべての詩人には、多かれ少なかれこの、あまりに自由で無限定な詩の黙説法的方法への反抗があるのではないか。ぼくもまた自分の詩の行間の空白を、ことごとく言葉でうずめつくしてしまいたいという欲求をもった。沈黙の部分、空白の部分で語るという、詩的黙説法のもついわば自由から、反黙説法的小説というもう一つの苦しい自由をえらんだとも言える。（「序―詩と小説」『日は過ぎ去って』思潮社、一九六七、九頁）

あるいは別に言う、「ぼくは自分の詩の行間（黙説法的な自分の詩の行間）の一切を、さらにことばでうずめつくして「真実」に近づこうとするための小説を考える」（「ことばの世界と「私自身の現場」」、飯島耕一『詩について』、思潮社、一九六七、七八頁）と。

小説がなかったなら詩は止めていたかもしれない。条件（裏条件）だったのである。飯島耕一の黙説法を考えるときに忘れてならないキーワードである。同様にシュルレアリスムに大きな影響を受け、同じ「シュルレアリスム研究会」の一員であり、「鰐」でともに活動した大岡信との違いである。大岡は「なぜ詩を書いているうえに小説をも書かねばいられないのか」と訝しく思っていた（「詩・言葉・人間」、『詩・ことば・人間』講談社学術文庫、一九八五。初出一九七〇）。飯島耕一に向けた疑いだった。疑いを含むこの違いこそが、お互いを認め合いながらも、真逆ともいうべき鷲巣繁男に対する両者の違いとなる要因だった。要因をめぐって話し合うようことがあったかはともかくとしても。

再び浮かび上がるのはトライアングルである。緊張は高まる。高めるのは飯島耕一である。彼とともにある「確信」のためである。

＊野村喜和夫・城戸朱理『討議戦後詩——詩のルネッサンスへ』（思潮社、一九九七）では、従前の詩史観に対して、討議の最初に吉岡実を据えることによって、戦後詩の開始（「起源」）を『荒地』ではなく、吉岡実に据える戦略を練る。いずれも主体や言葉における個人内位相差を視点にした「ルネッサンス」観である。その点、本稿は詩史観に則っているわけではない。飯島個人を強調するための「修飾語」でしかない。しかしともに『鰐』の同人であり、吉岡を世に送り出す上に飯島の果たした役割を思えば、それ自体（とくに「僧侶」の推輓）を「起源」のバリエーションのなかに捉えられなくもない。飯島本人というよりは先行する自詩集『他人の空』が実現したそれ（推輓）だったに違いないからである。

三　二重否定と内済の逸失

いずれの時点が岐れ目となったのか。飯島耕一の大岡評にある、「これが彼の泣き所なのだ」（後掲「夏のための　大岡信とのこと」一九七七）という、捉え方によっては機知に富んだフレーズがある。この一言を枕詞にして次のように親しく呼びかける。「十代の自分に戻るしかない」と。飯島にとっては大岡信論の核心をなす呼び掛けである。繙いていたのは、『透視図法——夏のための』（一九七二）だった。飯島はここに大岡の心の無理を見る。問題としていたのはエロティシズムだった。かく言う、「このエロティシズムたるや、いくら俗悪にしたてようとしても、大岡の場合そうはならず、ますます彼の「純情」を明らかにする」（同）と。結局帰るところに還るしかない。そう呼びかけたのである。

内向の世代などというが、大岡は十歳の少年の頃から内向の世代だった。彼はそのエタ・ダームを革命しようと外に向う。「ぼく自身が今一つの転換点に立っているように思う。一言でいえば、ぼくが意識的、無意識的に作ってきたぼく自身の枠を、どのようにして打ち破るべきかということが、ぼくの現在の問題なのだ」と『記憶と現在』のあとがき（昭和三十一年）にあるとおりだ。しかし彼がどれほど外向に転じようとしても（転換点と言うなら、彼は日々、転換点に立っているはずだ）、彼は永遠に孤独な、内面的な、かつての少年のままであるしかないだろう。その証拠は彼のすべての詩にありありと出ている。何でもわかってしまい、何でも知っている大岡も詩を書くときは困惑するのである。十代の自分に戻るしかない。大岡よ、どうしようもない。ただ詩を書くしかないよ、結局のところ。（飯島耕一「夏のための　大岡信とのこと」『塔と蒼穹』昭森社、一九七七、一二三頁、傍線引用者。［註記］執筆時期は一九七五）

「詩心」と「詩意識」の在り方としてすでに論じた問題である（第6章）。解決済みである。「十代の自分に戻るしかない」ではなく、「戻らない」自己への上昇に大岡詩の現代詩的意味と意義があった。しかし分からないでもない。書かれたのが、『悲歌と祝禱』（一九七六）直前だったからである（「あとがき」によれば執筆時期は主に一九七五年六月）。もしも『悲歌と祝禱』を欠いていたなら、飯島評は正攻法に拠った掛け声として大岡の耳を傾かせていたに違いない。あるいはその後、『透視図法——夏のために』に続くものが、『悲歌と祝禱』ではなく『春　少女に』（一九七八）であったなら、大岡への詩的確信は深まる方向にさらに揺るぎないものになっていくことになる。しかしそうはならなかった。『春　少女に』によって一面的には十代に還ったように見える分だけ、飯島は自身との距離を感じなければならなかった。大岡が「何でもわかってしまう」というなら、飯島の場合は「何でも中ててしまう」のだった。ほとんど天性的（野性的）な才能だった。

大岡が予想を超えて十代を超克し、「泣き所」を容易に相対化してしまったことを知る。飯島は思ったはずである。これはシュルレアリスムの克服であったかもしれないと。それが『悲歌と祝禱』だったとすれば、高見順賞の最終候補作の一作となった『水府　みえないまち』は、その方向に多様性を拡大しながら自由自在に詠ってみせる、驚異であり脅威の新作だったことになる。飯島には『悲歌と祝禱』に次ぐ再びの体験――すなわち自己が否定されるに近い思いを突きつけられることになる。そうだったはずである。

そこに来ての選考委員だった。巡り合わせ以上の運命的な思いに襲われる。それが次点となってしまう。選考委員ではなく一人の詩人として結果を受け止めなければならなかった。二重に否定される自分として。そのとき大岡信とは自分だったからである。作品（『悲歌と祝禱』）によって一度否定され、今度は次点に加担したことによって再度否定される。もちろん次点それ自体は問題ではない。それが賞というものである。推し切れなかったとしても、それだけで自責の念に転ずることはない。ただ結果は結果である。かりに受賞していたならそうはならなかったかもしれないケースを思う。複雑である。やはり内済の機会を逸したのである。

いずれにしても、大岡の深化に目を瞠ったはずである。大岡への一文を草した年（一九七五）から数えて七年目である。それまでの影響関係は甚大であっても自分の守備範囲内だった。同文で飯島は、大岡から受けた影響を時間軸に沿って振り返っている。

まずは「エリュアール論」（一九五二）、次は自身の処女詩集（『他人の空』）への書評（一九五四、後に『現代の詩人たち〈下〉』に収載）。まだ詩は出てこない。それが「大岡の詩にしんそこから感心したのは」と前置きして挙げたのは、後に『記憶と現在』（一九五六）に収められる十篇の詩であった。

一九五四年のことだった。「十篇を、恢復途上のベッドの上で繰り返し読んだ。これらの影響は、いかんせん、その後のぼくの詩集『わが母音』の上に落ちているはずである」（上掲書）とある。そして再び詩論。『詩学』（一九五三年八月号）に発表したもので後に『現代詩試論』（書肆ユリイカ、一九五五）となったものであった。「同年代の詩論でぼくがもっとももつよい影響を受けたのはあの一連のエッセーである。まったくあの一連の詩論は新鮮だった」。療養所のなかでだったという。

その後は影響関係というより批評関係になる。最初は「地名論」（一九六八）に関するもの。「この「地名論」のあたりから、彼はまた別の自在さをつかんだ。このあたりで彼は一つの自信をもった」。そして上掲『透視図法——夏のための』となり、「十代の自分に戻るしかない」が発せられる。「守備範囲内だった」とは、影響関係・批評関係とも自家薬籠中のものとしえたことの謂いであるが、この守備範囲を超えた世界の開示に驚かされるのは、「彼はまた別の自在さをつかんだ」の自在さだった。守備範囲にとどまっていたはずが、範囲を超えるだけではなく、今や自分自身が否定される思いを突きつけられる詩篇に姿を変えていたからである。これが二重否定に至る経緯だった。

四　黙説法再考と鷲巣繁男

『水府　みえないまち』とはどのような詩か。「その底にまで到るには／瀧の梯子が要る。階段はない。／水量の衰へた乾期のある日、／思ひがけず　ふかぶかと／空晴れわたる正午があつたら／自殺名所「紅葉台《もみぢだい》」にいそぎたまへ。／君が自殺志願者でない場合には、／君の視力はざんねんながら／十分鋭くなつてはゐない。／それでも遥か瀧壺の奥に／仄暗く揺れる樹林を望見できるだらう。」（「水府」初連）。とうてい一言で語れるものではないが、本稿に即して言えば、「内向の世代」かつ「十代の自分」を身軽にすり抜けてみせた修辞法である。「内向の世代」にも「十代の自分」にも還ることなく詩を推し進められた詩法に拠れたのはなぜか。そしてそれが飯島の呼びかけをもすり抜けることになって、結果として飯島をして自己が否定されるに近い思いを抱かしめたのはなぜか。

あらためて「黙説法」が問われる。上掲当該箇所を繰り返してみよう。「ぼくは自分の詩の行間（黙説法的な自分の詩の行間）の一切を、さらにことばでうずめつくして「真実」に近づこうとするための小説を考える」――ここにある「行間」「ことば」「うずめつくす」「小説」によって、小説とはと問えば、小説とはことばでうずめつくした行間、となる。行間（「詩の行間」）とは黙説の行間である。多くを語らなくても語りうるのが内向の世代の内面であり、十代の心である。大岡への勧めとは、そういう意味でも黙説への回帰だった。

しかし、大岡は「自在さ」を詩法にまで高める。語法もいよいよ奔放となる。多弁とさえいえる。もし行間というなら、黙説的な行間はここにはない。雄弁である。大岡は『悲歌と祝禱』を契機に納得できるまで取り払ったのである、「自分の枠」を。ことばの力だけではないなにか、おそらく行間論に関わるようななにかを、さらには「文体」を――それも飯島同様に詩才とは別な契機で為される詩として。おそらく大岡にとっての「詩における全体性の回復」となる、あるいはならないまでも回復の方途に立つことに頗る自覚的な「文体」をである。

しかし飯島が黙説の行間を介して「文体」に見たものは、人間という個を前にしたときの、最初から決められていたような存在論上の限定性だった。平たく言えば最初から手放してしまっている自己発現の機会であった。故にブルトンを次のように引く。「――理想的に言えば、人はこの二つの文学（詩と散文と）を書くことにより、意識する自我の生活と、無意識する自我の主体とを、両面から表現することによって、初めて自我を完全に表現し得る」（上掲「序―詩と小説」）と。

これに対して批判的に接しねばならないとするなら、詩をはじめから一つの制約下に置いてしまっていることとである。それが、一方（大岡信）に詩を書いてなぜ小説まで書かねばならないかの疑いを抱かせ、一方（飯島耕一）にそれ故に小説を書かねばならないとする必然性を植えつけることになる。後者にあってはその方がいい詩も書けるとまで言いきらせる。詰まるところは、ことばである。いかに対するかだった。ことばに最大限の信頼を置く大岡は、詩の可能性だけでなく、詩による生の顕現をも疑わない。ことばを詩と散文で使い分ける「役割分担」は、理解しえたとしても容れられない。

ここまで来れば、生の顕現を行間ではなくして、ことば――すなわち詩として創られたことばで実践し続ける者に自ずと目が向く。彼（鷲巣繁男）においてことばとは、個と一体としてあること、あろうとしていることで、絶対の信頼を置く以上のものとしてあり、事実それ以外ではありえない。彼は「ロゴス」と呼ぶ。その詩篇は、飯島が呼ぶような「文体」の上に作られていないかもしれない。

したがって飯島の眼には、詩人ではなくなってしまうかもしれない。しかし「文体」とは、端から前提的に制約を容れるものだとするなら、彼鷲巣繁男は「文体」に対して最初から無縁な立場をとらざるをえない。

それでも「文体」で問われるなら、彼が恃むのは、「文体」ではなく「詩体」だった。手っ取り早く言ってしまえば叙事詩だった。しかし安直に叙事詩に結びつけてしまったのでは、はじめから詩体に備わる可能性の入り口を狭めてしまうだけでなく、聴こえてくるロゴスの高らかな響きにも耳を塞いでしまうことになる。かりに指標とすべき詩の姿としていたのが叙事詩だったとしても、それだけで、つまり詩体の話だけで終わってしまうわけではない。なによりも詩体が、大岡の鷲巣評の大本をなす感受性の目覚ましい顕現（ナイーブさ）とともにあったことが重要だった。むしろ詩体とともにあることでよりナイーブさは高まる。感受性にしても然りだった。

通常、ナイーブさや感受性は、抒情詩に親縁的であるが、鷲巣繁男の場合は違った。逆だった。かえって叙事詩によって触発される。故に詩体を求めたのはナイーブさの方だった。すなわち、ナイーブさと詩体とは彼のなかでは一つのことだった。

しかし、彼の存在は忘却の淵に晒され、一部に篤い信奉者を留め置くとはいえ、寂しく人の眼から遠ざかっているのが現状である。あらためて飯島耕一の側に繰り広げられた目まぐるしい時勢の成り行きを思わざるをえない。しかし時勢とはいえそれがすべてではない。客観であるかも疑しい。

たとえば大きな詩の流れとして捉えれば、「文体」にしても、単独に生まれたわけではない。詩史として発生したものである。関与する範囲も戦後の詩の歴史を超える。近代詩に立ち返って口語自由詩という単位で捉えてゆかねばならない。言葉だけでは身動きが取れなくなってしまう口語の言語としての宿命がここにはあった。明治末期の口語自由詩への挑戦と出口のない苦闘が語るところである。*飯島の「文体」も、口語の宿命の中に生まれたものである。

後に飯島は「定型」に固執するようになるが話としては同様である。言語としての口語の制約という同じ文脈に派生したものである。この文脈が無自覚的に継承し続けられる限り、人々の眼の中に鷲巣繁男は浮かび上がってこない。それでも大岡信の命題(「詩における全体性の回復」)が果たせるならそれはそれで構わない。いまや大岡命題さえ実質を失いかけている現今の詩的奔放を思うとき、大岡詩がさらに評価されなければならないように、その大岡詩が望見する鷲巣詩も再評価の機会に晒される必要がある。それだけではない。ここに見出されるのは、詩を存在に読み換えさずにはおられない鷲巣繁男という、戦後詩以降における稀代のダイナミズムである。「詩における全体性の回復」もあらためて彼のダイナミズムの前で問い返す必要がある。他人をもってしては容易に入れ替われない彼のダイナミズム。しかもその意味。重み。現代詩のなかの鷲巣繁男は、大岡信と飯島耕一の両詩人に相異なる関係性で結びつけられながら次の段階に我々を促す。

その前にあらためて思う、逆説的とはいえ、飯島耕一なしにはトータルに始まらなかった鷲巣繁男論を。飯島は次章にも大きく関与する。否、関与者にとどまらない。彼に始まると言わねばならない。飯島耕一とは何者か。大岡信とは違う意味で鷲巣繁男を最も深く見ていた、否、本能的に彼の「ダイナミズム」を感じ取っていた知者だったのではないか。「月評」に見た詩人像が、結局はすべてだったからである。

＊その苦闘の一端は以下で論じたことがある。壱はじめ（渡邉一）「三富朽葉—口語自由詩の海原—」（ミッドナイト・プレスHP・連載「竝び机の詩窓」第五回、二〇一七）。

第8章　鷲巣繁男というダイナミズム

一　問題提起

詩のみが求めうるもの――それ自体が問題だが、その問題を含めて――を信じて、そのなかで明日を自己の内側に切り開こうとする現代の詩にとって、鷲巣詩が生み出すダイナミズムは、それだけで大岡信の言う「一つの答え」の体をなしている。なぜなら前章の後続形として議論を開始するなら、「弱ったな。いや鷲巣繁男をぼくは、ちょっと尊敬しているんだ。あれはちょっとね、ふつうの日本人ではない」という飯島耕一の北村太郎への返し方が、すでにダイナミズムに対する応答を真似ているからである。だから「まあ詩は下手糞だけど」も同様に再評価すれば、字面とは大分違った解釈も可能となる。実は「下手糞な」詩に自己矛盾を承知で惹きつけられていたのであるという〝深読み〟がである。少なくとも「心」で読む限りは。しかも飯島耕一の心ででである。

飯島発言が語ろうとしていたのは、なんのための詩であるかという、このあからさまな問いを問いとして現代詩に生の形で問いかけていた、ただそうは言えなかっただけであって、それが婉曲的な発言の裏に隠れていた真相だった。再び月評に戻る。飯島にとっての鷲巣との邂逅であった「覚書」（鷲巣繁男『夜の果への旅』「覚書」一九六七）にである。その「覚書」を目にして、こうも語っていたのである。

詩集の後記でこのような文章に出会った記憶は思い出そうとしても思いあたらない。「覚書」を読めばわかるが、鷲巣氏にとってこの祖父以下の霊ははっきりと見えているのである。その霊に対する罪の意識、そして愛の意識が、鷲巣氏をして詩を書かせているものなのだ。人はあるいは、一篇の詩はそれだけで独立して在るべきものだと言うかもしれない。が、ぼくはこの「夜の果への旅」などを見るときそうは断じ切れないものをおぼえる。鷲巣氏の思想、鷲巣氏の文体は、日本人の発想、日本語の現状では、定着がきわめて困難なものなのだ。（以下略）」（前掲『詩について』、十二頁）

「（以下略）」の個所には、例の作品に対する批判的言辞が続き、その例証として一篇の詩（「アッシリアの夜」）の紹介があったわけであるが、次に引くくだりは、詩篇への批判的言辞とは異なった観点に立ったまとめ部分である。

ぼくはキリスト教について知らぬも同然である。少くとも鷲巣氏を前にしてはそう言わざるを得ない。が、（略）「覚書」の一部を読み、この詩の「聖母子像」という文字を見つめるとき、ぼくは自分よりはるかに遠い思想だが、肉化された一個の思想というものが、鷲巣繁男という一九一五年生まれの北海道の詩人のうちに息づいていることを知るのである。そしていかに自分と異った思想圏のうちに鷲巣氏が生きていようと、それをたちどころに批評し去ることなどできないということをも知るのである。（同上、十三頁）

別にこうもある。連載してきた月評一年の最終回（十二月号）である。一年を総括するように、「ぼくは最終回はゆっくりと語ろうとして、またも口早やになってしまったようだ。しかし一月以来これまで、はじめてといっていいことだが、できるだけ虚心になってさまざまな詩を読み、少なからぬ詩人たちに畏敬の念をおぼえた。北海道には、鷲巣繁男のような詩人がおり、那須の屠殺場の血と動物の悲鳴のまじりあうなかに、大武豊のような若い詩人がいる。（以下略）」（同、一四一頁）と記す。

大武豊は屠場で働く若き労働者である。生活の実態に支えられた詩人を掲揚し畏敬の念を惜しまないのは、ことばに生命があり生命にことばがあるためである。飯島の嗅覚は、それを疾く嗅ぎ分ける。その一方で賢しらな（いかにも若書きな）詩篇には冷ややかで厳しい。飯島は月評とどう向かい合っていたのか。嗜好性を含め総じて自ら信じるところの詩論に送り返していたはずである。故に、文脈から見て一義的には人間讃歌に発する言葉かもしれない「畏敬の念」のようなくだりを含めて、重複して引いたのもいずれも詩論として読み換えられるためである。僭越にもそれを、そうまでは考えていなかったかもしれない当の本人に成り代わってというのが以下の趣旨である。

幸い再び接続形で記述が開始可能である。今回は攻守所を変えて大岡信から飯島耕一へである。誰よりもことばと向かい合っていた大岡が、図らずも次のように然る辞(「頌辞」)を認めていたからである。

偶然にも高見順賞での選評であった。例の『水府　みえないまち』に遡る六年前だった。一九七五年、飯島耕一は『ゴヤのファースト・ネームは』(青土社、一九七四)で第五回高見順賞を受賞する。選考委員の一人であった大岡信は、タイトルに「詩人の魂」を掲げて選評を綴る。同選評は、後に「頌辞」として同氏の飯島耕一論(大岡信「飯島耕一・詩のありか　2」『飯島耕一詩集』2、小沢書店、一九七八。後に『現代の詩人たち〈下〉』に収載)のなかに再掲される。一文は、最初から選評というよりは顕彰に心を砕いた「頌辞」として意図されたもので、その点を念頭に留め置かなければならないが、趣意は作品評である以上に人間評に主眼がある。

選評に問題があるとすればまさにこの点——人間評であった点——であった。終始一貫して「ことば」との一体性を貫いてきた大岡にして、なおことば以外のところで、あたかもことばを超えるものがあるかのようにして評すること、しなければならないこと、そしてそれを疑わない筆致で貫き通していたこと、これをどう評価すべきか。

それでも我々は「頌辞」の語り口に違和感を覚えない。疑いもしない。逆に覚えるのは深い共感である。しかも心に迫る格調高い筆遣いである。三段落からなる「頌辞」の第一、第二段落の冒頭部は次のように書き始められる。「飯島耕一はむかし結核で肺の手術をした。長いあいだ療養所で暮した」(第一段落)、「『ゴヤのファースト・ネームは』は、やはり病気からの回復期に書かれた詩集である。今度の病気は手術することもできない病気だった」(第二段落)。

最初の病気(昭和二十九年)の治癒後に書かれたのが『わが母音』である。前章のとおり病床で読んだ、大岡信の詩篇に影響を受けたとされる詩集であった。次の病気は、「手術することもできない」とあるように精神疾患(鬱病)だった。詩作は困苦を極める。「このとき詩を書くことは、最も困難なしわざだったから、彼は詩を書かねばならなかった。彼は、詩を徐々に書きはじめた。地中海のほとりで、彼が何の苦もなく歩いたり喋ったりできていた日々をとりもどし、さらにそれを沈黙の中へ呑みこんでしまわねばならなかった」との綴りは特に胸を打つ。発病は渡仏から帰国した後だった。以上を前置きに「頌」を尽くした第三段落の開始となる。

この詩集はそういう苦闘の中から生まれた。けれども私がうたれるのは、そういう苦闘の中で、飯島の「詩人の魂」が、言い様もないみずみずしさを保ち、理を超えて光り、苦しんでいるのを見るからである。生れながらの詩人というもののもつ高貴さを示した詩集である(後略)。(同第三段落冒頭)

以上のとおり、作品評よりは人間評に終始している「頌辞」は、それを受ける側の飯島耕一として読み返すとき、場面を異にするとはいえ、飯島本人も同様の立場（人間論）を我が意として前向きになっているのを知って（教えられて）、総じて詩論のなかとはいえ、「ことば」以前の段階にそれが成り立っていること、しかも誇らしく立ち上がっていることを改めて実感することになる。

飯島耕一は、鷲巣繁男を遥かに遠く北海道の大地に思い浮かべながらこう語った。「人はあるいは、一篇の詩はそれだけで独立して在るべきものだと言うかもしれない。が、ぼくはこの「夜の果への旅」などを見るときそうは断じ切れないものをおぼえる」と。まさに作品という「ことば」以前に、ことばを発する個人の個に固執する詩評がはじまりだったのである。あらためて見つめ直さなければならないのは、この「詩評のはじまり」を形成する「ことば」に先行する部分だった。存在性が問われる問題である。

「頌辞」の多くは肯われるだろう。そうでなければ詩論はともかく詩人論は成り立たなくなってしまう。成立したとしても常に詩論の後塵を拝することになる。あるいはここで問おうとしているのは、詩論と詩人論の違いであるのかもしれない。前者がもっぱら作品論として各論的にもことばを対象とするときに、生まれや経歴などという人生譜に導入部を見出す後者にあっては、作品論は後回しになる。それでも後者が詩論同様の高い評価を獲得するのは、作品の鑑賞や理解が時には詩論以上の深まりを見せるからである。一般的には両者は車の両輪と見做される。

それでもあえてここに限って付言するなら、詩人を個人で見ること、すなわち後者（詩人論）として見ることが、作品を超えて存在の高さに届いている点である。単に届いているだけではない。強調しなければならないのは、論者が飯島であり大岡であったという、特別のことば観（詩論）に支えられた評者だったことである。同じように見えていた（捉えていた）としても飯島耕一のそれ（ことば観）は、より存在性の問題を背中合わせにしていた。まさに問題提起に相応しい形としてであった。しかもそれこそが、作品以上に「人」を凝視する、そのために「覚書」に惹かれることになった飯島耕一だった。

ところでここに鷲巣繁男をダイナミズムとして捉え直すためには、これまでの議論の中核にあった「ことば」とは別な視点が必要である。それがなにかを論じること自体がすでに問題の核心ながら、ここでは前置きなしに切り出す。それはなにか。些か唐突な感は否めないが、ずばり「文字」である。しかしそうは言ってみたものの、文字はことばの一部でしかない。したがって別の視点といっても、あたかも上位概念の下に制約的にしか始まらない下位の議論を想定されかねない。この文字の位置関係や帰属関係を重々承知の上で想起するのは、「一部」への執着である。一部といっても、今では「一部」になってしまっただけで本来はことばを超えていたものであって、むしろここで「一部」というのは、それを強調するための逆説的な意味合いを込めた「一部」である。

その上でさらに直言的に言明すれば、「一部」とは文字に備わる形象性を特に名指ししている。複合概念である「ことば」では見えてこない単体概念が、機能としてつくる言語的意味である。遡れば、日本古代の短歌の発生の問題（古橋信孝「短歌定型の成立」『日本美学』第十三号、一九八九）や文字受容史の問題（たとえば沖森卓也『日本語の誕生　古代の文字と表記』吉川弘文館、二〇〇三）、さらには仮名成立史の問題（たとえば森岡隆『図説かなの成り立ち事典』教育出版、二〇〇六）などに辿り着くことになるかもしれないが、それは筆者のよく説き及ぶところではない。念頭にとどめ置くだけだとしても、文字の形象性には、言われる呪性ではないが始原以来の強い自己顕示欲が伴っていることは承知しておかなければならない。それに「呪性」もいまだに形を変えて日常的に機能しているはずだからである。

自己顕示欲は、韻律としても強く顕れるが、より強く顕れる局面としては意味である。それを承けるのが文字である。詩とは、意味を優先する上では時に韻律にも抗する「文字」が、「ことば」との差別化を希求する場である。この場を強く生きたのが鷲巣繁男である。鷲巣繁男を語るとはある意味「文字」を語ることである。とりわけ存在性の顕現としての「文字」をである。

二　識字者としての詩

先行するのは当然に「声」だったとしても、上で論じたようにひとまず本稿の文脈から切り離してしまい、最初にあったのはことばではなく文字だったとは、生まれついての識字者である我々にしてはじめて言いうるフレーズである。識字者であるのを生まれながらの存在形態とし、制作の条件としなければならないことは、詩人の場合、ことばであるよりは、より直接性の強い文字に詩を開始することである。開始だけではなく筆を擱く段階ではより強く文字に規制される。なんといっても抽象的な「ことば」ではなく、より視覚的で直接的な文字によってはじめて自己完了が遂げられるからである。自分であるべき自分であるかの納得、言ってみれば鏡のなかの満足のいく自分であるかの確認（最終納得）——さらに言い換えれば、自己を「形」に置き換えた自己内自己の納得（校了）として。飯島耕一の場合、「形」の問題は、まず詩語・詩句の重さを除いていているかで問われていく。「意味」である。意味として終わっていないかの自己納得を必要とするのである。故にこのようにして「形」を問うこともできる。

意味にみちた詩に
うんざりして
意味のない詩
を書こうとする
が
意味のない詩を書くことほど
難しいことはない

ことばは意味する
無限に意味する　意味は増殖する増殖する
どうあろうと意味せずにはおかない
と
主張してやまない
ことばの側《がわ》
からの
反撃！

（『短詩集』より「9　不完全な詩　無意味な詩」第二連）

飯島耕一はいつも「うんざりして」いる。詩の雰囲気にまで高められた「うんざり」である。この詩で言えば、何にうんざりしているのか。「意味にみちた詩に」と記されてはいるが、必ずしも自明ではない。それなら詩など最初から自己の埒外に捨て置けばよい。至極簡単である。でもそうはいかない。ことばを失ってしまうか失っていられるならともかく、四六時中ことばのなかに浸かっていなければならない。問題は、いなければならないことで済まないことである。

故に済ませるために詩が選ばれる。手っ取り早いからである。解決のための最短距離だと言ってもよい。要するに即決が期待できるからである。この詩で言えば「意味にみちた詩に／うんざりして」と単刀直入に吐き捨てればよい。でも結局は簡易に裏切られる。とくに末尾三行の「ことばの側／からの／反撃！」によって悲しく意味ある詩として終えられてしまう。まさに「反撃」である。それもことばだけでは済まない。実質的には書くことからの「反撃！」である。

それでも書かれ、書き終えられたのは、ことばではなく「文字」によってである。文字が文字として彼を了承したのである。とりわけ詩行中の「が」と「と」である。詩的エクリチュールの常套手段である、構文からの助詞の分離と単体化である。通有の叙法でありながら、分離と一行としての独立化（単体化）が詩的効果を高めるのは、まさにこの詩篇の「意味にみちた詩」という詩一般への反意を一点に凝縮しうるからである。つまり反意として立ち上がるからである。

この助詞の詩語としての力は、結果として末尾三行に対する暗黙の容認を作者に準備する。意味として書くことの自己正当化である。作者は、これもことばの範疇と捉えて、ことばの自作・自演力のなかに落としこんでしまうかもしれないが、テクスト化した今となっては、ことばであるよりはより強く「文字」の力でそうなっている。すなわち詩語の形象性——ここでは一語＝一行の形象性が生み出す視覚力だったと言える。続く詩篇でも形象性に基づく視覚力が詩を作らせる。

詩という文字
を見ると
ぞっとする。

詩情
詩的
詩心
詩魂
詩恨
詩趣……

なかでも
詩情ゆたかな名所旧蹟をまえにして
一句どうでげすか
というのにはぞっとする
これくらい恐怖をおぼえる瞬間はない。

（「10　詩情の恐怖」全篇）

断わるまでもない。第二連の二字熟語の横並びに見る視覚力が作らせた詩である。散文化した第三連は、元来、飯島の容認できない散文的改行詩なはずである。それでも詩行化に踏み切れたのは、第二連の漢字の視覚的表意性を強調する働きに、同連を初連とともに前後から挿みこむ散文調にある種、対位法的な効果を見こめたからである。やはり意味性を含めて視覚の範囲である。

しかし、飯島が念頭に置く第二連は、あくまでも「ことば」の効果として立てられている。意味性を一定程度引き受けねばならないとしても単なる漢字の羅列であることを第一義として軽く受け流している。意味を立ち上げない羅列のつくる黙示性が認可する文字布置である。

ほとんど背中合わせである、それを「文字」と読むことと「ことば」として読むこととは。したがってもしそれが「文字」で読めていたなら、あるいは「文字」として作られていたなら、詩の前に現れる人間との出会いもより直接的（直言的）であったはずである。しかるに最後まで「ことば」でしか受け止めない。生まれる矛盾も矛盾のままに容れられ、それが詩的矛盾であることには無自覚を通す。例の「月評」が物語るところである。

人間と作品との関係について言えば、問題の月評が単純に人間を優先しただけではなかったこと、無意識裡に詩論の一角から発していたのではなかったかが疑われる。鷲巣詩は、実は無意識裡へ向かう重力として、詩語・詩句を「ことば」ではなく「文字」として飯島の「心」に引き寄せていたのである。問題は「心」を詩論に読み換えられるかである。でも今は「裏の詩論」とするしかない。表のそれにするためには、さらに「文字」を飯島耕一に向け仕掛けねばならない。

「文字」は、目視上の結果だけではなく開始であり、中途であり、終結として常に詩人に対して自己規制的である。それを「ことば」と比較するためにも大岡が引いた初期詩篇の再掲（ただし一部）ほか関係詩篇を掲げる。

鉄色の陰鬱な雲がたれさがり
無慈悲な風は乾いた埃をまくしあげた
おれはひとり足にまかせて
その時街々をねり歩いていた

（「群衆幻影」「カイエ」第一号、一九五〇）①

次は、飯島が自身の詩歴（「自作について」『現代の詩人10　飯島耕一』中央公論社、一九八三）の一部として引いたものである。

空――
空はいつでもおれたちの上にあった
目がさめると　とつぜん真夏がやって来たこともある。
おれたちは向日葵のように明るい空の下で、
汗ばんだ雨傘を　サーカスのようにふりまわした。
空は　仲間のようだった。

（「空と汗」『詩行動』最終号、一九五二）②

さらにもう一篇。この「空と汗」をもとにして書いたという詩篇である。「「カイエ」時代の詩から『他人の空』の詩まで、わずか三年の間に、飯島は目の覚めるようなみごとな脱皮をとげた。これこそ、詩人の誕生という摩訶不思議な事件現場の三年間にほかならなかった」（大岡・前出）との嘆息を大岡に吐かせた『他人の空』のなかの一篇。

空が僕らの上にあった年。
目がさめるととつぜん真夏がやって来た年。
汗ばんだ雨傘をサーカスのように
ふりまわした年。
砂くちばしのように
空が垂れ下ったり拡がったりしはじめた年。

（「空」『他人の空』、一九五三）③

あらかじめ三篇の比較を「ことば」の上から見れば、詩的表現が「三年の間」に辿った変遷は、③の体言止めへの模索とその過程となる。得られたのは距離感である。この場合距離感というのは、外側であるより、より内側との間に生まれる主体性の保ち方を別に言い表したものである。とりわけ原型である①と、その書き直しである②と③との間に生まれた主体の喪失感が顕著である。「おれ」「おれたち」から「僕ら」への主語の移動も、能動性に強く抑制を利かしており、喪失感を高める。総じてここには「意味」との距離感が明確に目測され、要所に測量点が確保される。それが行末の体言にほかならない。

ここではそれを「文字」として再評価することになるが、それだけではない。フレーズとしても視覚力を高めている点をつけ加えることになる。「あった年」「やって来た年」「ふりまわした年」「しはじめた年」のような同じ修飾関係で組みあがる構文である。始まりは、「空――」であった。ゆえにダッシュがつくる「黙説」の可視化であったとも見ることができる。これも「ことば」として捉える表出力だけではない、目に見える形の「文字」が結論した一篇の終結法であり、意識的に「文字」として読み直すことで浮かび上がってくる構成力が、より深く作者の存在性を捉えることになる。

ただし原点を質しておけば、詩作は、「何のために書くのか」あるいは「書かなければならないのか」という自己の内実（内情）に始まる。その点まで遡れば、「文字」はまだ姿を現さない。「ことば」も立ち上がっていない。ならばそこに在るのはなにか。

飯島耕一はある日、一人の若い女性から質問を受ける。「あなたは詩を心で書くのか、それとも神経で書くのか」。この質問に驚いた飯島耕一は、「そうだ、たしかにぼくには「心」というものはわかりにくい。「神経で詩を書く」というほうが実際ぴったりする」（「魂と肉体」『詩について』）と、なにか一点突破に似た気分を味わう。これを踏まえれば、「ことば」以前にあるのは「神経」となる。宮沢賢治なら「メンタル（心象）」となるのが思い起こされる。「心」と「神経」の中間ともいうべき「心象」である。結局、「文字」も「神経」にまで還ることになる。萩原朔太郎も（盛時？にあっては）「神経」だった。

方法的には文字（漢字、ひらがな、カタカナ、横文字）の選択、文字と文字の組み合わせ方（成句化）、以上を素材とした布置の在り方――改行かベタかだけではなく、改行では天揃え、地揃え、各種階段化、幾何学化ほかとの駆け引きとなる。

飯島耕一の叙述法は、八〇年代後半から九〇年代の定型詩における多段形式等を除けば、比較的オーソドックスな改行形に拠っている。裏返せば、創意の原点である「神経」が極めて日常的な内情であったことを物語っている。さらに言えば、詩形だけでは表しきれないこと、むしろノーマルの上にこそ果たされねばならないこと、そのようにして日常が相対化されねばならないことを教えている。しかしそれは逆にそれだけ「神経」が並々ならぬこと、詩形の工夫などでは容易に相殺しえないものであることをも物語っている。飯島の詩がわれわれを惹きつけるのは、短絡的ながらもこの日常との接点に与って日々を「神経」に繋ぎ合わす「接辞法」ともいうべき、センシティブな語法によるものが少なくなかったのではないか。

再度、大岡信の言を借りるなら、「ある至難な単純さの達成」をより高めるのも、「悲哀の表現にも結晶の輝きを与え」る「妖精的な軽やかさ」が詩行に際立つのも、総じてその「語法」に与るところがすくなくない。そのためにも『他人の空』を契機に詩人は、あたかも常在戦場の武士《もののふ》の心得のごとく、漢字に象徴される意味の結晶化に対して日々戦闘的であり臨戦態勢を解かない。しかしそうした意味に回収されないことばを使えば使うほど、しかも一語(たとえば上記「が」「と」などの独立化した助詞、あるいは「詩情」～「詩趣」の二字熟語の並列化に認められる意味的圧迫の減圧化を強いられた漢字)に強く働きかければかけるほど、見かけとは裏腹に実はそれ(「単純さ」や「軽やかさ」の獲得)が「ことば」ではなく「文字」による促しの結果であることを含めて、飯島の「ことば」を支えるのは詩語的には「文字」であったことを実感する。なぜなら飯島はそれを「文体」「黙説」「定型」として自己納得的に読み換えてしまうが、読み換えきれなかったところに現れたのが「人間」だったからである。しかもそれが飯島のなかに在る「人間」を第一義とする詩精神と内部矛盾を来たしてしまうのである。その意味でも当の本人には迷惑なことかもしれないが、飯島と「文字」とは実に因縁深いことになる。詩人飯島と「小説」との関わりからみてもである。いずれにしてもさらなる議論は、本格的な飯島耕一論として行わねばならない。ここでは代わりに後述との関わりからも「文字」についてすこしだけ記す。

三　飯島耕一の生と詩

前段を承け、最初に少し「文字」について原理的なことを記しておこう。とはいえ、言語論ではない。「詩語論」としてである。すでに述べたところであるが、「文字」は、単なる思考経過のその都度の目視点としてあるだけではない。思考の張本人であり仕掛け人である。所有者（文字の使用者＝思考者）を逆所有するからである。もっぱら一方向的な話し言葉からは生まれない属性である。話し言葉は、当人を見放すことはあっても所有しない。むしろ裏切る。裏切るからこそなんでも喋れる。拘束されないからである。もともと自己に帰属しているわけではない。社会関係（とりわけ日常関係）に帰属しているだけである。

この構造的な相違が生み出す言語的性格、それが文字にのみ備わる「自同律」である。字のごとく自己を自己として律し、律するなかに自己を自己として動かす、それ自体に備わった駆動力である。問題はそれが背面的なことである。普通には「ことば」が担いかつ推し進めているだろうと諒解される思考の各態（把握、掌握、錯誤、混沌、整序、体系化等々）を実行する実体（核）でありながら、しかし一旦結果を得た後は、意志としての自身は結果——詩作であれば詩篇テクスト——の後ろ側に回り込んで動きを止めてしまう。自同律のプロセスとして見れば、自己完結である。ただし完済ではない。完済するのは読み手（他者）である。

問題の根源は、普通には等価状態に安定的で一つのこと以上には分極化されない「ことば」と「文字」とがつくる人との関係であるが、「文字」のみで関わるためには、予め一つの独自の関係性である自同律に立ち返らねばならない。しかし、人との関係を「ことば」に譲り渡してしまった後では、自らは終止寡黙である。結果への埋没をひたすら生きる。関係性に遡ってたとえば詩語としての自身の形象を省みて、結構のなかに「意味」を再抽出し、再考を促す発話者に蘇りはしない。それが結果としての詩篇の在り方である。状態としては自足である。要するにプロセスとしては見ない。見られない。見ても簡単に片づけられる。たとえば「ああいう重々しい詩を書く人は、まったく軽々に扱うね」（上掲・北村）のように。

自同律を問う以前である。＊それでも問うべきは、捨て台詞がかえってその裏側に蠢く自同律の陰性的性格の一端を覗かせていたことである。「重々しい詩」の「重々しい」である。

仮名（かな）であろうが漢字であろうが、文字は現実的な重さとしては量れない。量れるのは意味である。補えば、北村発言も「重々しい（意味の）詩」と意味の重々しさを言いたいわけである。でも実量としては測れない。感じるだけである。故に「軽々に」も扱える。でもそれも自同律に言わせれば、自らの演出効果の内に惹起したことである。結局、知らずに喋らせられていたのである。口を開かせたのは「ことば」であるより「文字」である。読まれ、聴かれ、視られるが混然一体となった多義的な、そのために効果（関与性）が希薄になってしまう「ことば」とは異なる、「文字」に備わる原義的な作用である。原義によって受動的に喋っていたのである。だから北村もまた「文字」によって喋らせられていたのである。

「文字」の原義が薄れていただけである。薄れて瞬時に意味を「読む」に特化（機能特化）してしまったのである。それでも北村発言を生む個人の心の機微には、いまだ言われる「呪力」が根づいて解かれていないのを感じる。それも含めて「文字」の力である。そしてそれに基づく人間の表出である。

でも飯島耕一の「人間」は、単純ではない。根深いものがある。通常の形では「詩論」を結ばないからである。ある意味、「文字」以前であり「ことば」以前である。それ故に容易に納得しない。自分を生かしているものに。結局それが鷲巣繁男を呼び出し、呼び出すことで自らの生と照応させることになる。しかも詩を認めないとした上で。不整合が語るのも飯島のなかの「人間」の複雑さである。飯島のなかにある相矛盾する鷲巣詩との関わり方のどちらが彼にとっての詩論なのか。どちらも詩論ではないのか。それともそれが、すなわち相矛盾した自己関係が飯島詩論の実相なのか。それを「文字」で解こうとするとき、解き切れないものを含めて、反語的ながらかえって鷲巣繁男を近くに感じるのはなぜか。すべてに先立って生に人一倍敏感だった原質的なものに関わるのか。なら飯島耕一の生とはなんなのか。その生によって鷲巣繁男を近くに感じるとするなら、飯島耕一が切り結ぶ生と詩になにが語られようとしているのか。徒に問いかけているわけではない。次はそれを生の負性から綴ってみせるものである。

きみはことばさえ失っていた
きみは
木とか　脚とかいった文字を
ようやく紙に　にじませた。
ことばを失っていたから
木ということばの
深さがわかる。
木ということばを　つつんでいる

冷たい空気の
微細な
傷
がわかる

（『ゴヤのファースト・ネームは』「ルドン」初連）

普通にはこの詩も「ことば」のなかで書かれ、読む側も「ことば」のなかで読む。書く／読むの両者間に齟齬はない。それが「文字」で読むとは、詩人の無意識裡に浮かぶ象、心象ではなくより以上に形象を直視することである。ゆえに「木」は「き」では詩に開始しない心意への乗り換えを図るとき、「ことば」で読むとは違う詩の世界の開扉に導かれる。読み手だけでなくそれ以上に書き手を、「木ということばの／深さがわかる。」想いに誘い、「木ということばを　つつんでいる／冷たい空気の／微細な／傷／がわかる。」の微妙な気分に導き入れる。したがって「木とか　脚とかいった文字を／ようやく紙に　にじませた。」の「文字を」は、期せずして吐露した文字への、それなしには生とも繋がりきれない自覚作用を伴う渇きであった。まさに「文字」による発汗作用である。

この詩篇上でも「文字」は、型どおりには「文字を」への仲介を含めて、創意の後ろ側に回りこむ。しかしこの詩には、「文字」のプロセスだけで終わらない、閉じ切れないものがある。この詩を選んだ理由、つまり心意性の「難事」という事案（上掲大岡「頌辞」）を引例としたのは、後ろ側に回り切れずに立ち止まる、通例に異なる停止感に引き寄せられるからである。

とりわけ「傷」である。「傷」が「傷」として、つまり意味として終わり切れていないことが、その場から再び詩を始める。措辞としては、詩的叙法に常套の一語一行化の仕立て方式にすぎない。通常ならここで終わるはずが、それが前後から絶たれて、言ってみれば丸裸にされていることでなにかを曝け出そうと身構える。意志的な塊にさえなっている。「冷たい空気の／微細な」との間でつくる、冷ややかさに包まれた被修飾関係も、「傷」を頂点として「傷」に向かって一気にせり上がる、文字列のつくる上昇感も、「傷」を「傷」という一語以上の文字としてしまう。そうではない詩と並べるとなおさらにその感を強くする。

ルドンはていねいに闇を描いて
微細な闇を放ってやる。
紙のなかの黒だというのに
夜の闇よりも　微細な闇のなかへ、
微細な傷
でできた
闇のなかへ、
微細にふるえている　闇のなかへ。

（「ルドン」第二連）

同じ詩篇の次連である。「微細な傷」と綴る「傷」は、まるで保護されたかのように「微細な」という形容詞によって語感を削がれ一行に完結的である。次行の「でできた」が、同じ四字の横並びの文字数であることもそれを安定的に助ける。初連の心意的な痛みを伴う修飾関係と比べると、自らが修飾句を構成していることもあり被修飾関係下の債務も背負わない。ここでは機能停止した文字として意味に読み換えられる自己に備えている。そして事実、終わっている。終わり切らないものこそ詩がつくるもう一つの詩であるとするなら、初連に潜む詩篇としての再現感は、作者飯島耕一を当初の詩論とは異なるもう一つの別の詩論に導こうとしているかのようである。

飯島耕一の詩は、陰であれ陽であれ、生を強く感得した時にとりわけセンシティブな表出力が詩に及ぶ。創出力の顕在化も著しい。そしてその分「人間」に近づく。近づくとき飯島の詩意は、生に対して敏感に応答してみせる。次はそれが「陽」として立ち上がった際の詩篇である。根源的な情動――「文字」が「ことば」から分かれる以前の、おそらくは恃むところの「詩論」にも未回収の生命的な生動感――ともいうべき想いに駆られた表出欲がここある。詩篇は意味合い以上にその場を提供するものでしかない。もうここまで来ると表現上の差違は、あたかも二次的問題でしかないほどである。鷲巣繁男との問題である。

月評欄で鷲巣繁男のおよそ真逆の「文字」の連なりを目にした当時（一九六七）、飯島が自身として手がけていたのは、詩集『夜明け一時間前の五つの詩　他』（昭森社、一九六七）と長編小説『日は過ぎ去って』（思潮社、一九六七）だった。前者では、「意味にみちた詩に／うんざりして」（『短詩集』

「9　不完全な詩　無意味な詩」）が書かれ、後者では冒頭に序論ともいうべき黙説法とその反転としての小説の在り方を説くエッセイ（「詩と小説」）が書かれる。いずれの創意もそのままであれば鷲巣繁男に向かう厳しい目となる。それから十二年後の座談会頃（「現在の詩にもの申す」一九七九）はと言えば、世評に高い『宮古』の刊行年に重なる。鷲巣詩と言えば、『靈知の歌』（一九七八）となる。ダニエルの黙示三部作の第二冊として刊行された詩集である。二作を並べて掲げる。

坐して思ふ虚しさ。
そして肉體よ、何故おまへはなほも爪立つのか、北へ。
記憶の中の流亡を聖化して、候鳥の翼はおまへに向つて吹雪の夜を齎す。
精神を夢見た肉體よ、純粋に憧れた慘苦の襤褸よ、
笞の下に、侮蔑のまなざしに、
囚徒のやうに、なほ光を求めた不屈の肉よ。

あゝ　透明の魂を圍み、
耀き出づる精神の塔を問う磽确《たうかく（ママ）》の一端に建て、
逆巻く怒濤を浴びて、
吹きつのる極よりの風を額《ひたひ》に受け、肉體よ、

おまへは老化の中でどのやうに時空を組織しようとしたのか。
北へ向きながら、
混沌と晦冥の日日を一つの秩序《コスモス》に絶えず變容させようとした意志よ。

（鷲巣繁男「北に舞ひ北を踏む者へ」第一、二連、『靈知の歌』一九七八）

戦争が終ると島が見える
少しずつ霽れてくる
戦後の霧が　朝まだきの
アルコールの霧が
空の霧が（ががた揺れるプロペラ機をつつむ霧）
霽れてくる
南へ　南へ　とわたしは飛んでいる
じつに南だ（ブルー　ブルー　ブルー　上も下もない青）
はじめて体験するもっとも南
霧の切れ目に
ひとつ　ふたつ　珊瑚礁《リーフ》だ　干瀬《ひせ》だ
ギザギザの赤い珊瑚礁《リーフ》だ

今度は細長い
蛇の上半身がのびている　南から北の方角へ
蛇の頭がふくらみ
そこが島尻だ
狩俣《かりまた》だ　不気味な狩俣の森
さらに
狩俣の北方に
小さな　みどり色の蛇の卵がある
ポツリと産み落されたばかり
離島　池間島《いけまじま》だ
いたるところに干瀬
池間の断崖の尖端には　おそろしげな廃屋群
白い無人燈台
が一本

宮古が見えてくる
戦後三十三年　ようやくわたしが見つけた　島宮古。

（飯島耕一「宮古」初連、『宮古』一九七九）

まるで北方志向と南方志向の競演を見る思いであるが、並置によって飯島の「陽」はより顕在化する。たとえ鷲巣詩の詩行が、飯島詩論の容れられない意味の権化然としたものだったにしても、ここではなんら問題にならない。対極的な表現性の相違を超えて浮かび上がる、それぞれの想いに対する強い働きかけ――「肉體よ、何故おまへはなほも爪立つのか、北へ」という想いの中に潜むもの、そして「南へ　南へ　とわたしは飛んでいる／じつに南だ（ブルー　ブルー　ブルー　上も下もない青）」という想いの中に潜むもの。いずれも生を外で捉える力である。惹き寄せられる想いを品詞の使い分けでさらに高めてみせたのが飯島詩である。

「見える」「くる」「いる」の一団の「る」音動詞終止形がつくる曇り気のない晴れがましいほどの語感。揺るぎない現在形。対する直後の思い余ったように口を衝いて発せられる「じつに南だ」の副詞「じつに」と助動詞「だ」による、言わば二重の念押し的な自発あるいは断定。もたらされる自分への納得感。連発する「だ」音。強い断定音の響く先にあるもの。たとえ詩篇上では「宮古」であっても、宮古にとどまらない、詩篇を生み出さずにはいられない大本に在るもの。立ち返る飯島耕一のなかの生と詩。生と切り結ぶことでより強まる「文字」の顕現性。ここでは「る」「だ」が、たとえ字的形象性には乏しくても、否、それ故にかえってかもしれないが、一度閉じたところから再始する構えを見せて、句点が付けられていないことを好いことに、一語として読む者の眼を、再読を促さずにいられない起点化に凝固気味である。

とりわけ陰陽に顕在化する一語への執着を通してあらためて思うのは、飯島耕一のなかの「矛盾」である。黙説法と反黙説法に拠らねばならないのも、要は「矛盾」である。一つの裏表ではない。それなら矛盾ではない。しかし裏表ではない。どちらも表であり裏である。いずれも大本をなす生が求めるところに従ったものである。帰するところは大本の「矛盾」、生そのものがやはり「矛盾」であったことである。

いささか比喩的な捉え方ながら、言ってみれば、飯島耕一は見極めを誤ったのである。足らなかったというべきか。鷲巣繁男を「詩」として見てはいけなかったのである。出会いともいうべき「月評」がそうだったように、詩以上に人間を見ればよかった。極端に言えば、「人間」だけでよかったのである。それだけに評言上も「尊敬している」だけで済ませるべきではなかった。足りなかった。より内的連繋が確保できる表現形式に組み込むべきだった。すなわち飯島の表現体の一方を司る小説にである。そうすることで「尊敬」はより人格化した「批評」（創作内の応酬的対話や人物描写）に生まれ変わる。それこそが飯島の生の原点ともいうべき「矛盾」に正しく沿った対鷲巣繁男観だった。そのとき「下手糞な」詩は、小説内人物の台詞として人物を高めるだけでなく、小説の叙述をも高め、結果として小説の必然を作者本人のもとで再燃化せしめる。気がつけば、結果として「詩」にも向き合っていたことになる。もうそうなれば「小説内鷲巣繁男」もたんなる便法にすぎなくなる。始まるべき詩論上に乗ったからである。

いずれにしても話を戻せば、実際そうやって小説が書かれてきたのである。なぜ歴史上の人物が往々にして小説の中核をなすのか。実験的小説（「超現実主義の試み」）への挑戦を下支えする自分の系譜（とりわけ幕末動乱期）への思いに与る部分もあったにせよ、それを含めて自らの中の饒舌性に激した精神（動的精神）が促して止まないからである。生の現前をである。黙説法では補足しえない。反黙説でしか表出できない。これは詩の否定ではない。詩の読み換えである。でも読み換えられなかったのが肝心の鷲巣繁男だった。繰り返しになるが、やはり小説の眼から応ずるべきだった。それが重要なのは、問題の飯島のなかにおける内的分裂（二極化）が止揚されるだけでなく、新たな認識関係のもとで鷲巣詩をも詩とは違う詩に捉え直す契機となったかもしれないことである。簡単には詩論化できないにしてもである。

いずれにしても、「矛盾」をもって応接してしまう。それでも応接が意味するところを改めて注視するなら、それだけ鷲巣繁男の詩篇が詩としての表出力を備えていた、そのために「黙説」を刺激したと捉えることも可能である。なら何が飯島を刺激したのか。相手の生との切り結び方がである。彼が生との間で倦まず演じてみせる饒舌性（小説性）――飯島が反黙説法で捉える生を、この詩人は非饒舌性であるべき詩（「饒舌」）で捉える。しかも「文字」の上で。

でももう対立構造には見ない。見ないことが、言ってみれば得るべき結論だった。その上で「二極」を「一極」に収斂する一極性の強さが、飯島が拒んだ彼の「文字」（「饒舌」）のうちに倦まず果たされているのを知ることになる。生と切り結ぶことでより強まる「文字」との一体化。そのとき見せる「文字」の顕現性。最後にそれを存在としての詩篇として鷲巣繁男に読む。

＊その北村太郎であるが、座談会の約二年後の一九八二年、同じ人の発言とは思えない高い評言を吐いたという。向かった先は『行爲の歌』（一九八一年刊行、翌年一月高見順賞受賞）である。現物に当たれていないので、『評伝』中の紹介記事をそのまま引く。「「朝日ジャーナル」二月五日号では「宗教色の濃い鷲巣繁男のユニークな新詩集」という匿名記事が出た。その中で筆名「無門」氏は、繁男が「博学の一端を詩に裁ち入れるのをペダンチックと評するのは見当はずれだろう」「これらの詩群が、現代詩の世界に、新しい美を提供してくれたことは間違いない。それらは、もちろん、宗教詩として秀作であるより先に、詩として優れているのである」と書いた。執筆者は意外にも北村太郎であった」（三七九頁）。読む限り、前言に囚われない北村太郎の誠実を感じる。

四　存在としての詩篇──現代詩のなかの鷲巣繁男

それでも、「文字」の顕現性を存在に借りるだけなら特別視すべきことではない。誰もがそうしていることである。存在を意識しながら自らの詩に立ち向かっている。それを「文字」のなかでと言われるなら、それでも好い、構わないと言われてしまうに違いない。その上でなお鷲巣繁男にあって一人特別なのはなぜか。叙事詩は答えになるのか。確かに「文字」として最も高い詩的世界を約束するのが鷲巣繁男にあっては叙事詩だった。残された諸詩篇の多くは抒情詩風叙事詩であり、時に叙事詩であったが、没年に重なる授賞式の挨拶で叙事詩に本格的に回帰したいと、受賞後の抱負を頼もしく語ってみせた詩人である。叙事詩内の詩語に特別の思い入れがあったとすれば、その点でも詩的世界の形成期にサン＝ジョン・ペルスを知ったことの意味は大きかった。でも「文字」に立って来歴を振り返れば、サン＝ジョン・ペルスが先にあったわけではない。叙事詩にしても同じである。「文字」に先行していたわけではない。それを言うなら、少年時代から実践的に親しみ、戦中戦後を通じて最期まで実作していた漢詩だった。

漢詩こそ「文字」との始まりであり、詩の最初の実現だった。漢詩に特別な思いを抱いていたのは詩人自らが述べるところであった。もともと形象性の高い漢字は、異なる要因（定型性＝外形性）によって形象性をより高次に高める。思うに、特別とも言える「文字」の景が、少年を熱く捉えていたに違いない。他国の民（大本の民）に敬愛の念をこめて訴えかけようとした高橋睦郎が諭す日本古代に遡る景。そのとき、少年鷲巣繁男は、その末裔に位置する自分を強く意識しては再び心を躍らせる。その少年の心を掻き立てることを含めて「文字」の世界である。

でも「文字」は、「文字」だけでは成り立たない。それに関わる一個体たる人の存在が前提となる。存在がつくる景によって「文字」の景も自ずと変わる。来歴で言えば、二度の応召のなかで生死の境を掻いくぐった中国戦線での戦争体験がなんといっても大きい。その体験が、敗戦後、個人の前提が危ぶまれるほどに存在の瓦解を招いたのは、一人鷲巣繁男の場合に限らないにしても、「文字」の景として捉え直せば、少年鷲巣繁男を長く魅了し続けてきた中国文学の景が、いまや自己糾弾の先鋒となっていることを意味する。以前の景は戻らない。戻るとすれば贖罪に膝を屈して深く頭を垂れるときである。贖罪にわが身を晒すとは生命に跪くことにほかならない。問われているのは、景をも更新する存在に先立つ生命だった。

かくて一人の存在は、生命に問いを発して大きく旋回する。いかに生き行くべきか。想いは生命の内に劇しく燃え盛る。新しい存在の景の希求である。詩人鷲巣繁男を詩人にする上での不可欠の景となり、後に際立つ個人性の顕現となったのも、求める景に核となる流謫が据えられていたからであった。戦争体験、それ以前の関東大震災での過失という「過去」と、北海道入植と挫折、北辺流亡という「現在」、そして自己回復という「未来」の集約として一人の個人の生存を貫くもの、それが流謫だった。本来は一つの外形でしかない詩人という姿を、自身の存在に重ねる景としたのも流謫だった。やがて多くの詩篇を生む景すなわち存在としての内景である。

やはり必要なのは「文字」だった。生命に感応し自らをとめどなく溢れ出すも、話し言葉を抱きかかえる分、その処置なしには容易には存在に留まりきれないことばとは違い、文字は存在から直接浮上する。いまやそれも漢字だけではなくなっていた。諸外国語による各所有表記体が視覚上につくる異なる字形という文字としての景。その景が文字の浮揚感として異文化性のもとに詩人を刺戟的に囚える。漢字とはまた違う特別な高揚感を伴う形象性には、既存の識字関係とはまた趣を異にする言語内的な体験性が備わっている。それ自体が異体験となって存在に還元される部分も少なくない。新たな景に詩人は引き寄せられていく。詩作行為には直接意味のない話であるが、彼を捉えた景（原書という景）は、居並ぶ大学者に伍すべく彼を奮い立たせる。鷲巣繁男個人のなかでは在野の精神さえ意味を変える。そうでなければ、大学者でも容易に果たせないような『イコンの在る世界』（一九七九）が生まれることはない。「文字」はありえないことさえ惹き起こしたのである。語学力（専門性）とはまた別な世界である。それだけではとうてい足りない語学力を超えた世界である。故に専門性の厳格さだけで指弾されるべきではない。そのことによって見落としてしまうことがあまりに多いからである。「専門性」とは何かを問い直すためにも。

早くに横浜商業学校（Y校）時代からボードレールを原書で読んでは勇んで翻訳していたことそれ自体は、戦前期の詩人を見ても特別視すべき早熟性ではないが、問題はその先にある。普通の人（飯島流なら「普通の日本人」）とは異なっていくことである。仏蘭西近代詩に始まった原書体験は、後に羅甸語から希臘語、ヘブライ語、古代スラブ語など西欧文明の淵源へとひたすら遡っていく。原典渉猟の程度に驚きと脅威を禁じえない人が少なくないなかで、ペダンチックをしか見ない人もいる。むしろ数として多数を占めるのは後者である。たとえば、「そりゃそうだよ。ヘブライ語かなんか知らないけどさ、そのほか日本人がやらないようなことばかり選んでやってんだから、そりゃ日本人離れもしましょうよ」の某氏言のようにである。念仏のように「文字」を唱えるのは、一方ではこうした経緯もあったからである。鷲巣繁男のなかの必然性（内景）が疎んじられ、知的渉猟以上に「文字」

としてなされた原書体験の意味が、理解されないのはまだ致し方ないとしても、あまりに軽く扱われてしまう。いかにも無念というしかないからである。

詩篇のエピグラフへの引用を含め、多くはペダンチックな飾り立てとされかねない原書引用が「文字」として語るのは、衒学的態度とは正反対のものであった。正対しているのは、知的誘惑を超えたその先に在る「時間」だった。あらゆる個人的な条件（履歴・来歴・経歴）を超えて、個人を与件なしに今一度生かしむる、絶対的にして不滅の条件であるもの。「時間」とは概念ではなく非在と実在を背中合わせにした確たる実存である。少なくとも鷲巣繁男の個体性にとっては。

であればこそ再びの欠落感のなかに容易に抛り出されもする。欠落感を強いるのも「時間」だった。故に「ことば」ではなく「文字」でなければならない。「文字」をもってしか埋め合わせようがなかった。定位しないのが「時間」だったからである。そして「文字」が原書内形象という形態をとる時、同じ埋め合わせでも生得的な識字内形象では得られない、読み換えという二重の「文字」体験が、そのまま「時間」に対しても二重の埋め合わせとなる、これが原書の原義だった。

確かに原義の意味に忠実だったことで鷲巣繁男の「日本人離れ」はより顕在化してしまう。しかし、詩人の生（人生を含む）にとっても、詩にとっても原書体験それ自体は表面的なことでしかない。重要だったのは、原書のなかに読み取れた「時間」をいかに「文字」に翻訳すべきかであった。いかに定位すべきだったかでもいい。通有の翻訳行為ではない。「ときにうっとりするような詩句」が生まれたのも、かく「文字」のなかの「文字」に修辞が求められる体験が、相対的にも相乗的にも全体としての「文字」を推し上げたからであった。かかる修辞を含めて、「文字」内「文字」とでもいうべき詩的エクリチュールが、やがて大岡信の「詩による全体性の回復」までも問わせるものとなる。そして飯島耕一の「人間」と一つのものとして読み直すなら、唐突ながら、その現代詩的意味はむしろ保留にすることでこそ、より大きな鷲巣繁男像が描かれることになるだろう。「重み」としての留保である。

様々に行われた文学的営為。飯島耕一のように小説も試みる。多くのエッセイを積み上げる。エッセイの中では詩篇同様に外国語が散見される。否、より果敢に。それはそれで新たな散文世界を切り拓いているが、求めるところにおいて詩とは一線を画す。画した上でその認識に一途に自己解放的である。一連の詩歌逍遥游のシリーズの原書引用が如実に物語るところである。

それ故により詩篇の意味が際立つ。詩でしか実現できなかったものへの自覚である。この自覚こそが始まりであり全てだった。「文字」によって創られる自己とはなにか。繰り返される自己確認が詩に生み出すその都度の結像だった。時には大きなスクリーンに劇的に映し出されることになるそれでもある。同時に場末の劇場の映写機の先にも浮かぶ映像である。結像一つをとっても様々に思いが掻き立てられる。しかしいま思うのは、その結像度において人が詩人をどのように見るのか、それ以前に本章は引き伸ばしに耐えうる印画紙たりえたのかという懸念である。いずれも如何ともしがたい。諸賢の判断を仰ぐしかない。その前になすべきは章を閉じることである。

詩人自らの焼き付けによる陰影の強い画像（自画像）がある。第一二詩集ダニエルの黙示第三『行爲の歌』（一九八一）の「行爲之歌後序」として用意された漢詩と詞文である。最後の詩集の後序でもある。ある意味、「遺影」である。翌年斃れたからである。閉じるに当たって、本章巻末ならず本書巻末詩としても借りる（ただし一部）。

神女敲碧落　萬雷生百年
春心傷舊鬼　夏居卜新眠
邊寒夢魂遠　飄零旅抱旋
幽明今接路　默默發弧船

噫乎人生畢竟有大道哉。惟憶似遠征過廢村。啼泣哀哭滿地襞。蒼天滴涙幼孤飢。花間棹歌繞殘樓。天涯一劍不期歸。青春忽變老病狂詩客。何須舞文綺語法。丹青剝落。墨痕消去。日月不止轉。自問莊周蝶。武州草堂玉星隕。投筆相思千年魚。

昭和伍拾伍庚申年草月上瀚

東武大宮八幡寓居

不羣騷人識

（『行爲の歌』「行爲之歌後序」より）

おわりに——二人のその後

おわりに代えて、最後の問いを掲げる。結像としての詩人鷲巣繁男が二人の詩人にどのように映っていたのか。といっても繰り返しではない。言ってみればその後である。

結像をより強く見つめていたのはいずれか。直接的には大岡信だった。でも大岡は、晩年、肉体的に倒れたとはいえ、自身を一人として生ききれた人だった。とりわけ『水府　みえないまち』以降にその思いが強い。いかに生ききれたか、後年の人生とともにあるそれら詩篇は、その伸びやかさに生を巧みに紡ぎ綻ぶところを知らない。まこと自由自在に。紡ぎ続けるには続けるなりの、水面下のもがきは言わずもがなのことにせよ、「詩における全体性の回復」は、それを人に問うまでもなく、少なくとも自身のなかでは遂げられている。

なにも鷲巣繁男が意味のないものになったと言おうとしているのではない。相変わらず、「この詩人のある種の詩にあっては、ナイーヴに保たれた感性の敏感な働きが、ときにうっとりさせられるほど官能的な詩句を出現させ」は生きている。壮観さを含めて、眩む思いを禁じ得ない。変わりようがない。あえて言うなら変わりようがないことが、なにか「宝物」のようにして大岡信のなかに仕舞われた、そういうことである。一つの「完結」である。それを含めて生ききっているのであった。

飯島耕一に一冊の詩集（最後の詩集）がある。『アメリカ』（思潮社、二〇〇四）である。すでに二十年以上が経っている。年齢的にも七十代半ばを迎えている。約二年間続けてきた連載の終了後二ヵ月で速やかに刊行したものである（読売文学賞と詩歌文学館賞受賞）。詩集には随所に詩篇に添えてエピソードめいた付記がある。その一つの冒頭部にこうある。「おれは一体何に渇いているのだろう。詩を書こうなどとまだ思い立つのは」（九四頁）と。詩集全体に通じる渇望ともとれ、実際、なにか苦しいものが詩篇を貫いている。生きされていないなどと短絡的に言うつもりはない。大岡信と対比しても意味がない。それでも生ききれない、自分のなかだけでは自分を生ききれない、人をそれも人の生き方を自分に引きつけるようにして何かに対峙している、そのようにして繰り出す詩行が全篇を走る。

その詩行に最後まで「矛盾」から自由になれない、解かれていない飯島耕一を見る。「与り知らぬこと」と言われるかもしれない。たしかにすでに鷲巣繁男の影があるわけではない。むしろない。もともとなかったとも言われかねない。それでも、かつて鷲巣繁男に対峙してその上に強く顕れた、ことばと生（「生き方」を含む）のズレから解放されていないという意味では、筆者に鷲巣繁男を「ダイナミズム」として捉えさせた「矛盾」は、いまだ直接話法内である。そして、それを現代詩への直接話法にそのまま読み換えられるのも、飯島耕一の「矛盾」が、それ自体現代詩への糾問だったはずだからである。その思いを改めて強くする。

エピローグ
——本書の意味

本書は、一人の詩人の詩的世界の成立までを辿ったものである。加えて、成立後の目覚ましい活躍が、彼の詩篇や評論等を愛した者たちにはいまだ記憶に新しいにもかかわらず、世間一般的には過去の人となってしまっていることに鑑み、あらためて現代詩にとってその存在にいかなる意味があるのかを、必ずしも正面切って論じられたわけではないが、トピックス的な話題を皮切りにして論点を波及的・拡大的に論じたものである。とはいえ、最初からなにか論じるべきテーマがあったわけではない。当然、体系だった詩人論や詩論でもない。それでも成立までを念頭に置いたのは、詩集を含む活躍期の執筆活動が最初から超俗的で、しかも超越性を高めるに任せて、俗世を振り返る気配を見せない無交渉を貫いた生き様が、いくら詩人に相応しいと言っても、知遇を得た者の立場としては、さらなる世間からの離反を招かざるをえない状況を必ずしも好しとできなかったからで、超俗性とは違う成立過程の提示によって詩人の一般性を獲得しようとしたのである。

「コラム」を設けたのもそのためである。先ずは筆者自身のためであったとはいえ、世人との距離を縮めるには、「現実」を持ち込むことが必要と思われたのである。それだけではない。詩篇を豊かに味わう上にも少しは意味があるはずだと考えたのである。

それでも「コラム」への思いを含めて、本書は鷲巣繁男の世界の全体を意識したものではなくその成立までに留まる。ダニール・ワシリースキーの書・第壱を論じたのは、主に成立過程の帰結点を示すためであって、その後の見通しを述べたものではない。同詩集が、後年、詩人によって「『夜の果への旅』はその導入部の役を果す詩集」(『行爲の歌』「附記」)として、帰結点であるよりは後続六詩集との関係を問う出発点にしているように、詩人との間でも位置づけが違う。

その後の見通しにまるで無関心だったわけではないにしても、それ以上に現代詩を意識していたためか、詩想に始まって修辞法や詩的エクリチュールの違いに帰結するような、同時代詩との世界の違いにとかく意識が集中しがちであった。繰り返し言及した「流謫」もいまだ現実(北辺流亡)に止まった、詩人が求めた此岸的な思惟(イデア)の遠大さからすれば、それはそれで意味あることと解ってもらえるかもしれないが、いまだ形而下的なものである。詩人の言う「導入部の役」とは、詩的世界を内容に拘りながら振り返った総括法の上に、血肉化された形而上的な詩的時空ともいうべき世界への開扉を念頭に置いて発語されたものだった。到達点への達成感など、前途に期するものがあったとしても、現状に安住することも、ましてや過去を自己納得的に振り返ることも、当人にはいずれも関心外のことでしかなかった。まさにその違いによる。
いずれにしてもキリスト教の教義や正統・異端に関わる長い論争を含む宗教史への深い理解なしには容易には入りえない。それ以前に、『夜の果への旅』を導入部とする、後続六詩集の詩的世界を詩人の意図に沿って構成的に理解しきれているか、そのようにして読んできたかを問えば覚束ない。致し方ないところであるとしても、本書に立ち返って詩人にとって本書がいかなる意味があったのかを考えると心穏やかではない。たとえば次の一文。なにが企図されていたのかを詩人自らが述べた部分。かく語るのである。

（略）世上にわたしを目して「宗教詩人」と見る向きもあるが、わたしはそれを必ずしも否定しないものの、わたしは宗教的見地に立つて詩を作るのではなく、宗教を求める軌跡として作品があるのだと言ふ方が眞實に近い。ただ、わたしは本書（『行爲の歌』、引用者註）を含めての七詩集に於て、概ね、構成的に詩作に心掛けたのであつて、それらが的確に實現し得たとは言ひ難からうが、『夜の果への旅』はその導入部の役を果す詩集であり、『マルキオン』は古代異端の頭目を歌ふことによつて、キリスト教を負の面から扱つたと言へるし、長篇詩であると共に、多くの古代思考及び靈智教的集成を核とした合唱的部分を交へた方法上の試みも行なつたのであつた。續く『わが心の中のカテドラル』は專ら典禮的な様式によつて、形式から言へば一番教會歌風である。そして第四書たる『記憶の書』はそれら先行するキリスト教及び古代思想の一つの綜合でもあつた。新しく試みられた「ダニエルの黙示」の三部作はその延長上にあるが、特に本集はその一つの結論といふべき人間行爲を中心にした意識的制作である。（『行爲の歌』「附記」より）

一読、自分が詩人から遠くに立っているのを実感するばかりである。とりわけ本書の分析視角を振り返るとなおさらの感が強まる。詩人が自身の関心として本書に向き直ることはないからである。氏の関心はひたすら永遠の時空の彼方にある。たとえば『マルキオン』で言うなら、筆者がなしうるとしても、せいぜい「方法上の試み」を分析し追認的に評価することぐらいである。内容に関わる「キリスト教を負の面から扱った」ところ、「古代思考及び靈智教的集成を核とした合唱的部分」に関するところには事実関係を超えてどこまで深く関与できるかと端から否定的になってしまう。『わが心の中のカテドラル』ではどうか。息の長くかつ対位法的手法を採り入れている重厚な『マルキオン』に対し、大きなテーマを抱えているとはいえ、編成的には一話完結的な諸篇からなっている。それが「内容」で読めなくなることに対して「致し方なし」と、とかく責任回避的である。「ときにうっとりするようなフレーズ」にも随所で出会う。それを一篇として味わうことにも迷わない。事実、大岡信編『日本現代詩大系』第十二巻では本詩集を中心に選詩されている。励まされた思いになる。

しかし、詩人の言に沿って正当な読み方に立ち返るべきと、あらためてそれら諸篇の頁を繰る。やはり覚束ない。「典禮的な様式」のもとに「教會歌風」に読み取れているか、再び否定的にならざるをえない。書・第四の『記憶の書』に至っては、筆者を最初に魅了した「薔薇物語」を前に「キリスト教及び古代思想の一つの綜合」の書と聞かされると、本詩集にかける詩人の想いをどこまで汲み取れていたのか、また今後汲み取れるのか、再び悲観的に後ろ向きにならざるをえない。さらにその先には、「ダニエルの黙示」三部作の、掲げられた「情・智・意」に潜入的な世界が待ち構えていることを思うと、より一層、詩人の求める原点との乖離を覚え、かかる世界を前に一体本書にはどんな意味があったのだろうかと、存在証明を問われるような疑いを自らに向けざるをえなくなる始末である。

そうしたなか、一人の詩人かつフランス文学者の鷲巣繁男論に目が留まる。叙述だけではない。同氏の鷲巣繁男への眼差しが特別なのである。極めて個人的事由を有している同論は、この日本にあってと言ってしまって構わないが、否、あえてそう断るべきであるが、日本人として見て稀有なる眼差しに貫かれていると言わねばならない。しかも肝心な点は、それが鷲巣繁男を論じる必然性を兼ね備えていることである。

眼差しの主とは井上輝夫である。知る限り、最も早い段階で本格的に鷲巣繁男を論じた渋沢孝輔や「身内」ともいうべき高橋睦郎、多田智満子が、その近さ故に書き得た詩人の本質を衝いたエッセイとともに限られた鷲巣繁男論（在道時代は不詳）として、論が立てられただけでも貴重ながら、筆者がここにその批評を取り上げる理由に限って言えば、それが本書の意味を自らに問い返す機会を与えてくれる点にある。それはなにか。オリエント体験である。

まず書かれたのは紀行文であった。それから程なくして、偶然の機会を得て鷲巣繁男論が用意されるが、経緯として見れば、個人体験の延長に書かれたものである。惹き寄せられるのは、必然を見出す形で綴られた、もう一つの内部体験となっていることである。それが、本書を振り返る筆者にある想いを呼び覚ます契機となって、さらに同氏への思いを高めるのである。本書における同氏二文献の意味である。姉妹編とも捉えられるのは、『聖シメオンの木菟　シリア・レバノン紀行』と「復活の祈り　鷲巣繁男氏の意義」である。前者は「三田文学」（一九七五）ほかで発表した諸篇を一書として刊行したもの〈国書刊行会、一九七七。〈新版〉ミッドナイト・プレス、二〇一八〉。後者は『現代詩手帖』に二回にわたって綴ったもの（一九七五・十・十二）。

鷲巣繁男論が成った経緯は、現実的には井上が鷲巣宅を訪れたことによるものである。単独ではなく、鷲巣繁男の著作を積極的に刊行する書肆の一つ小澤書店社主長谷川郁夫と、詩誌『ドラムカン』の同人仲間であり友人でもある吉増剛造に連れられての訪問であった。訪問年は前後関係から推して一九七五年の、当然十月以前のことであったと思われる。さらに詰めれば「頂戴した近著『記憶の書』」と記した個所があるので、同詩書の刊行年である一九七五年四月二十五日以降となる。「かつて吉田一穂をよく読んでいたのを知っている友人達が、その孤高の詩人の血をひく鷲巣氏にお眼にかかる機会をつくってくれたわけである」とある。

同訪問を契機に鷲巣繁男の詩や散文を集中的に繙く。そして慨嘆するように吐く。「今、生命消費の轟々たる激流の中に歩む私の前に、積極的な信仰を語り、こうしたオリエントのかおりを謳う詩人がいようとは思いもよらないことだった」と。

ダマスカス郊外の荒寥とした荒野に佇む紀行文の著者は、地中海を越えてローマに至る以前の古代キリスト教の誕生風景への思いをいや増しに募らせる。同じ地に立っていることが著者の魂を揺るがす様は、読む者の心に強く迫るものがある。隅々に行き届いた叙述の力である。いずれにしても事前に紀行文（「三田文学」）が書かれていたことが、訪問を契機に認められた鷲巣論の執筆の上でもいまだ持続的な基底的気分となって、鷲巣繁男を論じること、とりわけても古代キリスト教を詩篇に質すことは、ある意味著者にとっての体験の二重構造となって、再演的にかの地を新たに訪れた気分に浸らせる。

再訪感に浸ること自体に意味があるわけではない。それが、現地故に味わえた時間的な異相体験を、現下の日本で再喚起し、距離感上に一度回想と定着していたものをも再び喚起した点にある。紀行文と併せて読むとその思いを強くしないわけにはいかない。事実、定本詩集に収録されたダニール・ワシリースキーの書・第弐たる『マルキオン』を鷲巣論の中心課題としていることが、井上の想いの丈をテーマとして物語っている。

ここにあるのは異端と殉教である。ここにあるのは、とは井上輝夫の鷲巣繁男論の内側にある情念に近いもののこと。かつてかの地で井上輝夫を囚えて離さなかったアンチオケのイグナチオの殉教精神が、初期キリスト教会で最大の異端とされるシノペのマルキオンを現下の日本で生きる鷲巣繁男に重ねられる。重ねられた時から詩論の大要は自ずと決する。いかに生きたか、それ以前にまずなぜ生きるのか、かく生きねばならないのかが問われる。必然性である。そしてそれがいかなる形となって現れるのか、詩篇としていかに生きられているのかが問われる。当然に詩論的発議がなされ、鷲巣詩のもつ非一般性にも言及される。否定的にではなく、成るべくして成らざるをえない理を説かんとして。

引用すべき個所に事欠かない本格的な作品批評である。鷲巣繁男論の一つの水準を示しただけでなく、同論以降のダニエルの黙示三部作の上梓を先取りした、あるべき論じ方の一つが先行的に差し示されたものと、あらためて高い評価が下される。

ただし、今求めようとしているのは必ずしも内容ではない。そう断定的に言いきってしまうと語弊があるが、それというのも内容以上に内容を支えている評者のなかの紀行文とともにある「必然」が、本書を振り返るに筆者にある眠っていた想念を呼び覚ましてくれたからである。それこそがオリエント体験だった。気づかなかったのである。『聖シメオンの木菟　シリア・レバノン紀行〈新版〉』を手にすることでなぜ鷲巣繁男論を書こうとしていたのか、そして書いたのか、それを含めて実は無意識のうちに間接体験をなぞっていたにすぎなかったのではないか、そうした全体を流れるものへの想いを呼び覚ましてくれたのである。まさに立ち返りへの契機――それが井上輝夫のなかの「必然」だった。

どうやら冒頭回帰の模様である。なぜ詩人のもとを訪ねたかということ。すべての理由はそこにあったのである。序章で一エピソードのようにして触れたことである。でも簡単に触れておけばそれで済むことだった。世に問おうとしているのは鷲巣繁男論であって一エピソードではない。自分にとってだけ意味があることだった。実際、筆者の関心だけで終わるべきことだった。

しかし本書を鷲巣繁男への想いとして問い直してみると、実に個人的だったことが全体を貫く「必然」となっていたことに気づかされる。それはそれで構わないとしても、肝心なのは直面すべき鷲巣詩がその先にしかなかったことである。直接性の問題である。それが問われかねない事態だったのである。「エピソード」を介していたのだとすれば、間接性を超えて鷲巣詩を受け容れられなかったことになる。気づいたのである。諸氏の想いと変わりなかったのである。そのことにである。訪問したこと、知遇を得たことに疑似直接性を覚えただけだった。錯誤だったのである。本質はなにも変わっていなかった。外に佇むだけである。「わが書の扉は固く」の扉の外にである。

我々は、H・K氏（蓮実研一氏）の段取りで鷲巣繁男を訪れた。その彼は「普通の日本人ではない」を地で行くオリエント体験（集中的には小アジア体験）者だった。トルコだけでも都合三次約二百日にも及ぶ走・踏破行（以下、「踏破行」）である。旅好きが高じた冒険家的なツーリストだったわけではない。すべてはアントン・ブルックナーを因縁としていた。そもそも国内旅行もしたことのない彼が最初に海外に出たのも（一九七三年八月〜七四年三月）、単に日本を離れて異国の空の下での自由を愉しむためではなかった。唯々「資金」（彼曰く「奇蹟」の元手）を有効に使うためであった。選択したのが「かねて憧れのヨーロッパ」での芸術体験（古代遺跡踏査を含む）だった。ヨーロッパ各地の大小を問わない美術館巡りが果敢に行われる。費やし方は全身的だった。とりわけイタリアとギリシアでは各五十日、三十五日という徹底ぶりだった。夜は夜でコンサートに足を運ぶことも頻りである。旅の後半には、それが後の踏破行（アナバシス）の引き金となる、その折は未だ漠然とした「予感」でしかなかったトルコ横断が加わる。

こう記すと、さも潤沢な「資金」で優雅に経巡っているようにも解られかねないが、まるで違う。より尋常でなかったのは旅行形態だった。「初心者」の身を顧みず最初からバックパッカーだった。一九七〇年代前半のことである（詳細は、同氏「ヨーロッパ・中近東貧乏旅行のすすめ　55万で7ヵ月」〔「浦和市民新聞」第十二号、一九七四年四月。〔付記〕そのなかには、今よりはるかに高い往復の航空運賃も含まれている〕。全身的とはそういう意味でもあった。しかも二度目（一九七五年夏から七六年春にかけての八ヵ月間）の際は、一万キロを完全ヒッチハイクで押し通してみせる猛者ぶりである。

この第二次行にはサン・フローリアンが含まれていた。いや、ブルックナー好きが一度はと願う聖地詣を、彼もその折の目的の一つとしていたのである。でも彼の中には忸怩たる想いしか残らなかった。すでに予想できていたことだったといえ、全くもって違う、「然に非ず！」との想いを強めるだけであった（同氏「聖フローリアンの別れまたはアルトドルファーとの奇遇」『原始霧』第十二号＝通巻三号、浦和ブルックナー協会、一九七六）。思い索然としたその足でトルコはアナトリア高原の地を目指す。ただ目指しただけではない。アナバシスの実践だった。そしてかつての「予感」は「実感」となって此処こそ本来の地――ブルックナー・ランドなりの深い想いをもたらす。まさに確信だった。彼の人生はこの確信で決まってしまったと言ってもよい。まさに人生をブルックナーで決めてしまった、ありうべからざる人生選択者だった。しかも彼でなければありえないアナバシスの「音楽理論」だった。

ブルックナーの交響曲第八番ハ短調の楽曲分析がすべてのはじまりである。ハ短調に彼は破綻調を見た。彼の人生の内実に通じる調性だった。ブルックナーの楽音が彼を捉えるのも、源はと言えば一つだった。およそヨーロッパの人工的に創り馴らされた庭園的な造作よろしき、聖フローリアンをその一つとするような美しい長閑な地に鳴り響く音色ではなかった。響きとしては絶無の楽音ともいうべき、荒涼たる標高一千メートルの荒蕪の大平原上に轟きわたる、地の果ての究極の音楽だった。彼はいれこんだのである。そして記す、帰朝後の踏破記の表題中に「破綻調アナバシス」(「トルコ――大いなる予感　破綻調アナバシス交響曲＝ブルックナー幻想トルコの旅＝の「第一楽章」として」同誌第十三・十四合併号＝通巻四号、一九八〇)と。第八番に擬えたものだった。

それだけで一書をなす体の長大な「楽理」の一文であった。しかも彼は未完とさえ言う。実際、発表したのは全四楽章中の第一楽章分(「第一楽章――大いなる予感」)だけであった。あまりに長大すぎて最初から未完となるのを見込んでいた彼は、同じ号に全楽章の構想を描いてみせた(これはこれで長大)。題されて「ブルックナー幻想トルコの旅＝破綻調アナバシス交響曲の全体の構成について」。その中でも問題となるのが、彼が「大いなるアナバシス」と名付ける第四楽章だった。

彼を最初にトルコに促したのは、アジアの涯を目指す若き大王アレクサンドロスの東征(アッリアノス『アレクサンドロス大王東征記』)だった。圧倒的勢力のペルシャ軍勢を初戦で劇的に打ち破って以来の、打ち続く首都バビロンを目指して止まない進軍につぐ進軍。そのルート上に重なるアナトリア高原。やがて彼にアナバシスの構想をもたらすことになる第一次トルコ潜入の旅。題された「大いなる予感」とはなにか。怒濤の進撃の先に大王を待ち受けていた、インダス川の先を前にして志半ばに踵を返さざるを得なくなる進撃の中断。予定外の退却。待ち受ける砂漠での死の一歩手前まで追いつめられた難行軍。そして彼の中の構想（全曲構想稿）。

大王の東征に遡ること約七十年前、同じバビロンを目指しながらも敗北の憂き目に見舞われる某進撃（キュロスの反乱）に雇われた傭兵たち。そしてその後の彼らの苦難の退却。その時、その数一万のギリシア傭兵の退却の指揮を執った一人にクセノフォンがいた。『アナバシス』の著者である。第一楽章が言う「大いなる予感」とはすなわちこのことだった。前哨戦としてのアレクサンドロスの退却だったのである。重複するアナバシス。彼はそれを、内的連関をもった二重の遠征記として楽曲に聴き分ける。ブルックナーのハ短調交響曲が「破綻調」として聴かれるのは、彼の頭に描きあげられた、二重交錯ともいうべきカオス渦巻く歴史時空の騒然さ故であるが、それだけでなくそれが現代の踏破行に身を挺した彼の傍らを過ぎ行く小アジアの村々との三重写しの光景にもなっていたからであった。

原義（希）の「上り」から内陸行の意味もあるアナバシスだった。アナトリア高原からさらに東のアルメニアに跨る山岳地帯にまで奥深く分け入っていく一人の日本青年（第三次行）。まだ外国人を目にしたことのない寒村の少年たちは、まるで悪魔を追い払うかのように石礫を彼に喰らわす（ただしこの部分は如上の発表稿にはない。疎覚えながら、後年記された続踏破記＝未発表稿に接したときの記憶）。かえって彼は胸をときめかす。疎外感こそ彼が求めたものの内実である。荒涼たる荒蕪地にブルックナーの地の涯にまで届くような楽音が鳴り響く。その想いにさらに強く襲われるとき、確信はさらに絶対的なものとなる。我が足許こそブルックナーの地、まさに「ブルックナー・ランドなり！」――かくして深まった想いに勇んで時には瓦礫の山塊の谷間を我が生誕地のようにして彼は進む。第二次・三次行と踏破を重ねた末、終にクセノフォンのアナバシスの全ルートを追体験するようにアナトリア高原及び東部山岳地帯から黒海沿岸地帯を、シリア・イラクのルートを合わせて全踏破する。まさしく現代のアナバシスというほかない小アジアへの潜入・潜行だった。

書き上げられた踏破記及び全曲構想稿は、とりわけ第四楽章では楽譜とマッチさせた、精密な楽曲分析と一体的な「ブルックナー音楽論」であった。同記・同稿に鳴り響く交響曲第八番に、はじめてその響きの真の意味を知ったかのような想いに囚われた我々は、はるかにアナトリア高原から東部山岳地帯を望み、小アジアを思った。同じアパートの住人だった筆者は、数年間をブルックナーとともに過ごした。彼のなかのブルックナーだったことが、さらに小アジアへの想いを高める。スコアならぬ機関誌の同記事を開いて楽章を辿る。とりわけ第一楽章の、後のアナバシスを胚胎したアレクサンドロスの行軍の足音と第四楽章のクセノフォンのアナバシスの足音に耳をつけるかのようにして。およそ彼以外に誰一人として考えつかないようなブルックナー*が、浦和の一角の古びたアパートで若者たちの魂を囚えて離さない。半世紀近くたった今でも事情はなにも変わっていない。

鷲巣繁男（さん）の手元にも届けられる。関心一入だった。でもそれ以上にどのように話が具体的に弾んだのか、思い出せない。なんといっても遠い昔のことである。しかし細部は問題ではない。届けられたことに意味があった。届けるのは毎号のことなのに、その瞬間から意味が変わってしまった。

鷲巣繁男との意味が。単なる訪問ではなくなってしまう。彼が原因である。紛れもなく一つの圧倒的というしかない実在を伴ってしまったからである。鷲巣繁男は我々を「彼」として見る。しかも最初に遡って。それが何を意味するのか。まさに実在だった。同時にその反作用としての我々(筆者)の実在の喪失だった。

実際はいつも和気藹々とした歓談だった。「実在」は今にして思うことである。しかも井上輝夫の『聖シメオンの木菟　シリア・レバノン紀行《新版》』の扉を開いたことによって。したがって、まだ今年(二〇一八年)に入ってからのことである。しかも、一つの紀行文で終わらなかったのは、なんといっても井上がほぼ同時期に鷲巣繁男を訪ねていたからである。詩人の葬儀(一九八二年七月)を契機に筆を執った序論前半部(1～3)やその後の後半部を除けば、本書第一部は二〇一四年四月に書いたもの(第1章)が最初である。二〇一五年九月の「『夜の果への旅』の「楽式」」(第4章)までの一年と半年の間、筆者の中に「実在」をめぐる想念はない。しかし綴るたびに思っていたのである。鷲巣繁男とともに彼のことを。共に過ごしたアパートのなかの彼であるよりは、小アジアの地を踏み行く彼の孤影を。

この間、機会あって筆者もトルコに立ち寄った。彼のなかにも出てくるエフェソスである。わずかな滞在時間に過ぎなかったが、エフェソスから内陸に奥深く続く広大な土地を思うにも彼を通してしか想いは深まらない。事実、第二次行(一九七五年)の際、彼はここから内陸に奥深く分け入っていく。とはいえ、引き比べても仕方がない。はじめから見ている先が違う。時間が経ってもなにも変わらない。明確になったのである、「彼」の意味が。そして鷲巣繁男を書く必然をいかに問うべきかが。「彼」を通じて書いていたのである。それが「実在」を取り戻すためなどというのは卑小な話であるにしても、あえて「実在」を使うなら、そのまま「必然」に読み換えられたことである。しかも「彼」を通じて書いていたことがより意味を深めたのである。余りに遅ればせなというしかないにしても、結果として鷲巣繁男の眼差しに応えることになるからである。自分として。そのとき、「わたし」の意味をわたしとし得ていることにも気づく。そのまま本書の意味としたい。

＊我々から送られた、ガリ版印刷の決して読みやすいとは言えない協会誌『原始霧』に対し、かの吉田秀和はわざわざ返信を寄越した。そして彼の長大なブルックナー論に触れ「私が今まで考えたこともないような」（大意）として驚きを隠さなかった。

†

エピローグとするには個人的な内輪話に偏りすぎた内容となってしまったが、鷲巣繁男がいかに語られるべきか、それが直接的体験を抱えた人物（井上輝夫）の高論を通じて、あらためて本書を振り返ることができただけでなく、筆者に原点的な想いを呼び覚ませてくれたことは、それ自体は鷲巣繁男を読み直す契機としてはいまだ個人的なものにとどまるにしてもその想いの核からいかなる普遍性

――とりわけ時間的普遍性が見出せるかに思いを致すとき、エピローグも必ずしも個別的なエピソードに過ぎたわけではないことが知られる。第二部で綴った鷲巣繁男論に重なる同じ回路の別の扉の前に立っていたこと、ただその姿が見えなかっただけであったことが知られるからである。それ故に現代に鷲巣繁男を読み直す意義は、筆者個人を例証とした内的契機を超えてよりひろく共有されるに足りる、現代詩的契機を胚胎しているものと信じる。最後にその想いを本書にとどめ置きながら筆を擱く。

鷲巣繁男の魂に永遠の栄あれ。アーミン。

あとがき

エピローグ章末に記した「余りに遅れればせながら」とは、まさに本書のことである。せめて没後十周年、遅くとも二十周年までには、形は違っていても（冊子程度であったとしても）鷲巣繁男論に相応しい一書を考案すべきだった。原因は偏に筆者の力不足にあるが、それとともに選択した人生行路にある。途中から考古学を生業とした生活に路線を転じてしまったのである。鷲巣さんが亡くなられる数年前であった。機会があって参加した発掘調査を機にその後三十年近い発掘調査の人生となる。考古学というより、物に憑かれてしまった結果である。「時間」の内側に頑なに引きこもって言語関係からア・プリオリに切り離された、潔癖なまでの言語逸脱者たち——「物」との無言のやり取りは、詩的言語の語脈に通底する刺激的な言語体験だった。本書の駆動力（表現力）の源を養う体験でもあった。

いずれにしても一書刊行のためには然るべく退職時を待つしかなかった。ながく多忙を極めていたからである。それでも訪れた退職後の年月を数えれば、無為に過ごしていたわけではないが、すでに八年の歳月を過ごしてしまっている。没後三十年（二〇一二）を逸し、生誕一〇〇年（二〇一五）も逃してしまう。ようやく辿り着いたのが昨年（二〇一八）である。没後四〇年（二〇二二）四年前である。あえて関連付ければ、筆者の現在年齢に思い至ることになる。鷲巣さんの享年六十七歳を継ぐ六十八歳を迎えているからである。とは言え、その高潔な人格も膨大な業績もいずれも継げるわけではない。口にするのも憚れる。あくまでも数字上の継受にすぎない。その上で望まれるとするなら、せめて本書刊行が、鷲巣繁男再考――正確には再々考というべきだが――のための新しい契機となってくれることである。たとえ本書がその任を担うには著しく力不足であったとしてもである。

本書の刊行は、詩の出版社ミッドナイト・プレスの社主兼編集長の岡田幸文氏との邂逅が決定的な契機となっている。加えて同社主催の各種詩的イベントをはじめとした、この間各所で出会った個性豊かな人々との交流が大きな刺激となり後押しともなっている。なかには著名な詩人もおられる。

交流を通じて思うのは、時代が変わっても気質は変わっていないことである。歳若い詩人では鷲巣繁男の名を知らない人もいるが、知っていようがいまいが直接関係ない。抵抗感なく彼らは耳を傾け関心を示す。ときには詩人との同化も厭わない。あるいはその延長に今後、本書を手にした若い詩人が（詩人に限らないが）、筆者との未知の交流を重ねる機会を与えてくれるとしたなら望外の幸せである。

最後に編集・校正の労を含め、本書内容についても詩人の立場から有益な助言を惜しまれなかった岡田氏の、これまでの教示に重ねて感謝し、あとがきとする。

二〇一九年五月

川越寓居にて

【初出一覧】

序章　「鷲巣繁男とその生命」『北に在る詩人たち』私家版（筆名「渡辺はじめ」）、二〇〇七
コラム1　「鷲巣繁男の詩―手放さなかった軍隊手帳―」『midnight press WEB』第六号「詩人の肖像」（筆名「渡辺はじめ」）、ミッドナイト・プレス、二〇一三
第1章　「「ネストリウスの夜」小論」―ダニール・ワシリースキー（鷲巣繁男）の書・第壱『夜の果への旅』―」筆者ブログ《インナー・エッセイ》（ハンドルネーム「壱はじめ」）、二〇一四・四
第2章　「連作詩「北方」と流謫―鷲巣繁男と北海道島」同ブログ、二〇一四・十
コラム2　同ブログ二〇一四・十から当該箇所を改題独立
コラム3　『北方内向記』簡易私家版（筆名「渡辺はじめ」）、二〇一〇から当該箇所を改題独立
第3章　「『メタモルフォーシス』―鷲巣繁男の「詩法」―」同ブログ、二〇一五・二
第4章　「『夜の果への旅』の「楽式」―鷲巣繁男論への一視角」同ブログ、二〇一五・九
コラム4　「おわりに―回想としてのマーラー体験と詩人生誕一〇〇年―」同ブログ二〇一五・九から改題独立。
第5章〜第8章　書き下ろし
エピローグ　書き下ろし

なお、再掲にあたって、大きく改稿しているものを含めていずれも書き直している。

【著者略歴】

渡邉 一（わたなべ　はじめ）

一九五〇年、山梨県生れ

〈文学関係〉　中央大学文学部卒業（仏文・国文在籍）。著書『北に在る詩人達』（私家版、二〇〇七年）ほか。ミッドナイト・プレスHPに「壱はじめ」の筆名で詩論（「竝び机の詩窓」）を連載中。ほかに個人ブログ（《インナー・エッセイ》）に文学・音楽・美術批評等を分野横断的に発表

〈考古学関係〉　國學院大學博士（歴史学）、放送大学大学院文化科学研究科修了。遺跡調査会及び自治体職員として遺跡調査、文化財保護、自治体史編纂等に従事。退職後の現在、大東文化大学非常勤講師。主要著書『古代東国の窯業生産の研究』（青木書店、二〇〇六年）ほか

〈付記〉

・本書に鷲巣繁男の詩を掲載するに際しては、『定本鷲巣繁男詩集』（国文社、一九七一）を底本とし、定本詩集以降については各詩集によった。

・引用文中に、今日から見れば不適切と思われる語句があるが、時代背景、筆者が故人であることなどを考慮して、そのままとした。

ミッドナイト・プレス

流謫と「北方」

鷲巣繁男の世界の成立と現在

二〇一九年十一月十日発行

著　者　渡邉　一
装　丁　大原信泉
発行者　岡田幸文
発行所　ミッドナイト・プレス
埼玉県和光市白子三-一九-七-七〇〇二
電話　〇四八（四六六）三七七九
振替　〇〇一八〇-七-二五五八三四
http://www.midnightpress.co.jp
印刷・製本　モリモト印刷

ISBN978-4-907901-18-9